RESPUESTA... ...QUE SE HACEN CON MÁS FRECUENCIA

Criando niños

- INSTRUCCIÓN O DISCIPLINA • EDUCACIÓN SEXUAL

- ADOLESCENCIA • Y MUCHO MÁS

DR. JAMES DOBSON

Unilit

Sepa

Publicado por
Unilit
Miami, FL 33172

Primera edición 1996
Primera edición 2011 (Serie Selectos)
Primera edición 2013 (Serie Favoritos)

Copyright © 1982 por James C. Dobson
Publicado originalmente en inglés con el título:
Dr. Dobson Answers Your Questions: Raising Children
Living Books: Tyndale House Publishers, Inc.
Wheaton, Illinois EE.UU.

Traducción: Luis Marauri
Fotografías: © 2011 Zurijeta, Alena Ozerova, Dmitriy Shironosov,
Gary Paul Lewis. Usadas con permiso de Shutterstock.com.

El texto bíblico ha sido tomado de la versión Reina Valera © 1960
Sociedades Bíblicas en América Latina; © renovado 1988 Sociedades
Bíblicas Unidas. Utilizado con permiso.
Reina-Valera 1960® es una marca registrada de la American Bible Society,
y puede ser usada solamente bajo licencia.
Las citas bíblicas señaladas con LBD se tomaron de la Santa Biblia,
La Biblia al Día. © 1979 por la Sociedad Bíblica Internacional.
Usadas con permiso.

Producto 496969
ISBN 0-7899-1924-9
ISBN 978-0-7899-1924-3

Impreso en Colombia
Printed in Colombia

Categoría: Vida cristiana / Relaciones / Crianza de los hijos
Category: Christian Living / Relationships / Parenting

CONTENIDO

Dedicatoria

Con cariño dedico este libro a los colegas profesionales y miembros del personal, que me ayudan a dirigir las actividades de nuestro ministerio, sin fines de lucro: *Focus on the Family* (Enfoque a la Familia). Paul Nelson, Gil Moegerle, Peb Jackson, Rolf Zettersten, Mike Trout, y otros 360 colaboradores y amigos están profundamente dedicados a los principios y valores expresados a través de este libro.

Por lo tanto, es totalmente apropiado que aproveche esta oportunidad para expresarles mi agradecimiento por sus esmerados esfuerzos con el fin de preservar la institución de la familia.

INTRODUCCION

La fuente eterna

Cuando en los años 1800, o antes, nacía un niño, su madre inexperta recibía la ayuda de muchas amigas y parientas que venían a su lado para brindarle sus consejos y su apoyo. Muy pocas de estas tías, abuelas y vecinas habían leído un libro sobre la crianza de los hijos, pero eso no importaba. Poseían la sabiduría popular que les daba confianza para tratar a los bebés y a los niños. Tenían una respuesta para cada situación, aunque eso no quiere decir que siempre era la correcta. De ese modo, las madres jóvenes recibían instrucción sistemática acerca de cómo "ser madre" que les brindaban las mujeres más viejas que tenían muchos años de experiencia en el cuidado de los niños.

Sin embargo, con la desaparición de esta "familia extensa" la labor que tiene que realizar la madre se convirtió en algo más aterrador. Hoy en día, muchos matrimonios jóvenes no tienen acceso a este apoyo de parientes y amigos. Viven en una sociedad móvil en la que los vecinos de la casa de al lado son totalmente desconocidos para ellos. Además, es posible que sus propias madres y padres vivan en alguna ciudad lejana, y probablemente aunque vivieran cerca no podrían depender de ellos. Por consiguiente, a menudo los padres jóvenes están muy preocupados por su falta de preparación para criar a los hijos. El doctor Benjamin Spock describió sus temores con las siguientes palabras: "Puedo recordar madres que lloraban el día que tenían que llevar a su bebé a casa. 'No sabré qué hacer', dijeron lamentándose".

Esta preocupación ha hecho que los padres vayan apresuradamente a los "expertos" en busca de información y consejos. Han ido a pediatras, sicólogos y educadores para que les den respuestas a sus preguntas sobre las dificultades relacionadas con la labor de criar a los hijos. Por lo tanto, durante los últimos 40 años un número cada vez mayor de niños norteamericanos han sido criados de acuerdo con este asesoramiento profesional. En realidad, no hay otro país sobre la faz de la tierra que haya aceptado las enseñanzas de la sicología infantil y los consejos de los especialistas como lo ha hecho Estados Unidos.

Está bien que ahora nos preguntemos: "¿Cuál ha sido el efecto de esta influencia profesional?" Uno esperaría que la salud mental de nuestros niños excediera a la de los individuos criados en naciones donde no han tenido esta ayuda técnica. Pero no ha sido así. La delincuencia juvenil, el consumo de drogas, el alcoholismo, los embarazos no deseados, las enfermedades mentales y el suicidio están extendiéndose mucho entre los jóvenes, y van en continuo aumento. ¡En muchos sentidos hemos echado a perder la crianza de los hijos! Por supuesto, no voy a ser tan ingenuo como para echarle la culpa de todo a los malos consejos de los "expertos", pero creo que ellos han tenido parte en la creación del problema. ¿Por qué? *Porque en general, los científicos que se basan exclusivamente en observaciones y conceptos referentes a la conducta no han tenido confianza en la ética judeocristiana, y han hecho caso omiso de la sabiduría contenida en esta inestimable tradición.*

Me parece que el siglo veinte ha producido una generación de profesionales que se han creído tan capacitados como para no necesitar hacer caso de las actitudes y costumbres que los padres han tenido por más de 2000 años, y sustituirlas por sus nuevas ideas inestables. Cada autoridad, escribiendo según su propia experiencia limitada, y reflejando sus propios prejuicios, nos ha suministrado sus opiniones y suposiciones como si fueran la verdad absoluta. Por ejemplo, un antropólogo escribió un artículo increíble en *The Saturday Evening Post*, de noviembre de 1968, titulado: "Los científicos tenemos el derecho a hacer el papel de Dios". El doctor Edmund Leach dijo:

> No puede haber otra fuente de estos juicios morales aparte del mismo científico. En la religión tradicional, la moralidad tenía su origen en Dios, pero solamente se le atribuía a Dios la autoridad para establecer reglas morales y para hacerlas cumplir, porque también se le atribuían poderes sobrenaturales para crear y destruir. Ahora esos poderes le han sido usurpados por el hombre, y debemos aceptar la responsabilidad moral que los acompaña.

Este párrafo resume los muchos males de nuestros días. Algunos hombres arrogantes, como Edmund Leach, han declarado que Dios no existe, y se han puesto a sí mismos en su lugar exaltado. Revestidos de esa autoridad, han proclamado sus opiniones ridículas al público con absoluta confianza. Por su parte, muchas familias desesperadas echaron mano de esas recomendaciones inútiles, que son como chalecos salvavidas agujereados que a menudo se hunden arrastrando hasta el fondo a las personas que los llevan puestos.

Estas falsas enseñanzas incluyen las ideas de que la disciplina es perjudicial, la irresponsabilidad es saludable, la instrucción religiosa es arriesgada, la rebeldía es una manera muy útil de desahogar la ira, todas las formas de autoridad son peligrosas, y así sucesivamente. En los últimos años, esta perspectiva humanista se ha vuelto más radical y anticristiana. Por ejemplo, una madre me dijo recientemente que trabaja en un proyecto de jóvenes que ha contratado los servicios de asesoramiento de cierto sicólogo. El ha estado enseñándoles a los padres de los niños que son parte de este programa, que con el fin de que sus hijas crezcan con una actitud más sana hacia la sexualidad deben tener relaciones sexuales con ellas cuando tienen doce años de edad. Si esto le ha dejado boquiabierto, quiero que sepa que lo mismo me sucedió a mí. Sin embargo, es a esto a lo que nos lleva el relativismo moral; éste es el producto final de un esfuerzo humano que no acepta normas, ni honra valores culturales, ni reconoce absolutos, ni sirve a ningún "dios" aparte de la mente humana. El rey Salomón escribió de estos necios esfuerzos en Proverbios 14:12: "Hay camino que al hombre le parece derecho; pero su fin es camino de muerte".

Ahora bien, es verdad que este libro que usted está a punto de leer contiene muchas sugerencias y perspectivas cuya validez no he tratado de demostrar. ¿Cuál es la diferencia entre mis recomendaciones y las que he criticado? La diferencia se encuentra en la *fuente* de las mismas. Los principios fundamentales expresados aquí no son mis propias ideas novedosas, que se olvidarían muy pronto. En vez de eso, se originaron con los escritores bíblicos inspirados, que nos dieron el fundamento para todas las relaciones en el hogar. Como tales, estos principios han sido transmitidos de generación a generación, hasta el día de hoy. Nuestros antepasados se los enseñaron a sus hijos, los cuales se los enseñaron a los suyos propios, manteniendo su conocimiento vivo para la posteridad. Ahora, lamentablemente, este conocimiento es puesto en duda enérgicamente en algunos círculos y totalmente olvidado en otros.

Por lo tanto, si he tenido un propósito principal al escribir este libro, no ha sido el ganar derechos de autor, o propagar el nombre de James Dobson, o demostrar mis habilidades profesionales. Mi propósito no ha sido nada más ambicioso que expresar con palabras la tradición judeocristiana respecto a la disciplina de los niños, y aplicar esos conceptos a las familias de hoy en día. Este método ha estado profundamente arraigado en la cultura occidental pero, que yo sepa, jamás se ha expresado categóricamente por escrito. Consiste de control con amor, una introducción razonable a la autodisciplina y a la responsabilidad, *liderazgo* de los padres teniendo en mente lo que es mejor para el niño, respeto a la dignidad y el valor de cada miembro de la familia, límites realistas que se hagan cumplir con firmeza; y finalmente, un uso sensato de recompensas y de castigo cuando sea necesario para la instrucción del hijo. Este es un sistema que ha sido utilizado por los padres durante más de 20 siglos. Yo ni lo inventé, ni puedo cambiarlo. Mi tarea ha sido simplemente decir lo que creo que es el plan del Creador mismo. Y estoy convencido de que este concepto seguirá produciendo resultados mientras que haya padres e hijos viviendo juntos sobre la faz de la tierra. Por seguro, durará más que el humanismo y que los débiles esfuerzos de la humanidad para encontrar un método diferente.

1

La vida familiar

¿ **Yo tengo miedo de no estar preparada para criar al bebé que di a luz el mes pasado. Seguro, sé cómo alimentarlo, bañarlo y cambiarlo, pero no estoy segura acerca del futuro. ¿Cuál debe ser el objetivo de mi relación con él? ¿Podría darme alguna filosofía fundamental que guíe mis esfuerzos como madre durante los primeros cuatro años de vida de mi niño?**

Su pregunta me recuerda a un amigo piloto quien, hace algunos años, volaba una avioneta hacia un pequeño aeropuerto, situado en una zona rural. El llegó cuando el sol se estaba ocultando tras una montaña al final del día, y para cuando había hecho las maniobras con el fin de quedar en posición de aterrizaje, no podía ver en la oscuridad el campo que quedaba abajo. La avioneta no tenía luces, y nadie estaba de guardia en el aeropuerto. Dio una vuelta a la pista para hacer otro intento de aterrizar, pero la oscuridad se había vuelto aun más impenetrable. Por dos horas permaneció en el aire dando vueltas en la oscuridad de la noche, sabiendo que se enfrentaba a una muerte segura cuando el combustible se le agotara. Entonces, cuando un pánico aun más grande se apoderó de él, ocurrió un milagro. Alguien en tierra, que oyó

a la avioneta dando vueltas y vueltas, se dio cuenta de cuál era
su problema. Ese hombre misericordioso manejó su auto de
un lado a otro sobre la pista, con el fin de mostrar al piloto la
pista de aterrizaje y luego hizo que las luces del auto ilumi-
naran la pista desde un extremo mientras la avioneta aterri-
zaba.

Yo recuerdo este incidente cada vez que un avión comer-
cial en el que soy pasajero desciende de noche. Mientras
miro hacia adelante, puedo ver las luces verdes alineadas
a los costados de la pista, las cuales señalan al capitán por
donde dirigir el avión. Si permanece en medio de los
límites iluminados, todo irá bien. Hay seguridad dentro de
la zona iluminada, pero el desastre lo espera a la izquierda
o a la derecha.

Nosotros como nuevos padres necesitamos señales claramente marcadas para poder saber hacia dónde dirigir nuestro
barco familiar. Necesitamos *principios*, como usted pidió,
que nos ayuden a criar a nuestros hijos sanos y salvos.

Con ese fin, permítame proveer dos mensajes claros que
se le deben expresar a cada niño durante los primeros 48
meses de su vida. Estos conceptos son de gran importancia
en mi método para criar a los hijos, y se pueden considerar
como luces que nos guían. Son los siguientes:

1. "Yo te amo más de lo que tú puedes entender. ¡Tú
eres valioso para mí y le doy gracias a Dios todos los
días por permitirme criarte!"

2. "Porque te amo, debo enseñarte a obedecerme.
Esta es la única manera en que puedo cuidarte y
protegerte de cosas que pueden herirte. La Biblia
dice: "Hijos, obedeced en el Señor a vuestros padres,
porque esto es justo" (Efesios 6:1).

Esta es una respuesta abreviada a una pregunta muy
importante y compleja, pero quizá le sirva como un fundamento para empezar a formular *su propia* filosofía para la
crianza de los hijos.[1]

**¿Puede darnos usted un principio sobre cuánto tra-
bajo se les debiera dar a los niños?**

Debería existir un buen equilibrio entre el trabajo y el
juego. En tiempos pasados, muchos niños que vivían en el
campo tenían que realizar, todos los días, trabajos que hacían
su vida bastante difícil. Temprano por la mañana, y otra vez
al regresar de la escuela, daban de comer a los cerdos,
recogían los huevos, ordeñaban las vacas y metían la leña en
la casa. Poco tiempo estaba reservado para diversión, y la
niñez se convirtió en una experiencia bastante monótona y
triste. Esa fue una posición extrema, y por supuesto que no
estoy a favor de que la misma regrese. Sin embargo, compare
ese nivel con el contrario, que es recomendado por algunos
sicólogos modernos que sugieren que no debemos ni siquiera
pedirles a nuestros hijos que rieguen el césped o que saquen
al gato. De acuerdo con esta recomendación, se le debe
permitir al niño que se pase seis u ocho horas acostado sobre
su estómago lleno, viendo la televisión, mientras que sus
tareas escolares están en un rincón llenándose de polvo.

Los dos extremos, como de costumbre, son perjudiciales
para el niño. Se puede encontrar un término medio razonable,
dándole al niño responsabilidades y trabajo, pero separando
tiempo para que también juegue y se divierta. La cantidad de
tiempo dedicado a cada actividad debe variar con su edad,
requiriéndose más trabajo a medida que él va creciendo.[2]

¿Deben los padres obligar a sus hijos a comer?

No. No soy experto en la nutrición, pero creo que el
apetito de un niño normal está gobernado por la cantidad de
alimento que necesita. El tendrá hambre cuando requiera
nutrición. Sin embargo, creo que los padres deben vigilar
cuidadosamente su apetito, asegurándose de que el niño lo
satisfaga con los alimentos que su cuerpo requiere. Una
golosina antes del alimento puede hacer que no tenga interés
en comer. O quizá se siente a la mesa y llene su estómago de
jugo o de una sola cosa de su plato. Por lo tanto, quizá sea

necesario darle un alimento a la vez, empezando con la carne que es rica en hierro, y con otras fuentes de proteína, seguidas por otros alimentos menos importantes. Una vez que quede satisfecho, no veo ninguna necesidad de obligarlo a seguir comiendo. Por cierto, los padres deben saber que el apetito del niño suele disminuir repentinamente entre los dos y tres años de edad. Eso ocurre porque el tiempo del ritmo máximo de desarrollo se ha reducido, y por lo tanto su necesidad de alimento ha disminuido.[3]

¿ **¿Qué piensa usted de la idea de que los niños deben verse pero no oírse, o sea, que deben estar quietos?**

Esa idea revela una profunda ignorancia en cuanto a los niños y sus necesidades. No puedo imaginarme cómo un adulto amoroso pudiera criar a un pequeño niño o niña vulnerable en base a esa filosofía. Los niños son como los ríos, ¡es necesario que corran![4]

¿ **¿Llegaría usted al extremo de pedirle disculpas a su hijo si creyera que se había equivocado?**

Por supuesto que yo lo haría, y realmente, lo he hecho. Hace unos años estaba lleno de responsabilidades que me fatigaban e irritaban. Una noche en particular, estaba de muy mal humor y enojado con mi hija de 10 años. Sabía que no me estaba comportando en forma justa, pero estaba tan cansado que no podía cambiar de humor. Durante el transcurso de la noche culpé a Danae cuando ella no tenía la culpa, y la molesté sin necesidad varias veces. Después que me acosté, me sentí mal por la forma en que me había portado con ella, y decidí pedirle disculpas a la mañana siguiente. Después de descansar bien esa noche y de tomar un desayuno sabroso, me sentí mucho más optimista en cuanto a la vida. Me acerqué a mi hija antes que se marchara a la escuela y le dije: "Danae, estoy seguro de que sabes que los papás no son perfectos. Cuando estamos cansados nos irritamos al igual que otras personas, y a veces no estamos muy orgullosos por nuestra manera de actuar. Yo sé que no fui justo contigo anoche. Estuve muy irritado, y quiero que me perdones".

Danae me abrazó y me sorprendió de manera total. Dijo: "Yo sabía que tú ibas a tener que pedirme disculpas, papá, y, está bien, te perdono".

¿Puede haber alguna duda de que nuestros hijos se dan más cuenta de los problemas existentes entre padres e hijos que nosotros, quienes estamos muy ocupados y agobiados?[5]

¿ Estoy muy desilusionada con la manera en que se está desarrollando mi hijo de cuatro años. Si las tendencias presentes continúan, él será un adulto fracasado. ¿Es posible predecir el carácter futuro y las características de la personalidad de un niño desde una temprana edad?

Probablemente no. Rene Voeltzel dijo: "No debemos buscar muy pronto en un niño a la persona que será después". Estoy de acuerdo. Es injusto y dañino juzgarlo demasiado pronto. Sea paciente y déle a su pequeño hijo la oportunidad de madurar. Trabaje cuidadosamente en las características que más le preocupan, pero, por favor permítale el privilegio de ser un niño. Después de todo, será un niño por sólo un momento muy breve.[6]

¿ ¿Qué piensa usted en cuanto a tener un consejo familiar, donde cada miembro de la familia tenga un voto igual en cuanto a las decisiones que afectan a toda la familia?

Es buena idea permitir que cada miembro de la familia sepa que los demás valoran su punto de vista y su opinión. La mayoría de las decisiones importantes se deben compartir dentro del grupo porque es una manera excelente de fomentar la fidelidad y la lealtad familiar. Sin embargo, la idea de que todos tengan el mismo derecho al voto es llevar el concepto a un extremo; un niño de ocho años no debe tener la misma influencia que su madre y su padre tienen al tomar decisiones. Todos deben comprender claramente que los padres son los capitanes bondadosos del barco.[7]

¿ ¿Debo castigar a mi hijo por orinarse en la cama?

¡De ninguna manera! Nunca es apropiado castigar a un niño por cualquier acción involuntaria. Castigar a alguien por algo que simplemente no puede evitar es dar lugar a que después tenga problemas serios.

Por supuesto, si usted tiene motivos para pensar que su hijo está despierto y simplemente se queda en la cama y se orina porque es demasiado flojo para levantarse e ir al baño, ése es un asunto distinto. Sin embargo, la verdadera enuresis es totalmente involuntaria.[8]

¿ ¿Puede usted ofrecer algún consejo para hacerle frente al problema persistente de un niño de seis años de orinarse en la cama?

La enuresis puede causar angustia emocional y social para el niño mayor. Por lo tanto, es prudente ayudarle a superar el problema lo más pronto posible. Le recomendaría que utilice un aparato que emite un ruido fuerte cuando el niño se orina en la noche. Sears, Roebuck y Compañía vende una unidad llamada *Wee Alert*, que es muy efectiva *cuando se utiliza correctamente* con los niños de cuatro años o más.

La mayoría de las veces, el niño moja la cama como resultado de un sueño profundo, que hace difícil, si no imposible, que él aprenda a controlar la vejiga mientras duerme. Su mente no responde a la señal del acto reflejo que generalmente despierta a la persona que tiene el sueño más ligero. Lo bueno es que en la mayoría de los casos, ese reflejo se puede entrenar o condicionar para despertar aun a la persona de sueño profundo.

El sistema de *Wee Alert* produce un sonido muy irritante cuando el niño se orina involuntariamente por la noche, y se le ha dicho al niño que despierte a uno de sus padres (decidir a cuál de los dos, puede ser causa de algunas discusiones matrimoniales interesantes) el cual debe meterlo en una bañadera con agua tibia o salpicarle la cara con agua fría. Por supuesto, las dos cosas son desagradables, pero son esenciales para el éxito del programa. Se le explica al niño que esto *no* es un castigo por orinarse en la cama. Es necesario para ayudarle a cambiar ese hábito, a fin de que pueda invitar a sus amigos a pasar la noche en casa, y él pueda ir a la casa de ellos también. El agua fría lo despierta totalmente y provee un motivo por no querer repetir la experiencia. Es una forma de condicionamiento negativo, como el que se usa para vencer el hábito de fumar. Más tarde, el relajamiento previo al momento en que se orina se asociará con el zumbido tan molesto y el agua fría. Cuando esa conexión se haga, se habrá logrado el control de la vejiga.

Este procedimiento puede tomar de cuatro a ocho semanas para superar el problema de orinarse en la cama, pero el éxito puede ocurrir mucho más rápido en algunos casos. Mi propio hijo amaneció seco al tercer día que usamos el aparato. Como se indica en las instrucciones del sistema *Wee Alert*, no es necesario limitar los líquidos, levantar al niño en la noche, castigarlo, etcétera. Ninguno de estos procedimientos típicos se comunican con la mente inconsciente durante los períodos del sueño profundo. Aparentemente el sistema de *Wee Alert* sí lo hace.

(Por favor note que yo no inventé el sistema de *Wee Alert*, y que tampoco recibo comisiones de Sears por recomendar este producto. Simplemente sugiero el aparato porque generalmente funciona.)

Otro sistema que funciona se llama *Nite-Train-r*. Se puede pedir a la siguiente dirección: Nite-Train-r, P.O. Box 282, Newberg, OR 97132.[9]

¿ Mi esposa y yo estamos extremadamente ocupados durante esta época de nuestras vidas. Mi trabajo me obliga a viajar varios días a la semana y mi esposa ha tenido mucho éxito como agente de bienes raíces. Sinceramente, no podemos pasar mucho tiempo con nuestros tres hijos, pero les damos toda nuestra atención cuando estamos juntos. Mi esposa y yo quisiéramos tener más tiempo en familia, pero nos consuela el saber que lo que realmente importa no es la cantidad de tiempo que los padres y los hijos pasen juntos, sino la calidad. ¿Está usted de acuerdo con esta declaración?

Hay algo de verdad en la mayoría de las ideas populares, y ésta no es una excepción. Todos podemos estar de acuerdo en que no hay ningún beneficio en estar con nuestros hijos siete días a la semana si estamos enojados, somos opresivos, no los criamos como debiéramos o somos caprichosos con ellos. Pero aparte de eso, la idea de la calidad en contraste con la cantidad no tiene ninguna base. Dicho de manera sencilla, *esa dicotomía no se tolera en cualquier otro aspecto de nuestras vidas, entonces, ¿por qué la aplicamos solamente a los niños?* Permítame darle un ejemplo de esto.

Supongamos que usted tiene mucha hambre, porque no ha comido en todo el día. Usted va al mejor restaurante de la ciudad y pide que le sirvan el mejor filete asado en el menú. El camarero regresa 20 minutos después con la comida. En el centro de un plato grande hay un pequeño pedazo de carne, de dos centímetros cuadrados, acompañado de un pedazo de papa.

Usted se queja vigorosamente al camarero: "¿A esto le llama usted una cena de filete asado?"

El camarero contesta: "Señor, cómo puede usted criticarnos antes de probar la carne? Le he traído dos centímetros cuadrados de la mejor carne que hay. Está preparada a la perfección, sazonada con cuidado y caliente. Incluso, dudo que pudiera comprar mejor carne que ésta en otro lugar de la ciudad. Confieso que el pedazo es algo chico, pero después de todo, señor, todos saben que cuando se trata de una cena de filete, no importa la cantidad sino la calidad.

"¡Eso es ridículo!", exclama usted, y yo le doy la razón. La sutileza de esta frase tan sencilla, es que pone dos virtudes necesarias en oposición, y nos invita a escoger entre las dos. Si la cantidad y la calidad son ingredientes que valen la pena en nuestras relaciones familiares, entonces ¿por qué no les damos a nuestros hijos *ambas*? No es suficiente echarles ocasionalmente a nuestros hijos "hambrientos" un bocado de carne, aunque sea de la mejor calidad.

Sin ninguna intención de faltarle al respeto a usted por haberme hecho esta pregunta, quiero decirle que mi preocupación es que quizás la idea de calidad en contraste con la cantidad ha llegado a ser una racionalización para no darles a nuestros hijos ninguna de las dos cosas. Esta frase la usan mucho los padres que tienen demasiados compromisos, están agobiados y se sienten culpables por el poco tiempo que pasan con sus hijos. Sus niños y niñas están en los centros de cuidado infantil por el día y con las niñeras por la noche, lo cual les deja poco tiempo para las actividades tradicionales relacionadas con la crianza de los hijos. Y para enfrentar la incomodidad que sienten por desatender a sus hijos, mamá y papá se agarran de una frase que les hace sentir que todo está bien: "Bueno, no importa la *cantidad* de tiempo, sino la *calidad* del tiempo que estamos juntos". Yo insisto en que simplemente esta generalización conveniente no tiene fundamento.[10]

¿   **Si se pudiera colocar un velocímetro en un estilo particular de vida, nuestra familia rompería la barrera del sonido constantemente. Todos estamos tan increíblemente ocupados que casi no llevamos vida hogareña. ¿Cuáles son los efectos que este paso tan acelerado tiene en la familia y en especial en los niños?**

Inevitablemente, el que pierde en este tipo de vida agitada es el pequeñito; quien observa esta agitación apoyado contra la pared con sus manos metidas en los bolsillos de su pantalón. El echa de menos a su papá durante los largos días; y durante la noche, anda detrás de él diciendo: "¡Juega a la pelota, papá!" Pero papá está agotado, además, tiene su portafolio lleno de trabajo para hacer. Mamá había prometido llevarlo al parque esa tarde, pero, a último momento tuvo que salir. El muchachito entiende esta situación: sus padres están ocupados de nuevo. Así que, se va a la sala, y por dos horas se pone a ver en la televisión esos dibujos animados que no tienen sentido.

A los niños no se les puede encajar dentro de una lista de "cosas para hacer". Toma tiempo para ser un padre eficiente cuando los niños son pequeños. Toma tiempo introducirlos a buenos libros, toma tiempo ir con él a volar cometas, jugar a la pelota y armar juntos rompecabezas. Toma tiempo escuchar una vez más el relato de su rodilla raspada, y hablar acerca del pájaro que se rompió el ala. Sin embargo, estos detalles son los ladrillos de la autoestima, que se unen con el cemento del amor. Pero muy pocas veces uno halla tiempo para estos detalles. Más bien, las vidas llenas de compromisos producen fatiga, y la fatiga produce irritabilidad, la irritabilidad produce indiferencia, y la indiferencia puede ser interpretada por el niño como una falta de verdadero afecto y de valor personal.

Así que, ¡paren, todos! ¿Cuál es el apuro? ¿Acaso no saben que sus hijos se marcharán muy pronto, y todo lo que ustedes tendrán serán recuerdos borrosos de aquellos años cuando ellos les necesitaban? No estoy sugiriendo que invirtamos cada momento de nuestras vidas, como adultos, en nuestros hijos, ni que todos deben llegar a ser padres. Pero, una vez que esos niños vienen al mundo, más vale que entren en nuestros horarios de alguna manera.[11]

¿ **Mi familia vive bajo un mismo techo y compartimos el mismo apellido. Pero no "sentimos" que somos una familia. Estamos tan ocupados y llenos de estrés por**

las presiones rutinarias de la vida que algunas veces pienso que casi no conozco a mi esposa ni a mis hijos. ¿Cómo puedo empezar a lograr que nos sintamos unidos en esta casa tan agitada? ¿Cómo logra *usted* incluir actividades importantes en su propia familia?

He escrito y hablado de manera tan extensa acerca de los peligros de tener demasiados compromisos, y del "pánico rutinario", que no repetiré mis advertencias sobre este problema, salvo para decir que ustedes deben coordinar sus esfuerzos para aminorar el paso al que corre su familia. Sin embargo, además de ese consejo, quisiera enfatizar la importancia de crear *tradiciones* especiales en su hogar. Cuando hablo de tradiciones me refiero a esos acontecimientos que ocurren una y otra vez, y a las actividades que son esperadas ansiosamente, especialmente por los niños, como tiempos de unión y compañerismo entre los seres queridos.

Por ejemplo, una de las fiestas tradicionales más importantes en nuestra familia se centra en la comida. Cada año durante el día de Acción de Gracias y el día de Navidad, las mujeres preparan unos banquetes fantásticos que incluyen el menú tradicional de pavo y todo lo que lo acompaña. Uno de los platillos favoritos es una ensalada de fruta, llamada ambrosía, que contiene trozos de naranja y uvas peladas. La noche antes del día de Acción de Gracias, toda la familia se reúne para pelar las uvas.

Las fiestas de Acción de Gracias y Navidad son experiencias maravillosas para todos nosotros. Hay risa y un afectuoso intercambio familiar a lo largo del día. Anhelamos estos tiempos de fiesta, no sólo por la comida, sino por lo que sucede entre los seres queridos que se reúnen.

No sólo intentamos servir comidas tradicionales en el día de Acción de Gracias y el de Navidad, sino que procuramos tener comidas específicas en cada día festivo a lo largo del año. En Año Nuevo, por motivos que no puedo explicar, disfrutamos una comida de frijoles cocidos a fuego lento, por lo menos durante ocho horas, con grandes pedazos de jamón, junto con pan de maíz y cebollitas. ¡Qué sabroso es! El día en que celebramos la independencia de Estados Unidos invitamos a unos treinta amigos y les servimos, en el patio de la casa, hamburguesas preparadas a la parrilla y frijoles al horno. Esto ha llegado a ser un preludio al espectáculo de fuegos artificiales.

Obviamente, muchas de nuestras tradiciones (aunque no todas) enfocan la agradable actividad de comer juntos. Otro ejemplo ocurre inmediatamente *antes* de la comida de Acción de Gracias. Después que la comida está servida en la mesa, y los miembros de la familia están sentados en sus lugares, leo un pasaje de la Biblia, y mi esposa Shirley relata la historia de los pioneros que dieron gracias a Dios por ayudarles a sobrevivir los estragos del invierno. Después, se le dan dos granos de maíz a cada persona como símbolos de las bendiciones por las que él o ella está más agradecido en ese año. Se pasa una cesta, y cada uno echa sus granos de maíz mientras dice cuáles son las dos bendiciones más grandes que recibió de Dios en ese año. Nuestras expresiones de gratitud inevitablemente tienen que ver con personas: hijos, abuelos y otros seres queridos. Mientras la cesta da la vuelta a la mesa, se pueden ver lágrimas de agradecimiento y amor en muchos rostros. Es uno de los momentos más hermosos del año.

Esto me vuelve a traer a la pregunta acerca de los hogares agitados. El valor más grande de las tradiciones es que le dan a la familia un sentir de identidad y unión. Todos necesitamos desesperadamente sentir que no sólo formamos parte de un grupo de personas ocupadas que viven en una misma casa, sino que somos una familia viva y dinámica, que estamos conscientes de nuestro carácter y nuestra herencia, y de que somos singulares. Ese sentir es el único antídoto para la soledad y el aislamiento que son característicos de tantos hogares hoy en día.

¿ Sé que por el bien de mi matrimonio y mi familia, yo no debería comprometerme demasiado. Pero ¿qué

debo hacer con el cargo de consciencia que tengo cuando no hago caso a asuntos de importancia, especialmente cuando se trata de mis obligaciones en la iglesia?

Creo que Dios quiere que utilicemos el sentido común en las tareas que aceptamos, incluso en las que tienen que ver con asuntos de importancia. Inevitablemente, esta decisión nos obligará a negarnos a aceptar algunas responsabilidades, para poder mantener un equilibrio entre el trabajo, la recreación, las actividades en familia, el ejercicio, el estudio personal de la Palabra de Dios, etcétera. Si uno intenta hacer demasiadas actividades buenas, otros buenos objetivos se tendrán que sacrificar. Es como instalar un nuevo sistema de riego en el jardín con demasiadas salidas de agua en la tubería. Cuando eso ocurre, *nada* se riega apropiadamente.

Me acuerdo de un anuncio que explicaba cómo se producen los vinos marca Gallo. Contenía un mensaje que tiene relación con lo que estoy diciendo. Yo no sabía que los viticultores no sólo podan los sarmientos muertos de las vides, sino que también eliminan cierta cantidad de sarmientos que producen fruto. En otras palabras, sacrifican parte de la cosecha para que el fruto que quede sea mejor. ¿Puede ver usted la relación que esto tiene con nuestras vidas hoy en día?

Note estos versículos de Juan 15:1-2:

Yo soy la vid verdadera, y mi Padre es el labrador. Todo pámpano que en mí no lleva fruto, lo quitará; y todo aquel que lleva fruto, lo limpiará, para que lleve más fruto.

Es necesario que en su vida como cristiano usted elimine parte de las cosas buenas de su horario para que las otras cosas que haga, las haga mejor. Esa es la manera más eficaz de lograr una mejor calidad en las actividades que quedan. Pero permítame agregar una advertencia: este objetivo fácilmente se puede convertir en una racionalización para no asumir ninguna responsabilidad en la iglesia o para no ayudar a llevar las cargas de los demás. En realidad, ésa no es una posición justificable.[12]

¿ Económicamente nos resulta imposible hacer viajes largos en auto, o tener pasatiempos costosos. ¿Podría usted sugerir algunas tradiciones simples que sean de interés para los niños pequeños?

Usted no tiene que gastar mucho dinero para mantener una vida familiar significativa. A los niños les gustan mucho las actividades simples de la rutina de todos los días. Se divierten mucho escuchando mil veces las mismas historias, y se ríen de las mismas bromas hasta que usted se está volviendo loco por repetirlas tanto. Usted puede transformar los quehaceres rutinarios en momentos de entusiasmo y de intimidad, con sólo pensar un poco en ellos y hacer uso de su imaginación. La clave es la *repetición*, lo cual comunica un sentir de tradición.

Permítame dar un ejemplo. Cuando mis hijos eran pequeños, yo trataba de acostarlos por la noche cada vez que me era posible. Al llegar esa hora de la noche, mi esposa se encontraba agotada y estaba muy agradecida por mi ayuda. Además, eso me garantizaba estar con los niños, por lo menos 15 ó 20 minutos, por muy ocupado que hubiera estado ese día.

La responsabilidad incluía ponerle el pañal a Ryan durante los primeros tres años de su vida. (Le tomó un poco de tiempo superar esa necesidad, como con todos los niños.) Pensé que si tenía que ponerle el pañal a un niño que no paraba de moverse, más valía que yo transformara la actividad en algo que fuera divertido para ambos. Así que, cada noche teníamos un pequeño juego. Me ponía a hablarles a los imperdibles mientras estaba poniéndole el pañal a mi hijo. Les decía: "Imperdibles, no pinchen a Ryan. Mírenlo, él está quieto ahora; no se está retorciendo. Esta noche no tienen que pincharlo; quizá tengan que hacerlo mañana por la noche, pero no lo pinchen esta noche". ¡A Ryan le gustaba muchísimo aquel juego! Se quedaba quieto escuchando, con los ojos bien abiertos. Si se movía demasiado, yo le rozaba la pierna con la punta del imperdible, sin hacerle daño, pero de una forma en que él lo sintiera. Entonces Ryan me miraba y me decía: "¡Esos imperdibles malos me pincharon, papá!" Los dos sonreíamos. Cada noche, sin falta, Ryan me decía: "¡Háblales a los imperdibles, papá!" Eso fue algo que hacíamos juntos y que convirtió una actividad rutinaria en un momento verdaderamente agradable entre padre e hijo.

Eso me recuerda lo que Howard Hendricks dijo cuando sus hijos habían crecido. Les preguntó a ellos qué era lo que habían disfrutado más durante la infancia: las vacaciones que habían tenido, los parques que habían visitado, y todos los momentos de diversión que habían compartido. La respuesta de ellos le sorprendió. Lo que apreciaban más ¡eran las ocasiones en que él se había puesto a jugar luchando con ellos en el piso!

Mi hija pensaba lo mismo cuando era pequeña. ¡Prefería jugar luchando conmigo que ir a un parque de atracciones o al zoológico! Después que teníamos una lucha que me dejaba agotado, siempre me daba las gracias por haber luchado con ella. Por alguna razón, a los niños les gusta este tipo de juego. (Debo agregar que a las madres no les gusta.) Existe una clase de amor informal que se manifiesta al luchar juguetonamente como no lo hace de ninguna otra manera.

También me gusta la idea de reservar una noche a la semana para pasar un tiempo en familia leyendo algo en voz alta. A veces esto es difícil de lograr cuando los hijos tienen diferentes edades, pero si hay pocos años de diferencia entre ellos es una gran actividad. Usted puede leer algún libro infantil famoso, u otros libros que han sido muy populares a través de los años. La idea es leer *juntos* como familia.

En resumen, creo que muchas personas han olvidado el valor de las características y las actividades que identifican a las familias como únicas y distintas. Este beneficio se ilustró de manera hermosa en la obra musical titulada: *Violinista en el tejado*. ¿Qué fue lo que le dio estabilidad y equilibrio al violinista en su posición tan peligrosa? Fue la *tradición*, la cual demostraba a todos quién era él. Yo quiero dejarles la herencia de una tradición a mis hijos.[13]

¿ ¿Pueden ser útiles las tradiciones para enseñar los valores espirituales?

Claro que sí. Ciertamente, las tradiciones más *importantes* son las que ayudan a inculcar los principios cristianos y los elementos de la herencia judeocristiana en nuestros hijos. Esto hace que el niño, o la niña, tenga una mayor comprensión de la historia y del lugar que él, o ella, ocupa en la misma. Si usted me preguntara *quién soy yo*, mi respuesta reflejaría los valores cristianos y las enseñanzas que aprendí cuando era niño. Comencé a adquirir esos conocimientos antes que ni siquiera pudiera hablar.

Así que, una ventaja adicional del cristianismo, la cual tiene suma importancia, es el tremendo sentido de identidad que se deriva de conocer a Cristo. Cada niño puede darse cuenta, sin la menor duda, de que él es una creación personal de Dios. Puede saber que el Creador tiene un plan para su vida, y que Jesús murió por él. Estoy convencido de que no hay un sentimiento mayor de autoestima que el conocimiento de uno mismo, que llega a obtenerse por medio de los valores espirituales profundamente arraigados. Esta comprensión da respuesta a las preguntas importantes de la vida, incluyendo: "¿Quién soy yo?", "¿Quién me ama?", "¿Hacia dónde voy?", y "¿Cuál es el propósito de la vida?" Sólo Cristo puede dar las respuestas a estas preguntas que hacen que nuestra experiencia terrenal tenga sentido.

¿ ¿Qué haría usted si su hijo de 18 años, decidiera rebelarse contra la sociedad y huir de casa?

Es muy difícil para cualquiera saber exactamente lo que haría en un momento de crisis, pero puedo decirle lo que pienso que sería la mejor reacción bajo esas circunstancias.

Sin regañarlo o quejarme, esperaría influir en el muchacho para que cambiara de parecer antes que cometiera un error como ése. Si no lograré convencerlo, lo dejaría irse. No es prudente que los padres sean demasiado exigentes y autoritarios con un adolescente mayor; pues tal vez lo obliguen a desafiar su autoridad sólo para mostrar su independencia y madurez. Si los padres golpean la mesa, tuercen las manos y le gritan al hijo rebelde, éste no sentirá responsabilidad total por sus acciones. Cuando mamá y papá están demasiado involucrados con su hijo emocionalmente, él puede esperar que ellos lo salven si se mete en problemas. Pienso que es mucho más prudente tratar al adolescente mayor como si fuera un adulto; es mucho más probable que se comporte como uno si se le da el rango que se les ofrece a los adultos. La reacción apropiada de los padres debería ser: "Hijo, tú sabes que yo pienso que estás cometiendo un error muy grave que te va a angustiar por muchos años. Quiero que juntos analicemos las ventajas y las desventajas; luego, la decisión final será tuya. No me pondré en tu camino". De esta manera, él se dará cuenta de que es el único responsable de su decisión. Empezando con la adolescencia, los padres deberían darles a sus hijos más responsabilidades cada año, para que cuando lleguen a estar fuera de su control, ya no les haga falta que los controlen.

El Evangelio de Lucas contiene una historia asombrosamente pertinente, de un joven rebelde. Se conoce comúnmente como la parábola del hijo pródigo. Lea el relato en Lucas capítulo 15, y luego note que contiene varios mensajes importantes que tienen mucha aplicación en esta época. Primero, el padre no trató de localizarlo ni de traerlo por la fuerza a casa. El muchacho, aparentemente era suficientemente maduro como para decidir por su propia cuenta, y el padre le permitió el privilegio de decidir su propio camino.

En segundo lugar, su padre no fue a rescatarle durante los aprietos económicos que tuvo más tarde, no le mandó dinero. No hubo bien intencionados grupos de la iglesia que ayudaran a sostener su necedad. Note lo que dice en los versículos

16 y 17: "Nadie le daba ... Y volviendo en sí". Quizás algunas veces impedimos que nuestros hijos vuelvan en sí al impedir que sientan las consecuencias de sus propios errores. Cuando a un adolescente le imponen una multa por conducir con exceso de velocidad, *él* debería pagarla. Cuando él choca el auto, *él* debe encargarse de las reparaciones. Cuando lo suspenden de la escuela, *él* debe atenerse a las consecuencias sin que sus padres protesten en la escuela. El adolescente aprenderá a través de estas adversidades. Los padres que se apresuran para sacar a sus hijos de cada apuro quizá le estén haciendo un mal.

En tercer lugar, el padre le dio la bienvenida a casa a su hijo sin humillarlo o exigir indemnización. Lo acogió sin regañarlo o decir: "¡Te advertí que lo echarías a perder todo!", o: "Has avergonzado a tu madre y a mí, a más no poder. ¡Todos están hablando del hijo tan malo que hemos criado!" Al contrario, él le reveló la profundidad de su amor al decir: "Mi hijo ... se había perdido, y es hallado".[14]

¿ **Quisiera hacerle una pregunta muy personal. En sus libros usted trata aspectos prácticos de la vida diaria. Usted ofrece soluciones y sugerencias para manejar las frustraciones y los problemas típicos del matrimonio y de la crianza de los hijos. Lo cual me ha hecho pensar acerca de su familia. ¿Transcurre tranquilamente la vida en su hogar de continuo? ¿Se siente algunas veces como un padre fracasado? Y de ser así, ¿cómo resuelve el problema de la falta de confianza en usted mismo y la recriminación?**

Me han hecho la misma pregunta muchas veces, aunque la respuesta no debe sorprender a nadie. Shirley y yo experimentamos las mismas frustraciones y presiones con que otros se enfrentan. Nuestra conducta no siempre es ejemplar, ni tampoco lo es la de nuestros hijos. Y a veces nuestro hogar puede volverse muy agitado.

Quizá puedo ilustrar mejor mi respuesta, describiendo un día al que ahora nos referimos como "el Domingo Funesto". Por algún motivo, el día del Señor puede ser el día más frustrante de la semana para nosotros, especialmente durante las horas de la mañana. Me he dado cuenta de que otros padres también experimentan tensiones durante la rutina de prepararse para ir a la iglesia. Pero el Domingo Funesto fue caótico en especial. Todos comenzamos ese día levantándonos demasiado tarde, lo que quería decir que teníamos que apresurarnos para poder llegar a la iglesia a tiempo. Eso produjo mucha presión emocional, especialmente para Shirley y para mí. Luego tuvimos el problema de la leche derramada sobre la mesa y el betún negro en el suelo. Y, por supuesto, Ryan se vistió primero, lo que le permitió estar en condiciones para escabullirse por la puerta trasera y ensuciarse de pies a cabeza jugando en el patio. Fue necesario desvestirlo completamente y empezar de nuevo con ropa limpia. En vez de encargarnos de cada una de estas situaciones irritantes según fueron presentándose, comenzamos a criticarnos y a lanzarnos acusaciones unos a otros. Por lo menos, una nalgada fue dada, si mal no recuerdo, y otras tres o cuatro fueron prometidas. Ese fue un día inolvidable (aunque quisiéramos olvidarlo). Al fin, cuatro personas agobiadas lograron llegar a tropezones a la iglesia; listos, sin duda, para recibir una gran bendición espiritual. No había pastor sobre la faz de la tierra que hubiera podido conmovernos esa mañana.

Todo el día me sentí culpable por el tono estridente de nuestro hogar en ese "Domingo Funesto". Claro, nuestros hijos eran también culpables, pero simplemente habían respondiendo a nuestra falta de organización. Shirley y yo nos habíamos levantado tarde, y allí fue donde se originó el conflicto.

Esa noche, después de regresar del servicio vespertino, reuní a toda la familia alrededor de la mesa de la cocina. Empecé describiendo la clase de día que habíamos tenido y le pedí a cada uno que me perdonara por mi parte de culpa.

Además, dije que yo pensaba que debíamos dar la oportunidad a cada miembro de la familia para que dijera cómo se sentía por lo que había ocurrido. A Ryan se le permitió que fuera el primero en hablar, y lo hizo refiriéndose a su mamá. "¡Has estado enfadada todo el día, mamá!", dijo con sentimiento. "Todo el día me has culpado de todo".

Entonces Danae dio salida a su hostilidad y frustración. Finalmente, Shirley y yo tuvimos la oportunidad de explicar las tensiones que nos habían hecho reaccionar de manera exagerada.

Ese fue un tiempo valioso de intercambio de ideas y de sinceridad que nos unió otra vez. Entonces oramos como familia, y le pedimos al Señor que nos ayudara a vivir y esforzarnos juntos en amor y armonía.

El punto que quiero enfatizar es que *cada* familia tiene momentos cuando sus miembros rompen todas las reglas, incluso cuando se apartan de los principios bíblicos por los cuales rigen sus vidas. La fatiga puede dañar todos los altos ideales que han sido recomendados a los padres en los cursos, libros y sermones. La pregunta importante es: ¿cómo vuelven a establecer los padres la amistad dentro de sus familias después que hayan pasado las tormentas? Una conversación franca, libre de acusaciones, ofrece una solución a esa situación.

Volviendo a la pregunta, quiero decir que tenemos que reconocer que un sicólogo no puede evitar toda aflicción emocional en su familia, como tampoco un médico puede hacerlo con las enfermedades en la suya. Vivimos en un mundo imperfecto que nos hace luchar a todos. Sin embargo, los principios bíblicos ofrecen el método más sano para la vida familiar, incluso transformando la tensión para nuestro provecho. (Algún día le contaré del Lunes Funesto.)[15]

¿ **Cada día nuestros problemas económicos nos hacen sentir más frustrados. ¿Podría usted darnos algunas sugerencias?**

Hay miles de libros disponibles para los que quieran tener control de sus recursos económicos, y yo no soy autoridad en ese tema. Por lo tanto, mis comentarios sobre este tópico serán breves y precisos. Lo único que quiero exponer es que me opongo al deseo de tener cada vez más cosas, que nos lleva a comprar lo que no necesitamos o está fuera de nuestro alcance.

Aunque no puedo decir que soy rico, he probado la mayoría de las cosas que las personas anhelan: autos nuevos, una casa atractiva, y distintos aparatos que prometen darnos mayor libertad. Al mirar esas posesiones materiales, después de haberlas comprado, puedo decirle a usted que no producen la satisfacción que anuncian. Por el contrario, he visto que hay mucha sabiduría en el refrán que dice: "¡Lo que posees, finalmente te poseerá a ti!" ¡Cuánta verdad hay en eso! Cuando he dado el dinero que he ganado con mucho esfuerzo, a cambio de un nuevo objeto, sólo estoy viéndome obligado a mantenerlo y a protegerlo; en vez de que contribuya a mi placer, tengo que pasar mis preciados sábados aceitándolo, pintándolo, reparándolo, limpiándolo, o llamando a alguien para que se lo lleve porque quiero verme libre de él. El tiempo que hubiera podido invertir en actividades familiares que valieran la pena lo he gastado siendo esclavo de un aparato inútil que termina devaluándose.

Permítame pedirle que recuerde el gasto *más* inútil e innecesario que usted hizo el año pasado. ¿Fue quizás un traje o cualquier otra cosa que nunca va a usar? ¿Se da usted cuenta de que esa cosa no fue comprada con su dinero; sino que fue comprada con el tiempo que usted cambió por dinero? En realidad, usted cambió cierta cantidad de los días que le han sido asignados para que viva en este mundo, por esa cosa inservible que ha comprado. Además, ningún poder en este mundo puede devolverle el tiempo que usted desperdició en esa compra. Se ha ido para siempre. Cuando hacemos esto invertimos nuestra vida en cosas materiales que no tienen ningún valor, tanto en cuanto al gasto original como al subsecuente gasto de mantenimiento.

¿Le parece que estoy predicando un sermón? Quizá sea porque estoy condenando mi propia manera de vivir. ¡Estoy harto de la tiranía de las cosas! Pero también me estoy dirigiendo a los pobres, a esas multitudes que están deprimidas porque tienen muy poco. ¿Cuántas mujeres se encuentran deprimidas hoy, porque les falta algo que hace cincuenta años no había sido inventado o no estaba de moda? ¿Cuántas familias están descontentas con su casa de dos habitaciones cuando durante el siglo pasado la hubieran considerado completamente adecuada? ¿Cuántos hombres tendrán ataques cardíacos este año por causa de sus esfuerzos para conseguir un salario cada vez más elevado? ¿Cuántas familias se arriesgarán a la ruina económica simplemente por tratar de no ser menos que el vecino, y luego se dan cuenta, tristemente, de que el vecino ha reinvertido su dinero y está aun más adelante?

En un viaje, que hice una vez a Inglaterra, se me hizo clara la locura del materialismo. A medida que visité los museos y los edificios históricos me sentí impresionado por lo que yo llamé los "castillos vacíos". En medio de la niebla solitaria, se encontraban los edificios que habían sido construidos por hombres orgullosos que creían ser sus dueños. Pero ¿dónde están esos hombres hoy? Todos esos hombres murieron, y la mayoría de ellos han sido olvidados. Los castillos vacíos que dejaron atrás permanecen como monumentos a la vulnerabilidad física y la transitoriedad de los hombres que los construyeron. Nadie ha sobrevivido para reclamar su posesión. Como dijo Jesús, al hablar del rico insensato que estaba a punto de morir dejando todas sus riquezas: "Necio ... lo que has provisto, ¿de quién será?" (Lucas 12:20).

Quiero decir, con plena convicción, que cuando yo muera deseo dejar detrás de mí algo más que "castillos vacíos". Habiendo llegado a la edad madura, me doy cuenta de que la vida está pasando rápidamente delante de mis ojos. Inútilmente he tratado de detenerla, o de por lo menos aminorar el paso, pero año tras año parece pasar con mayor rapidez. De la misma manera en que los últimos 20 años se han evaporado tan rápidamente, las próximas tres o cuatro décadas se irán muy pronto. Así que no hay mejor tiempo que el de ahora, para que yo determine, y usted también, cuáles son los valores que son dignos de ocupar nuestro esfuerzo y nuestro tiempo. Después de haber hecho esta evaluación, mi conclusión es que acumular riquezas, aunque pudiera lograrlo, no es una meta digna de nuestras vidas. Cuando llegue al fin de mis días, quiero mirar atrás a algo que sea más importante que haberme afanado por tener casas, tierras, aparatos y otros bienes materiales. Tampoco la fama tiene beneficios duraderos. Consideraré que mi existencia terrenal fue malgastada a no ser que pueda recordar una familia amorosa, una inversión constante de mi propia vida en la de otras personas, y un esfuerzo ferviente para servir al Dios que me creó. Ninguna otra cosa tiene mucho sentido, y sin duda, ninguna otra cosa merece que yo me inquiete. ¿Qué piensa usted?[16]

Considerando que es muy difícil ser buenos padres, no entiendo por qué alguien quisiera tener hijos. ¿Acaso vale la pena?

Sin duda alguna, tener hijos es costoso y complejo. Recuerdo a una señora que con siete niños traviesos se subió a un autobús en Los Angeles, y se sentaron detrás de mí. La señora llevaba el pelo alborotado y unas ojeras enormes que revelaban su agotamiento total. Mientras ella trataba de pasar por mi lado con toda su tribu, yo le pregunté: "¿Son todos estos niños suyos, o es que están de paseo?"

Ella me miró con sus ojos medio cerrados, y me dijo: "Todos son míos, y créame, ¡no es ningún paseo!"

Esta mujer tiene razón. Tener hijos no es un trabajo para cobardes. ¿Estoy acaso sugiriendo que las parejas recién casadas se queden sin hijos? ¡Por supuesto que no! El matrimonio que ama a los niños y quiere experimentar la alegría de procrear, no debe tener miedo a este desafío de ser padres. Según mi propia perspectiva como padre, no ha habido momentos más importantes en mi vida que cuando miré los ojos de mi hija recién nacida, y cinco años más tarde a los de mi hijo. ¿Qué podría ser más emocionante que ver a esas criaturas diminutas empezar a crecer, aprender y amar? Y ¿qué recompensa podría valer más que el que mi pequeño hijo o hija se suba a mis piernas, ponga sus brazos alrededor de mi cuello, y me diga: "Te quiero mucho papi"?

Sí, los niños son muy costosos, pero valen el precio. Además, nada que vale la pena es barato.[17]

2

La educación espiritual
de los niños

¿ **¿Debería permitírsele a un niño "decidir por sí mismo" en asuntos relacionados con su concepto de Dios? ¿No estamos obligándolo a que acepte nuestra religión, cuando le decimos lo que debe creer?**

Permítame responder a su pregunta con un ejemplo tomado de la naturaleza. Un pequeño ganso tiene una característica que nos ayuda a comprender este punto. Poco después que sale del cascarón, se apega a lo primero que ve moverse cerca de él. Desde ese momento en adelante, seguirá a ese objeto en particular, cuando se mueva en su proximidad. Generalmente, se apega a la madre que es lo primero que él ve. Sin embargo, si ella no está, el ganso se sentirá satisfecho con seguir a cualquier sustituto que se mueva, esté vivo o no, como por ejemplo una pelota que alguien esté halando por medio de un cordel. Una semana después, aún seguirá a la pelota cada vez que pase junto a él. El tiempo es el factor crítico en este proceso. El pequeño ganso sólo es vulnerable a apegarse durante unos pocos segundos después que sale del cascarón; si se pierde esa oportunidad, no se puede volver a recuperar después. En otras palabras, existe un período crítico, que es breve, durante los primeros momentos de la vida del pequeño ganso, cuando este aprendizaje instintivo es posible.

Existe también un período crítico, durante el cual ciertas clases de instrucción son posibles en la vida del niño. Aunque los seres humanos no tienen instintos (sólo impulsos, reflejos, deseos, etcétera), hay un breve período en el tiempo de la infancia cuando los niños son vulnerables a la instrucción religiosa. Los conceptos que ellos tienen del bien y el mal, lo que el siquiatra austriaco Freud llamó el superego, son formulados durante ese tiempo, y su opinión acerca de Dios comienza a consolidarse. Como en el caso del pequeño ganso, se debe aprovechar la oportunidad cuando está disponible. Se ha citado extensamente a los líderes de la iglesia católica quienes dicen: "Entréguenos a un niño hasta que tenga siete años y lo tendremos de por vida". Generalmente esta afirmación es correcta, porque las actitudes permanentes se pueden inculcar durante estos primeros siete años de la vida, cuando los niños son tan vulnerables. Sin embargo, lamentablemente, lo contrario también es verdad. La ausencia, o la mala aplicación, de la instrucción religiosa durante ese tiempo tan importante en el desarrollo del niño puede producir después una limitación severa en la profundidad de la devoción futura del niño hacia Dios. Cuando los padres dicen que van a rehusar impartirle esa instrucción a su pequeño hijo, para permitirle que "decida por sí mismo", casi están garantizando que él va a "decidir" no creer en Dios. Si los padres quieren que su hijo tenga una fe que valga, deben abandonar cualquier intento equivocado de permitirle la libertad de escoger sin ninguna influencia suya. El niño escucha con atención para descubrir hasta qué punto los padres creen lo que predican; cualquier indecisión o confusión ética de parte de ellos, es probable que sea aumentada en él.[1]

 Mi esposa y yo oramos cada noche con nuestro hijo, y él asiste a la escuela dominical y a la iglesia cada

semana. **De cualquier modo, no creo que esto es suficiente para asegurar su desarrollo religioso. ¿Qué más podemos hacer para fomentar su crecimiento espiritual durante este tiempo en el que su capacidad de concentración es tan limitada?**

Moisés proveyó la respuesta cuando escribió hace más de 4000 años en el libro de Deuteronomio: "Y las repetirás a tus hijos, y hablarás de ellas estando en tu casa, y andando por el camino, y al acostarte, y cuando te levantes. Y las atarás como una señal en tu mano, y estarán como frontales entre tus ojos; y las escribirás en los postes de tu casa, y en tus puertas" (Deuteronomio 6:7-9). En otras palabras, no podemos inculcar estas actitudes durante un breve momento de oración por las noches, o durante sesiones formales de enseñanza. Tenemos que *vivirlas* desde la mañana hasta la noche. Se deben reforzar durante nuestra conversación informal, se deben enfatizar con ejemplos, demostraciones, cumplidos y castigos. Yo creo que esta tarea de enseñar es la *más importante* que Dios nos ha dado como padres.[2]

¿ **Es difícil para nosotros el tener un tiempo devocional, como familia, porque nuestros pequeños hijos se sienten muy aburridos, y no tienen interés. Bostezan, se mueven de un lado a otro y se ríen mientras estamos leyendo la Biblia. Por otra parte, creemos que es importante enseñarles a orar y estudiar la Palabra de Dios. ¿Puede ayudarnos usted a resolver este dilema?**

Lo más importante en cuanto al tiempo devocional con la familia es: *ser breve*. No se puede esperar que los niños comprendan y aprecien devocionales que duran mucho tiempo, y son propios de los adultos. Cuatro o cinco minutos dedicados a uno o dos versículos bíblicos, seguidos de una corta oración, representan, por lo general, los límites de atención de los niños de edad preescolar. Obligar a los niños pequeños a que comprendan las verdades eternas en un tiempo devocional eterno, puede ser eternamente peligroso.[3]

¿Cómo se establece el concepto de Dios en la mente del niño?

Es un hecho muy conocido que un niño identifica a sus padres con Dios, sin importar que ellos quieran o no ese papel. Por ejemplo, al mismo tiempo que los niños están cediendo a la dirección amorosa de sus padres, están aprendiendo también a ceder a la dirección bondadosa de Dios.

Nosotros tenemos la responsabilidad de reflejar los dos aspectos de la naturaleza divina a la próxima generación. En primer lugar, nuestro Padre Celestial es un Dios de amor ilimitado, y nuestros hijos deben llegar a conocer su misericordia y ternura por medio de nuestro amor hacia ellos. Pero que no queden dudas sobre esto: ¡nuestro Señor es también el poseedor de autoridad majestuosa! El universo ha sido puesto en orden por un Dios supremo que exige la obediencia de sus hijos, y les ha advertido que "la paga del pecado es muerte". Mostrar a nuestros hijos un amor sin autoridad es una distorsión tan seria de la naturaleza de Dios como el revelar una autoridad estricta sin amor.[4]

¿Cuál es el período más importante en la educación espiritual de los niños pequeños?

Creo que el quinto año de la vida del niño es el más importante. Hasta entonces él cree en Dios porque sus padres le han dicho que eso es lo que debe hacer. Más o menos a los cinco o seis años de edad llega a una encrucijada: tendrá que decidir aceptar ese concepto como suyo propio, o no hacerlo. A estas alturas, quizás lo "acepte", asentando así sus pies en un fundamento más sólido, o quizás empiece a dudar, colocando así una base para el rechazo.

De ninguna manera quiero insinuar que los padres deben esperar hasta que el niño tenga cinco o seis años para iniciar la enseñanza espiritual. Tampoco quiero decir que los años subsecuentes no son importantes. Pero estoy convencido de que nuestros esfuerzos más diligentes en el hogar, y los de nuestros mejores maestros de escuela dominical, se deben aplicar a los niños de cinco y seis años. Hay encrucijadas más adelante, pero ésta es la primera de las más importantes.[5]

¿ **Muchas personas creen que los niños son básica- mente "buenos", y que sólo aprenden a hacer lo malo de sus padres y de la cultura en que viven. ¿Está usted de acuerdo?**

Si lo que esas personas quieren decir es que todos los niños merecen nuestro amor y respeto, por supuesto que estoy de acuerdo. Pero, si creen que por naturaleza los niños son desinteresados y generosos, y están libres de pecado delante de Dios, no estoy de acuerdo. Ojalá esa consideración de la naturaleza humana fuera acertada, pero contradice las enseñanzas bíblicas. El profeta Jeremías escribió: "Engañoso es el corazón más que todas las cosas, y perverso; ¿quién lo conocerá?" (Jeremías 17:9). La percepción clara e inspirada por Dios, que Jeremías tuvo de la naturaleza humana, es afirmada por la sórdida historia de la humanidad. El camino de la civilización está manchado por asesinatos, guerras, violaciones y robos desde el tiempo de Adán en adelante. Este historial de maldad hace difícil el aferrarse a la opinión, excesivamente optimista, de que los niños son puros y santos al nacer, y simplemente aprenden a obrar mal de sus padres. Sin duda, durante los últimos 6000 años debió haber, cuando menos, *una* generación con la que los padres hicieron las cosas de una manera correcta. Sin embargo, la codicia, la lascivia y el egoísmo nos han caracterizado a todos nosotros. ¿Esta naturaleza también es evidente en los niños? El rey David pensó que así es, porque él confesó: "En pecado me concibió mi madre" (Salmo 51:5). ¿Qué importancia tiene la diferencia que existe entre estas dos opiniones sobre los niños? Tiene una enorme importancia. A los padres que creen que todos los niños que están dando sus primeros pasos se encuentran llenos de bondad, se les recomienda que no inter- fieran y les permitan que su agradable naturaleza se manifies- te. Por otra parte, los padres que se dan cuenta de la inevitable guerra interna entre el bien y el mal, harán todo lo posible para influir en las decisiones de sus hijos, darle forma a la voluntad de ellos y proveerles de un fundamento espiritual sólido. Esos padres reconocen los peligros del desafío de los hijos a la autoridad de los adultos. (1 Samuel 15:23: "Porque como pecado de adivinación es la rebelión, y como ídolos e idolatría la obstinación".)[6]

En la Biblia se le ha ordenado a cada padre: "Instruye al niño en su camino". Pero esto plantea una pregunta difícil: ¿Cuál debe ser ese camino? Si los primeros siete años representan el tiempo primordial para la enseñanza religiosa, ¿qué instrucción se le debiera impartir a él durante este período crítico? ¿Qué experiencias debieran ser incluidas? ¿Qué valores morales debieran ser enfatizados?

Usted ha hecho una pregunta muy buena. Creo firmemente que se debiera someter al niño a un programa sistemático de instrucción religiosa, cuidadosamente concebido. Sin embargo, nosotros somos demasiado descuidados acerca de este asunto. Quizá daríamos en el blanco con más frecuencia, si reconociéramos con más claridad la meta precisa.

A continuación hay una "Lista de Control para la Instrucción Espiritual", es decir, una serie de metas que debemos proponernos alcanzar. Muchas de ellas requieren de madurez que les falta a los niños, y no debemos intentar hacer cristianos adultos de los jóvenes inmaduros. Pero podemos empujarlos suavemente hacia estas metas durante los años influenciables de la niñez.

Esencialmente, los cinco conceptos espirituales que siguen se deben enseñar diligentemente, proveyendo el fundamento sobre el cual descansarán toda la doctrina futura y la fe. Animo a todos los padres cristianos a evaluar el entendimiento de sus hijos en estas cinco áreas:

CONCEPTO I: "Y amarás al Señor tu Dios con todo tu corazón" (Marcos 12:30).

1. ¿Está su hijo aprendiendo del amor de Dios por medio del amor, la ternura y la misericordia de sus padres? (Esto es lo más importante.)

2. ¿Está aprendiendo a hablar del Señor, y a incluirlo en sus pensamientos y planes?

3. ¿Está aprendiendo su hijo a acudir a Jesús en busca de ayuda cada vez que está asustado, o ansioso, o se siente muy solo?

4. ¿Está aprendiendo a leer la Biblia?

5. ¿Está aprendiendo a orar?

6. ¿Está aprendiendo cuál es el significado de la fe y la confianza?

7. ¿Está aprendiendo su hijo el gozo de la vida cristiana?

8. ¿Está aprendiendo a apreciar la maravilla del nacimiento y la muerte de Jesús?

CONCEPTO II: "Amarás a tu prójimo como a ti mismo" (Marcos 12:31).

1. ¿Está aprendiendo a comprender a otros e identificarse con sus sentimientos?

2. ¿Está aprendiendo a no ser egoísta y exigente?

3. ¿Está aprendiendo a compartir lo que tiene con los demás?

4. ¿Está aprendiendo a no ser chismoso ni criticar a otros?

5. ¿Está aprendiendo a aceptarse a sí mismo?

CONCEPTO III: "Enséñame a hacer tu voluntad, porque tú eres mi Dios" (Salmo 143:10).

1. ¿Está aprendiendo a obedecer a sus padres en preparación para obedecer a Dios más tarde? (Esto es lo más importante.)

2. ¿Está aprendiendo a comportarse correctamente en la iglesia, que es la casa de Dios?

3. ¿Está aprendiendo a apreciar de una manera correcta, ambos aspectos de la naturaleza de Dios: su amor y su justicia?

4. ¿Está aprendiendo que hay muchas formas de autoridad bondadosa a las que debe someterse?

5. ¿Está aprendiendo el significado del pecado y sus consecuencias inevitables?

CONCEPTO IV: "Teme a Dios y guarda sus mandamientos, porque esto concierne a toda persona" (Eclesiastés 12:13, La Biblia de las Américas).

1. ¿Está aprendiendo a ser sincero y honesto?

2. ¿Está aprendiendo a guardar el día del Señor?

3. ¿Está aprendiendo que la acumulación de bienes materiales es relativamente insignificante?

4. ¿Está aprendiendo el significado de la familia cristiana, y la fidelidad a la misma según el propósito de Dios?

5. ¿Está aprendiendo a seguir los dictados de su propia conciencia?

CONCEPTO V: "Mas el fruto del Espíritu es ... dominio propio" (Gálatas 5:22-23, La Biblia de las Américas).

1. ¿Está aprendiendo a dar una porción de su mensualidad (y otro dinero) a Dios?

2. ¿Está aprendiendo a controlar sus impulsos?

3. ¿Está aprendiendo a trabajar y tener responsabilidades?

4. ¿Está aprendiendo la vasta diferencia entre el buen concepto de sí mismo y el orgullo egoísta?

5. ¿Está aprendiendo a inclinarse en reverencia ante el Dios del universo?

En resumen, los primeros siete años de la vida de su hijo deberían prepararle para que, cuando llegue a la edad de responsabilidad, diga: "Heme aquí, envíame a mí" (Isaías 6:8).[7]

Ɩ **Con frecuencia, mi hija de cuatro años de edad viene a la casa corriendo y llorando, porque ha sido golpeada por alguna de sus amiguitas. Le he enseñado que no está bien el golpear a otros, pero ahora ellas le están haciendo la vida infeliz. Como madre cristiana, ¿qué debiera decirle a ella con respecto a defenderse a sí misma?**

Usted hizo muy bien al enseñarle a su hija a no golpear y no hacerles daño a otros, pero la defensa propia es otro asunto. Los niños pueden ser despiadados atormentando a un niño, o niña, indefenso. Cuando los jovencitos están jugando, cada uno quiere tener el mejor juguete y señalar las reglas del juego para su propia conveniencia. Si se dan cuenta de que pueden predominar por simplemente lanzarle un golpe bien dirigido a la nariz del compañero o compañera de juego, es probable que alguien termine lesionado. Estoy seguro de que hay cristianos que no están de acuerdo conmigo sobre este asunto, pero yo creo que usted debiera enseñarle a su hija a defenderse cuando es atacada. Más tarde se le puede enseñar a "volver la otra mejilla", lo cual, hasta los adultos maduros encuentran difícil de poner en práctica.

Hace poco hablé con una mujer que estaba preocupada acerca de la incapacidad de su pequeña hija de protegerse de ser agredida. Había una niña en el vecindario que le daba una bofetada a Ana, quien tenía tres años de edad, por la menor provocación. Esta pequeña abusadora, llamada Susana, era muy pequeña y femenina, pero nunca había sentido el dolor de la represalia, porque a Ana se le había enseñado a no pelear en defensa propia. Le recomendé a la madre de Ana que le dijera que devolviese el ataque si Susana la golpeaba primero. Varios días después la madre escuchó afuera un fuerte altercado, seguido de una breve pelea. Entonces Susana comenzó a llorar y se fue para su casa. Ana entró a la casa, caminando con las manos en los bolsillos, como si no hubiera pasado nada, y explicó: "Susana me golpeó, así que tuve que ayudarla a recordar no volver a hacerlo". Ana había devuelto, de manera eficaz, ojo por ojo y diente por diente. Ella y Susana han jugado de una forma mucho más pacífica desde entonces.

Por lo general, los padres deben enfatizar lo absurdo que es pelear. Pero obligar a un niño a permanecer pasivo mientras está siendo golpeado es abandonarlo a la merced de sus crueles compañeros.[8]

¿Cree usted que a los niños entre cinco y diez años de edad se les debe permitir escuchar música rock en la radio?

No. La música rock es una expresión de la cultura de los adolescentes. Las palabras de las canciones tienen que ver con el noviazgo, los corazones quebrantados, las drogas y lo que ellos llaman "amor". Estas son algunas de las cosas en las que usted no quiere que esté pensando su hijo de siete años. Más bien, su mundo de emociones debe consistir en libros de aventuras, producciones tipo Walt Disney, y actividades en familia, tales como: acampar, pescar, participar en eventos deportivos y en juegos, etcétera.

Por otro lado, no es prudente actuar como un dictador en un asunto como éste. Le sugiero que mantenga a su hijo preadolescente tan ocupado en actividades sanas que no necesite soñar con el futuro.[9]

¿ **¿Cómo puedo ayudar a mi hijo a desarrollar actitudes sanas, de aceptación hacia las personas de otras razas y otros grupos étnicos?**

No hay un sustituto del ejemplo de los padres para modelar las actitudes que queremos enseñar. Alguien escribió: "Los pasos que el niño sigue probablemente sean los que sus padres trataron de ocultar". Eso es verdad. Nuestros hijos nos están observando cuidadosamente, y automáticamente imitan nuestro comportamiento. Por lo tanto, no podemos esperar que ellos sean amables con todos los hijos de Dios si nosotros demostramos prejuicios y rechazo. De la misma manera, tampoco podemos enseñar una actitud de agradecimiento si nunca decimos "por favor" y "gracias" en el hogar o fuera de él. No produciremos hijos sinceros si les enseñamos a mentirle al cobrador, que llama por teléfono, diciéndole: "Papá no está en casa". En estos asuntos, nuestros hijos e hijas disciernen inmediatamente la diferencia entre lo que decimos y lo que hacemos. Y ante estas dos opciones, generalmente se identificarán con nuestro comportamiento y pasarán por alto nuestras inútiles palabras.[10]

¿ **Estoy tratando de criar a dos hijos, sin la ayuda de un esposo y padre, y no estoy realizando una labor muy buena. ¿No debería hacer algo la iglesia para ayudarme, ya que soy una madre que me encuentro sola?**

Sí, la iglesia claramente tiene la obligación de ayudarle con su responsabilidad de criar a sus hijos. Este requisito está implícito en el mandamiento de Jesús de que amemos y ayudemos a cualquier persona que necesita ayuda. El dijo: "En cuanto lo hicisteis a uno de estos mis hermanos más pequeños, a mí lo hicisteis". Si el Señor Jesús fue sincero al decir estas palabras, y por supuesto que lo fue, entonces nuestros esfuerzos a favor de los niños sin padre, o sin madre, son vistos por el Creador del universo como un servicio que le es hecho directamente a El mismo.

Pero el mandamiento dado a los cristianos está dicho más explícitamente en Santiago 1:27: "Según Dios el Padre, ser cristiano puro y sin mancha es ocuparse de los huérfanos y de las viudas y mantenerse fiel al Señor" (La Biblia al Día).

Está bien claro en las Escrituras que los cristianos vamos a rendir cuentas de qué tan bien tratamos de ayudar a los que se encontraban en alguna necesidad. Los hombres de la iglesia deberían llevar al parque a los muchachos que están sin padre, y enseñarles a jugar fútbol o algún otro deporte. Debieran buscar oportunidades para reparar el techo o pintar de nuevo la casa de una madre que se encuentra sola, o hacer otras reparaciones que a ella le resultarían difíciles de hacer, aunque no estuviera cargada de muchas responsabilidades pesadas. Pudiera ser que también necesite ayuda económica, cuando sus hijos son pequeños. La tarea, que se nos ordena en la Biblia, es clara: ¡dondequiera que exista una necesidad, los hombres cristianos de la iglesia deben suplirla![11]

¿ **Mi esposo y yo somos misioneros y recientemente hemos sido asignados a una área remota de Colombia. Nuestro ministerio será con una cultura indígena, a la cual sólo se puede llegar a caballo o a pie. Estoy preocupada por nuestros hijos de siete y nueve años de edad, y su futuro educacional. Por supuesto, no hay escuelas cerca de nuestro nuevo local, y el internado más cercano queda a más de 300 kilómetros de distancia. A causa del costo tan elevado para viajar, sólo podríamos estar juntos durante el verano y quizá los veríamos en otra ocasión en el transcurso del año. Aunque yo pudiera enseñarles las materias académicas que se requieren en la primaria, obviamente necesitan contacto social con sus**

compañeros, y no queremos privarlos de esas experiencias. ¿Recomendaría usted que los tengamos con nosotros o que los mandemos a un internado?

"¿Qué haremos con los niños?" Esa suele ser la pregunta más difícil que se hacen los misioneros. No pretendo tener soluciones definitivas a este problema peliagudo, aunque tengo bien definidos mis puntos de vista en cuanto a este tema. Yo he aconsejado a algunos hijos de misioneros, muchos de los cuales estaban amargados y resentidos por los sacrificios que se les había obligado a hacer. Se vieron privados de la seguridad de un hogar en un tiempo importante de su desarrollo, y experimentaron profundas heridas emocionales en el proceso. Como consecuencia, la rebelión era común entre estos jóvenes enojados que estaban disgustados con sus padres y con el Dios que los mandó al extranjero.

En base a estas observaciones, es mi firme convicción que, de ser posible, se debe mantener intacto el núcleo familiar de los misioneros. No está de más insistir en la importancia del apoyo y el amor de los padres durante los años de formación de la vida. El sentido de seguridad y bienestar del niño está arraigado principalmente en la estabilidad de su hogar y familia. Por lo tanto, sin duda será sacudido al verse separado, no sólo de sus padres, sino también de sus amigos y del ambiente de su propia cultura. Repentinamente se encuentra en un dormitorio solitario en un país extranjero donde puede enfrentarse al rechazo y a presiones que quizá no podrá soportar. ¡No puedo pensar en un mejor método de producir problemas emocionales y espirituales, en un niño vulnerable!

Mi amigo, el doctor Paul Cunningham, expresó un punto de vista similar durante una conferencia sobre la vida familiar. A continuación presento sus comentarios:

Estoy casado con la hija de unos misioneros que a la edad de cinco años fue enviada a un internado en Africa, donde veía a sus padres aproximadamente tres veces al año. Este es el sacrificio más grande que un misionero tiene que hacer. He tenido el privilegio de ministrarles a los hijos de misioneros, y pienso que lo que voy a decir, lo puedo decir con seguridad, aunque lo voy a expresar con mucha cautela: muchas veces los niños que tienen esta experiencia nunca se recuperan por completo de la misma.

Por ejemplo, a mi esposa la humillaban en la escuela debido al fuerte sentimiento antinorteamericano que existía allí. Ella era la única norteamericana en su escuela. No estamos hablando de una niña de diez o doce años, sino de seis. En resumidas cuentas, eso la hizo una persona tremendamente fuerte, y dudo que ella hubiera sido todo lo que es para nuestros hijos y para mí, si no hubiera sido por las experiencias difíciles que pasó. Pero al mismo tiempo, si no hubiera sido por su habilidad para enfrentarse a los problemas, no sé ... quizá no hubiera sobrevivido, porque otros no han podido.

No puedo pensar que sea recomendable, hacer de ésta la única opción para estas familias ... separar a los tiernos hijos de sus padres. Por ejemplo, sé de una situación en la que los niños tienen que tomar un largo viaje en un barco por un río para ver a sus padres; estoy hablando de niños pequeños. El viaje dura varias horas desde el campamento misionero. La madre se despide de ellos en el otoño, y no los ve por muchos meses debido al costo tan elevado del viaje. Sería posible transportarlos en helicóptero, en lugar de en un barco por el río, pero no tienen el dinero para eso. Tenemos que hacer algo para ayudar a estas personas, cueste lo que cueste.

El doctor Cunningham y yo estamos de acuerdo en que en realidad el asunto quizá sea uno de prioridades. En mi opinión, la participación significativa dentro de la familia tiene mucha más importancia que las consideraciones educacionales. Además, el contacto con los padres durante los años de formación es mucho más importante que el contacto con los compañeros. Finalmente, hasta los misioneros (quienes han sido llamados a una vida de sacrificio y servicio) tienen que reservar parte de sus recursos para sus propias familias. Después de todo, una vida de éxito en el campo misionero extranjero será bastante insignificante para los que pierdan a sus propios hijos.[12]

¿ **Mi esposa y yo estamos en total desacuerdo en cuanto al papel del materialismo en las vidas de nuestros hijos. Ella cree que debemos darles los juguetes y juegos que nosotros no tuvimos cuando éramos niños. En Navidad, hay montones de regalos debajo del árbol, y pasamos seis meses tratando de pagar todas las cosas que hemos comprado. Además, los abuelos también colman generosamente a nuestros hijos con regalos en el transcurso del año. Creo que esto es un error, incluso aunque tuviéramos dinero para comprar todo esto. ¿Cuál es el punto de vista de usted en cuanto al materialismo en la vida del niño?**

También a mí me preocupa darles demasiadas cosas a los niños, lo cual sólo refleja nuestra incapacidad para decirles que "no". Durante los años difíciles de la gran depresión económica, era muy sencillo que los padres les dijeran a sus hijos que no tenían dinero para comprarles todo lo que querían; a duras penas papá lograba mantener el pan diario en la mesa. Pero en los tiempos de abundancia, la tarea de los padres se vuelve más difícil. Se necesita mucho más valor para decir: "No, no te voy a comprar esa muñeca", que decir: "Lo siento mucho, pero sabes que no tenemos dinero para comprarte esa muñeca". El deseo del niño o la niña de tener juguetes costosos es cuidadosamente despertado por millones de dólares que los fabricantes de juguetes gastan en anuncios por la televisión. Esos anuncios están hechos tan astutamente que los juguetes parecen ser copias del tamaño real del objeto auténtico: aviones de propulsión a chorro, robots monstruos y rifles automáticos. El pequeño cliente se queda viendo boquiabierto con total fascinación, y cinco minutos después inicia una campaña que finalmente le costará a su papá un precio bastante alto. El problema es que papá probablemente *puede* comprar el nuevo juguete, si no con efectivo, por lo menos con su tarjeta de crédito mágica. Y cuando tres niños vecinos reciben el juguete codiciado, mamá y papá empiezan a sentir presión e incluso culpabilidad. Piensan que son egoístas porque ellos se han complacido con lujos parecidos. Pero supongamos que los padres tengan el valor de resistir la insistencia del niño, todavía le quedan los abuelos, y éstos tienen fama de ser fáciles de convencer. Pero aun si el niño no tiene éxito con sus padres o abuelos, sigue habiendo un recurso que nunca falla: ¡Santa Claus!, o los Reyes Magos. Cuando el pequeño le pide a Santa Claus o a los Reyes Magos que le traigan algo, sus padres se encuentran en una trampa inevitable. ¿Qué pueden decir: "Santa o los Reyes no tienen dinero para eso"? ¿Lo van a olvidar o entristecer Santa o los Reyes? No, el regalo llegará en el trineo de Santa o en los camellos de los Reyes.

Alguien preguntará: "¿Y por qué no? ¿Por qué no hemos de permitir que nuestros hijos disfruten los frutos de nuestra abundancia?" Sin duda yo no le negaría al niño una cantidad razonable de las cosas que añora. Pero muchos niños son inundados con excesos que les hacen daño. Se ha dicho que la prosperidad produce una prueba del carácter más grande que la adversidad, y mi inclinación es estar de acuerdo. Hay pocas situaciones que hacen que un niño sienta menos aprecio por las cosas que recibe que cuando cree que tiene derecho de obtener todo lo que desea, cada vez que él quiera. Uno puede observar esto al mirar a un niño abrir montones de regalos en su cumpleaños, o quizás en Navidad. Echa a un lado un regalo costoso tras otro, sin darle nada más que una simple mirada. La mamá se siente incómoda por su falta de entusiasmo y aprecio, así que le dice: "¡Oh, Mauricio! ¡Mira lo que es! ¡Es una pequeña grabadora! ¿Qué le debes decir a abuela? Dale a abuelita un abrazo. ¿Me escuchaste, Mauricio?

Dale un abrazo y un beso a abuelita". Mauricio quizá repita unas palabras apropiadas a abuelita, y quizá no. Su falta de entusiasmo es el resultado del hecho de que los premios que se ganan fácilmente tienen poco valor, no importa cuánto le hayan costado a la persona que los dio.

Hay otro motivo por el que a los niños se les deben negar algunas de las cosas que quieren. Aunque esto quizá le parezca contradictorio, en realidad usted les está impidiendo que sientan placer cuando les da demasiadas cosas. Algo parecido a esto es lo que ocurre en una cena en la que hay toda clase de platillos diferentes, y todo el mundo come en exceso hasta sentirse mal. Mientras que comer generalmente es uno de los mayores placeres de la vida, deja de ser agradable cuando el apetito por la comida queda saciado.

El placer ocurre cuando una necesidad intensa queda satisfecha. Si no hay necesidad, no hay placer. Un vaso de agua vale más que el oro para un hombre que se está muriendo de sed. La analogía para los niños debe ser obvia. Si usted nunca permite que su hijo desee algo, nunca disfrutará el placer de recibirlo. Si usted le compra un triciclo antes que él sepa caminar, una bicicleta antes que sepa montar en ella, un auto antes que aprenda a manejar, y un anillo de diamante antes que sepa el valor del dinero, aceptará estos regalos sin mucho placer y con menos agradecimiento. Es muy lamentable que un niño nunca tenga la oportunidad de anhelar algo, soñar con ello de noche, y planear cómo obtenerlo de día. Quizás incluso se haya desesperado bastante como para trabajar y poderlo comprar él mismo. La misma posesión que le hizo bostezar hubiera podido ser un trofeo y un tesoro. Sugiero que usted y su esposa les permitan a sus hijos la emoción de la privación temporal; es mucho más divertido y menos costoso.[13]

 ¿Cómo puedo enseñarles a mis hijos actitudes cristianas en cuanto a las posesiones y el dinero?

Esto se logra no sólo con palabras, sino también por la manera en que usted maneja sus propios recursos.

Me parece interesante que Jesús habló más en la Biblia del dinero que de cualquier otro tema, lo cual enfatiza la importancia de este tópico para mi familia y la de usted. El dijo claramente que hay una relación directa entre las grandes riquezas y la pobreza espiritual, tal como lo vemos en el mundo hoy en día. Por lo tanto, estoy convencido de que el materialismo excesivo de los padres tiene el poder de causar enorme daño espiritual a los hijos e hijas. Si ellos ven que nos interesamos más en las cosas que en las personas; si ellos perciben que hemos intentado comprar su afecto para reducir nuestros sentimientos de culpabilidad; si reconocen lo superficial de nuestro testimonio cristiano cuando somos tacaños con Dios, muchas veces el resultado es una actitud de cinismo e incredulidad. Y lo más importante es que cuando observan a papá trabajando 15 horas al día para cada vez acumular más de los bienes de este mundo, saben dónde está el tesoro de él. Ver es creer.[14]

¿ **Hemos escuchado mucho hablar de los juguetes de guerra. ¿Cree usted que son perjudiciales para los niños?**

Los niños han estado jugando a los indios y vaqueros, además de otros juegos de combate, por cientos de años, y creo que la preocupación actual no tiene fundamento. Los niños pequeños viven en un mundo femenino; están con sus madres mucho más que con sus padres. Probablemente tengan maestras en el kinder y en la primaria. Sus maestros de escuela dominical probablemente también sean mujeres. En este mundo de dulzura, creo que es sano que los muchachos se identifiquen con los modelos masculinos, aunque el juego sea de combate. Dos muchachos se pueden "disparar" sin quedar afectados emocionalmente: "¡Pum! ¡Pum! ¡Te maté!", gritan.

Por otro lado, los padres deben limitar la cantidad de violencia y matanza que sus hijos ven en la televisión y en las películas. La tecnología electrónica de audiovisuales ha llegado a ser bastante efectiva, y puede ser mucho más estimulante y perjudicial. Cambios sicológicos que se pueden medir ocurren cuando un niño ve una película violenta: su pulso se acelera, sus ojos se dilatan, sus manos sudan, y su boca queda seca al mismo tiempo que se acelera el ritmo de la respiración. Si se repite con frecuencia, el impacto emocional de esta experiencia debe ser obvio.[15]

Mi esposo y yo estamos angustiados porque parece que nuestra hija adolescente está rechazando sus creencias cristianas. Ella fue salva cuando era niña, y en el pasado ha mostrado un amor verdadero por el Señor. Estoy a punto de que me entre pánico, pero antes que eso me suceda, ¿podría darme usted unas palabras de aliento?

A un niño pequeño se le dice lo que debe pensar durante sus años de formación. El está sujeto a todas las actitudes, prejuicios y creencias de sus padres, lo cual es bueno y correcto. Ellos están cumpliendo con la responsabilidad que les ha dado Dios, cuando guían a sus hijos, enseñándoles sus propias creencias cristianas. Sin embargo, debe haber un momento en el que todos estos conceptos e ideas son examinados por el individuo, y son aceptados como verdaderos o rechazados como falsos. Si esa evaluación personal no es hecha jamás, entonces el adolescente no atraviesa la separación que existe entre "lo que me han dicho" en contraste con "lo que yo creo". Este es uno de los puentes más importantes que conducen de la niñez a la edad adulta.

Es común, entonces, que un adolescente ponga en duda la veracidad de la instrucción que ha recibido. Es posible que se pregunte: "¿Existe Dios, realmente? ¿Me conoce El? ¿Creo en los valores que mis padres me han enseñado? ¿Quiero lo que ellos quieren para mi vida? ¿Me han guiado de alguna forma equivocada? ¿Contradice mi experiencia lo que me ha sido enseñado?" Este autoexamen intenso es realizado por un período de años, comenzando durante la adolescencia y continuando hasta entrar a la edad de los 20.

Este proceso es especialmente doloroso para los padres que deben permanecer sin hacer nada, mirando cómo todo lo que ellos les han enseñado a sus hijos está siendo examinado a fondo, y puesto en duda. Sin embargo, dicho proceso será menos doloroso si las dos generaciones se dan cuenta de que este examen personal es una parte normal y necesaria del crecimiento.[16]

¿ **¿A qué edad se le debe dar al niño más libertad de elección en cuanto a sus creencias y prácticas religiosas?**

Yo diría que de los 13 a los 16 años algunos niños se oponen a que se les diga exactamente qué es lo que deben creer; no quieren que se les "haga aceptar una religión a la fuerza", por lo que se les debe dar cada vez más autonomía en cuanto a lo que ellos creen. Pero, si a su temprana edad se les ha dado a conocer la fe de sus padres de una manera apropiada, tendrán un fundamento interno que los estabilizará. Por lo tanto, este adoctrinamiento, hecho desde que los hijos son pequeños, es la clave de las actitudes espirituales que ellos tendrán cuando lleguen a ser adultos.

A pesar de esta necesidad de utilizar un método menos estricto para instruir espiritualmente al niño a medida que avanza a través de la adolescencia, es *todavía* apropiado que los padres establezcan, y hagan cumplir, normas cristianas de conducta en sus hogares. Por lo tanto, yo sí exigiría que mi hijo de 17 años asistiera a la iglesia con la familia. Se le debe decir: "Mientras vivas bajo el mismo techo con nosotros, adoraremos a Dios juntos, como familia. No puedo tener control de lo que tú piensas. Eso es cosa tuya. Pero le he prometido al Señor que en esta casa nosotros le honraremos,

y esto incluye 'acuérdate del día de reposo para santificar-
lo'"[17]

¿? **Usted ha indicado que durante el último año y medio han ocurrido siete muertes en su familia. Nosotros también hemos tenido varias muertes trágicas en nuestra familia durante años recientes. Mi esposa murió cuando nuestros hijos tenían cinco, ocho y nueve años. Me resultó muy difícil durante ese tiempo explicarles a ellos lo que es la muerte. ¿Podría usted darme algunas sugerencias en cuanto a cómo el padre o la madre puede ayudar a sus hijos a enfrentarse con la dura realidad de la muerte, especialmente cuando ocurre entre los familiares más cercanos?**

Hace algunos años, asistí a un funeral. Y mientras me encontraba en la funeraria tomé un folleto titulado: "Si le sucede a su hijo", escrito por el señor John M. McKinley, presidente de la funeraria, quien había estado en el negocio de servicios funerales por quince años antes de escribir este importante folleto. El me dio permiso para reproducir el contenido de dicho folleto, lo cual voy a hacer ahora en respuesta a su pregunta:

> Conocía a los padres de Tomasito porque vivían en el vecindario y asistían a la misma iglesia que yo. Y también conocía a Tomasito como uno de los niños más llenos de vida y alegres que he tenido el gusto de conocer. Por lo tanto, me sentí conmovido cuando la mamá de él se volvió una de mis clientes debido a la muerte de su esposo.
>
> Así como un doctor tiene que aprender a protegerse del sufrimiento de sus pacientes, un director de funeraria tiene que protegerse de la tristeza. Durante el curso de un año normal, estoy en contacto directo con varios miles de hombres y mujeres que han experimentado pérdidas devastadoras, y si no me aislara de

sus emociones, mi trabajo sería imposible. Pero nunca he logrado aislarme de los niños.

"No sé lo que habría hecho si no hubiera tenido a Tomasito", me dijo ella. "Se ha portado como todo un hombrecito: no ha llorado, y está esforzándose por ocupar el lugar de su papá". Y era cierto. Tomasito estaba de pie, tal y como él se imaginaba que lo haría un hombre, sin derramar una lágrima, y haciendo todo lo posible por ocupar el lugar de su padre.

Yo sabía que eso era un error, y que debía decírselo a ella, que Tomasito no era un hombre; que él necesitaba llorar; que probablemente necesitaba ser consolado mucho más que ella. Pero no soy un sicólogo, y no dije nada.

He estado observando a Tomasito por dos años, después de la muerte de su padre. Y he visto que el gozo no ha regresado a su rostro, y es evidente, aun para mi mente, que no es la de un experto, que él es un niño emocionalmente enfermo. Estoy seguro de que todo comenzó cuando su madre, sin darse cuenta, hizo que fuera difícil para él, más bien imposible, expresar su dolor, y le impuso una obligación con la que no podía cumplir; la de "ocupar el lugar de su padre".

Ha habido pocos ejemplos tan claros cómo el de Tomasito, pero he visto muchos otros que me han hecho estremecer de dolor. Y tantas veces me han preguntado: "¿Qué le digo a María?", o a Pablo, o a Jaime, que finalmente decidí hacer algo. Fui a los expertos, que saben cómo debe ser tratado un niño en esos momentos de tragedia, y les pedí que formularan algunas normas que los padres pudieran entender y seguir. Hablé con varios sicólogos, siquiatras y pediatras, pero principalmente con el doctor A.I. Duvall, un siquiatra, y con el doctor James Gardner, un sicólogo infantil. Traducido al lenguaje de los que no somos expertos, aquí están las bases de lo que aprendí:

Cuando un niño, como cualquier otro ser humano, experimenta una pérdida profundamente dolorosa, no sólo se le debe permitir que llore, sino que se le debe animar a que lo haga hasta que ya no tenga necesidad de llorar. Se le debe consolar mientras él siga llorando, y las palabras: "No llores", deben ser eliminadas del vocabulario.

La necesidad de llorar puede repetirse por varios días, o a intervalos cada vez más espaciados, durante meses; pero cuando se presente la necesidad de llorar, no se debe hacer ningún esfuerzo para impedir las lágrimas. Más bien, debe quedar claro que es bueno llorar, y que no es cosa de bebés o cobardes, ni algo por lo que debe avergonzarse.

A veces, el niño necesita estar solo con su dolor, y cuando este sentimiento venga, hay que respetarlo. Pero de no ser así, el contacto físico y el consuelo serán un remedio casi tan bueno como las lágrimas.

Se le debe decir la verdad al niño; que la muerte es definitiva. Decirle: "Mamá se ha ido de vacaciones", o: "Papá se ha ido de viaje", sólo aumenta la confusión. Los niños tienen un sentido muy imperfecto del tiempo, especialmente los niños muy pequeños. Si "mamá se ha ido de vacaciones", van a esperar que ella regrese mañana. Y cuando el día de mañana llega y ella no viene, no sólo se repetirá el dolor, interminablemente, sino que el niño perderá la confianza en el padre o la madre que aún le queda, precisamente en el momento cuando más necesita confiar en él o ella. Es difícil decir "nunca", cuando uno sabe que eso hará que las lágrimas sean más abundantes, pero a la larga es la palabra más conveniente.

No es necesario que se le explique la muerte a un niño pequeño. Intentar hacerlo podría ser dañino. Para el niño de cinco años de edad, la "muerte" significa ausencia, y las explicaciones pueden confundirlo solamente. Si él ha visto un pájaro o algún otro animalito muerto, pudiera ser útil el hacer una comparación, pero el hecho importante, que él debe aceptar, es la ausencia. Si se le puede ayudar a aceptar el hecho de que papá o mamá, o el hermano o la hermana, se ha ido y nunca regresará, entonces, por medio de preguntas y observaciones él mismo se hará gradualmente su propia idea de la "muerte" y su significado.

No se debe proteger indebidamente al niño de la apariencia y la realidad de la muerte. Si el padre muere, al niño debe permitírsele que vea su cuerpo, para que con sus propios ojos él pueda ver los cambios, la inmovilidad, la diferencia entre la fuerza vital que era su "papá" y esta máscara sin vida que no es su "papá" en absoluto. Verlo con sus propios ojos le ayudará.

Sin embargo, se debe proteger al niño de una enorme cantidad de demostraciones de tristeza, así como de grupos grandes de dolientes que estén en el entierro. Más bien, se debe llevar al niño a ver el cuerpo de su padre o madre en privado, antes del funeral, para despedirse.

Si el niño es muy pequeño, digamos de dos a cinco o seis años, se debe tener mucho cuidado de no explicar la muerte en términos que sólo son significativos para los adultos pero que confunden a los niños. Por ejemplo, decir que "mamá se ha ido al cielo" quizá tenga sentido para un padre religioso que ha perdido a su esposa", pero puede dejar al niño de cinco años con la duda de por qué su mamá lo ha abandonado. En esa respuesta, el "cielo" sólo es un lugar lejano, y él no podrá comprender por qué mamá está allí en lugar de venir a casa a cuidarlo.

Junto con el llanto, es muy probable que el niño sienta un fuerte resentimiento, o incluso se sienta enojado con el padre o la madre muerto, o con el hermano o hermana que se ha "ido". Este sentimiento es el resultado de la convicción que el niño tiene de que ha sido abandonado. Si este sentimiento surge, se le debe permitir al niño que lo exprese con libertad, como en el caso del llanto.

De manera común, y frecuentemente más inquietante para el niño, es que se sienta culpabilidad cuando ocurre la muerte. Si había estado enojado con su hermana, y la hermana muere, es probable que piense que él tiene la culpa, que su enojo la mató. O si muere su mamá, y no se le dice de manera sincera y sencilla lo que ha sucedido, es posible que crea que su mal comportamiento hizo que ella se fuera. Los sentimientos de culpabilidad que un niño pequeño tenga, reafirmados por la muerte, pueden conducir a patrones neuróticos que duren toda la vida.

Pero si se alienta al niño a llorar hasta que su necesidad de lágrimas se haya saciado; si se le consuela lo suficiente, si se le dice la verdad sencilla, si se le permite ver por sí mismo la diferencia entre la vida y la muerte; si su resentimiento y sus sentimientos de culpabilidad se enfrentan de la misma manera sincera que las lágrimas, su sensación de pérdida todavía será grande, pero la superará.

Hay un lado positivo, también. Si se trata a la muerte como una parte natural de la experiencia humana, es mucho más fácil que la persona fallecida, a la cual amamos, viva en el recuerdo. Cuando pasa el impacto inicial del dolor, es una cosa natural el recordar, y volver a contar, historias que evocan recuerdos vivos de la personalidad y las costumbres que hicieron del ser querido una persona especial. Los niños se deleitan en esto, porque en su rico mundo de la imaginación pueden hacer que la persona ausente viva de nuevo. Tal recuerdo no renueva ni aumenta su dolor. Hasta el punto en que se sientan libres para recordar, la causa del dolor es eliminada.

Los consejos que el señor McKinley nos ha dado en este folleto han sido excelentes, hasta cierto punto. Sin embargo, no ha incluido ninguna referencia al mensaje cristiano, que provee la *única* respuesta satisfactoria a la muerte. Obviamente, no estoy de acuerdo con las dudas del señor McKinley en cuanto al cielo. Sí podemos decirle al niño: "Tu madre se ha ido por ahora, ¡pero gracias a Dios, volveremos a estar juntos cuando lleguemos allá!" Es de mucho consuelo para el niño que está agobiado de tristeza saber que un día habrá una reunión familiar, ¡donde nunca más habrá otra separación! Recomiendo que los padres cristianos empiecen a familiarizar a sus hijos con el don de la vida eterna mucho antes que ellos tengan necesidad de comprenderlo.[18]

3

La educación de los niños

¿ **He leído que es posible enseñarles a los niños de cuatro años a leer. ¿Debo esforzarme para lograrlo con mi niño?**

Si un niño de edad preescolar es particularmente inteligente, y puede aprender a leer sin sentirse presionado por el adulto de una manera excesiva, podría ser ventajoso el tratar de enseñarle. Sin embargo, hay varias condiciones. Pocos padres pueden enseñarles a sus propios hijos sin mostrar frustración por los fracasos naturales. Es como intentar enseñarle a su esposa a manejar: puede ser arriesgado, o hasta desastroso. Además de esta limitación, la enseñanza se debe programar para la edad cuando más se necesite. ¿Por qué habría de realizar un esfuerzo interminable para enseñarle a un niño a leer cuando aún no ha aprendido a cruzar la calle, o atarse los cordones de los zapatos, o contar hasta diez, o contestar el teléfono? Es algo ridículo dejarse llevar por el pánico por querer que un niño de edad preescolar aprenda a leer. Lo más recomendable es proveerles a sus hijos de muchos libros y materiales interesantes, y leerles a ellos, contestando sus preguntas, y luego permitir que la naturaleza siga su curso.[1]

¿ **Algunos maestros han dicho que deberíamos elimi-nar las notas escolares. ¿Cree usted que ésta es una buena idea?**

No, las notas escolares tienen valor para los estudiantes, desde el tercer grado en adelante. Sirven como una forma de apoyo, como una recompensa para el niño que está teniendo buen éxito en la escuela, y es un estímulo para el que no lo está teniendo. Sin embargo, es importante que las notas sean usadas como es debido, porque tienen el poder para crear la motivación, o para destruirla.

Durante los primeros años escolares, las calificaciones del niño deben estar basadas en lo que él hace con lo que tiene. En otras palabras, las notas debieran ser dadas según su capacidad. Un niño, que es lento para aprender, debería ser capaz de tener buen éxito en la escuela lo mismo que el superdotado. Si él lucha, y se esfuerza por triunfar en sus estudios, se le debería recompensar con una buena nota, aun cuando lo que logre esté por debajo de una norma requerida. Por la misma razón, no se le debería dar una nota de sobre-saliente al niño superdotado, sólo porque es suficientemente inteligente como para sobresalir sin ningún esfuerzo.

Nuestro propósito principal en las calificaciones, duran-te los primeros años escolares, debería ser recompensar el esfuerzo del estudiante. Por otra parte, los cursos que son tomados en preparación para entrar a la universidad deben ser calificados de acuerdo con una norma fija. Una nota sobresa-liente en química, o en latín, pudiera ser reconocida por la junta de enseñanza para admisión universitaria, como un símbolo de excelencia, y, de ser así, los maestros de escuela secundaria deben preservar su significado. Pero, en ese caso, no sería necesario que los estudiantes que fuesen lentos para aprender tomasen esos cursos difíciles.[2]

¿ **¿Aprueba usted que, en ciertas ocasiones, se saque a un niño de la escuela en que está y se le matricule en otra?**

Sí, hay veces cuando un cambio de escuela, o aun de maestros dentro de una misma escuela, puede servir para el bien del alumno. Los educadores no quieren aprobar estos traslados, por razones obvias, aunque se debería considerar su posibilidad cuando la situación lo requiera. Por ejemplo, hay ocasiones cuando un alumno joven se enfrenta con problemas sociales que pueden ser resueltos de una mejor forma si se le concede una "nueva oportunidad" en otro lugar. Además, las escuelas varían mucho en cuanto a su nivel académico; algunas se encuentran en áreas de un nivel socioeconómico superior, en las cuales la mayoría de los niños son mucho más inteligentes de lo que generalmente se esperaría que fueran. El promedio de cociente intelectual en las escuelas de esta clase puede ser muy alto. ¿Qué le sucede, entonces, a un niño de capacidad regular en un ambiente como ése? Aunque él pudiera haber tenido éxito en una escuela de su nivel académico, se encuentra incluido en el 15 por ciento de los estudiantes inferiores de la "Escuela Primaria Alberto Einstein". Lo que quiero hacer ver es que el éxito no es absoluto sino relativo. El niño no pregunta: "¿Qué tal lo estoy haciendo?", sino: "¿Qué tal lo estoy haciendo en comparación con los demás?" Juanito puede crecer pensando que es un tonto, cuando en realidad habría sido un líder intelectual en un ambiente de menos competencia. Así que, si un niño está teniendo dificultades en un ambiente académico, por *cualquiera* que sea la razón, la solución pudiera ser su traslado a una escuela que sea más apropiada para él.[3]

¿Cree usted que se debe enseñar religión en las escuelas públicas?

No como una doctrina o dogma en particular. Se debe proteger el derecho de los padres de seleccionar la orientación religiosa de sus hijos, y a ningún maestro o administrador se le debe permitir contradecir lo que el niño ha aprendido en casa. Por otra parte, la gran mayoría de las personas dice creer en Dios. Me gustaría que este Dios sin nombre fuera reconocido dentro del aula escolar. La decisión del Tribunal Supremo de Estados Unidos de prohibir la oración en las escuelas (aun la oración silenciosa) es una medida extrema y lamentable. La pequeña minoría de niños de hogares ateos fácilmente podría ser protegida por la escuela durante momentos de oración.

Por cierto, me parece interesante que aunque los tribunales han prohibido la oración, aun en silencio, dentro de las aulas; el Congreso de Estados Unidos comienza su sesión diaria con una oración en voz alta. De la misma manera, el Tribunal Supremo dictaminó en 1981 que las escuelas ni siquiera pueden poner los Diez Mandamientos en los tableros de anuncios, ¡pero esos mismos Diez Mandamientos están inscritos en los muros del edificio del Tribunal Supremo! ¿Qué nos dice eso sobre la sabiduría de nuestros jueces para establecer la política moral de la nación?[4]

He observado que los alumnos que se encuentran en la escuela primaria y en la intermedia, así como los que están en la secundaria, tienen tendencia a admirar a los maestros que son más estrictos. ¿Por qué sucede esto?

Los maestros que mantienen el orden son los miembros más respetados del profesorado, siempre y cuando no sean desagradables, y no tengan mal genio. Casi siempre los alumnos aman a un maestro que puede controlar una clase sin ser opresivo. Una razón de esto es que, en el orden hay seguridad. Cuando una clase está fuera de control, sobre todo en el nivel de la escuela primaria, los niños tienen miedo unos de otros. Si el maestro o la maestra no puede hacer que los alumnos se porten bien, ¿cómo va a impedir que un muchacho, al que le gusta asustar o hacerles daño a otros que son más débiles o pequeños que él, se salga con la suya? ¿Cómo va a impedir que los alumnos se burlen de uno de ellos que esté menos capacitado? Los niños no son muy justos y comprensivos entre ellos mismos, y se sienten bien con un maestro de carácter fuerte que sí lo es.

Segundo, los niños aman la justicia. Cuando alguien ha quebrantado un reglamento, quieren que el castigo sea inmediato. Ellos admiran al maestro o la maestra que puede hacer respetar un "sistema legal que sea justo", y se sienten muy contentos cuando existen reglas sociales razonables. En contraste, el maestro que no controla su clase permite inevitablemente que "el crimen valga la pena", infringiendo algo básico en el sistema de valores morales de los niños.

Tercero, los niños admiran a los maestros que son estrictos porque siempre el caos es algo que destroza los nervios. La gritería, el darse de golpes y el retarse unos a otros es divertido por unos diez minutos; después la confusión comienza a convertirse en algo que molesta e irrita.

Muchas veces he sonreído al ver la forma en que niños de segundo y tercer grado evalúan inteligentemente la habilidad relativa de sus maestros, para disciplinar. Ellos saben cómo se debe conducir una clase. Cómo quisiera que todos los maestros estuvieran igualmente conscientes de este importante atributo.

¿ **Yo soy maestro de escuela intermedia, y hay cinco clases que se reúnen por separado en mi aula cada día para recibir instrucción en ciencias. Mi problema más grande es lograr que estos alumnos traigan sus libros, papel y lápices. Les puedo prestar todo lo que necesiten, pero nunca me lo devuelven. ¿Qué me sugiere usted?**

Yo me enfrenté a un problema idéntico durante los años en que enseñé en la escuela intermedia, y finalmente encontré una solución que está basada en la seguridad de que los jóvenes cooperarán si es para su *propia* conveniencia el hacerlo así. Después de suplicarles y exhortarles, sin lograr ningún resultado, una mañana anuncié que ya no me importaba que trajeran sus lápices y libros a la clase. Les dije que yo tenía 20 libros adicionales y varias cajas de lápices con la punta afilada, y que ellos podían usarlos. Si se olvidaban de traer estos materiales todo lo que tenían que hacer era pedirme que se los prestara. Yo no me enojaría en lo más mínimo; me hallarían dispuesto a compartir con ellos mis lápices y libros. Sin embargo, había una condición: el alumno que me los pidiera prestados tendría que renunciar a su asiento durante una hora de clase, y tendría que estar de pie al lado de su silla mientras yo estuviese enseñando, y si necesitaba hacer algún trabajo escrito tendría que inclinarse sobre su pupitre, permaneciendo de pie. Como puede imaginarse, los estudiantes no estuvieron nada contentos acerca de lo que probablemente les iba a suceder. Me sonreí dentro de mí, al verlos corriendo de un lado para otro, antes de la clase, tratando de conseguir prestado un libro o un lápiz.

No tuve que hacer cumplir muy a menudo la regla de "estar de pie", porque el asunto se convirtió en la campaña de los alumnos en vez de la mía. Una vez a la semana, más o menos, un alumno tuvo que pasar la hora en posición vertical, pero ese joven se aseguró de no cometer el error de encontrarse dos veces en la misma situación.

Este principio tiene una aplicación más amplia: déle a los niños una razón máxima para que *quieran* acceder a los deseos de usted. De todas las razones posibles, su enojo es la *menos* eficaz.[5]

¿Cree usted que sería útil volver a instituir las reglas y los reglamentos tradicionales en las escuelas, como por ejemplo: normas de vestir, cuán largo deben tener el pelo los muchachos, y la higiene del cuerpo?

Aunque estoy de acuerdo con el punto de vista de que la manera de llevar el pelo y otras cosas similares de modas pasajeras no son importantes en sí mismas, *someterse a una norma es un elemento importante de la disciplina*. Es un grave error no requerir *nada* de los niños, no exigirles nada en cuanto a su comportamiento. Si una muchacha de escuela secundaria lleva pantalón o vestido no es de suma importancia, aunque *es* indispensable que se le exija que cumpla con algunas reglas razonables. Si uno examina el secreto del éxito de un equipo de fútbol que es campeón, de una orquesta magnífica, o de un negocio próspero, invariablemente el ingrediente principal es la disciplina. Es muy equivocada la creencia de que el dominio propio aumenta al máximo en un ambiente donde no se le obliga al niño a nada. Es muy ridícula la suposición de que la autodisciplina es producto de la autosatisfacción. En mi opinión, las reglas y normas *razonables* son una parte importante de cualquier sistema de educación.[6]

¿ **Soy maestra de una desenfrenada clase de quinto grado, en la cual hay dos o tres muchachos que me están volviendo loca. ¿Puede usted darme algunos consejos que me ayuden a tener control de mis alumnos?**

Quizá sí. Permítame hacerle estas sugerencias. Primera, averigüe cuál es la razón de ese comportamiento que causa desorden y confusión en la clase; no se necesita ser un gran especialista en sociología para darse cuenta de que por lo general los alborotadores están tratando de llamar la atención del grupo. Para ellos, el anonimato es la más penosa experiencia que se pueden imaginar. La receta ideal es extinguir su comportamiento, cuyo propósito es llamar la atención, y luego satisfacer la necesidad que tienen de lograr la aceptación de los demás, por medios menos ruidosos.

Yo puse en práctica esta teoría con un niño atolondrado de sexto grado, llamado Lucas, cuya boca jamás estaba cerrada. Continuamente estaba interrumpiendo la tranquilidad de la clase, por medio de un bombardeo constante de tonterías, comentarios graciosos y bromas pesadas. Su maestra y yo preparamos una zona aislada en un rincón remoto del aula; desde ese sitio no podía ver más que a la maestra y la parte delantera del aula. De ahí en adelante, Lucas era sentenciado a una semana en aquella zona de aislamiento cada vez que escogía comportarse de una manera en la que producía desorden en la clase, lo cual eliminó eficazmente la necesidad de utilizar algún refuerzo de apoyo. Por supuesto que todavía podía portarse como un tonto cuando se encontraba en aquella zona aislada, pero no podía ver el efecto que tenía sobre sus compañeros. Además de esta limitación, cada arrebato que le daba, servía para prolongar su aislamiento. Lucas se pasó un mes entero en relativa soledad antes que su comportamiento indeseado fue totalmente extinguido. Cuando se reincorporó a la sociedad, inmediatamente su maestra comenzó a recompensarle por su cooperación. Le dio cargos de alta categoría y lo elogió por el progreso que había logrado. Los resultados fueron notables.

Algunos distritos escolares han puesto en práctica una forma más estructurada de "extinción" para los problemas más graves de comportamiento (o sea, se extinguen los comportamientos, ¡no los niños!). Los alumnos que aparentemente no son capaces de cooperar en el aula son asignados a salones especiales que consisten de entre 12 a 15 alumnos. Estos muchachos entonces son sometidos a un programa que se llama "exclusión sistemática". A los padres se les informa que la única manera de que su hijo permanezca en la escuela pública es que estén dispuestos a ir a buscarlo cuando se les llame durante las horas escolares. Entonces al niño se le dice que puede venir a la escuela cada mañana, pero en el momento en que quebrante una de las reglas bien definidas, tendrá que irse a casa. Quizá sea expulsado por empujar a otros alumnos en la fila para entrar a las 9:01 de la mañana. O quizá logre quedarse hasta la 1:15 de la tarde, o más tarde. Pero no hay dos oportunidades, aunque el niño puede regresar a la escuela al otro día por la mañana. A pesar de la idea tradicional de que los niños detestan la escuela, les gusta menos quedarse en casa. La televisión matutina se vuelve bastante aburrida, en especial cuando uno es vigilado por una mamá hostil que tuvo que interrumpir sus actividades para ir a buscar a su hijo rebelde. El comportamiento indeseado se extingue muy pronto bajo este ambiente controlado. Simplemente el niño no obtiene ningún beneficio con retar al sistema. Entonces se refuerza su buen comportamiento con generosas recompensas verbales y materiales cuando intenta aprender y estudiar. Trabajé con un niño en un aula para modificar el comportamiento, al cual se le había clasificado como el niño que más trastornos provocaba en cualquier hospital neurosiquiátrico en Los Angeles. Después de cuatro meses dentro de este ambiente controlado, pudo asistir a un aula normal en la escuela pública.

Lo único que se requiere, para usar este principio de extinción con un grupo de alumnos en particular, es un poco de imaginación y tener autoridad para poder improvisar.[7]

¿ **Tengo entendido que en tres meses olvidamos 80 por ciento de todo lo que aprendemos, y con el paso del tiempo el porcentaje es aun más alto. ¿Por qué hemos de someter a los niños a la agonía de aprender tantas cosas, si el esfuerzo es tan inútil?**

Su pregunta refleja el punto de vista de los antiguos filósofos de la educación progresiva. Ellos querían que el plan de estudios de la escuela no fuera más que una "adaptación a la vida". Le ponían poca importancia a la disciplina intelectual por los motivos por los que usted ha mencionado. Incluso algunos profesores universitarios han adoptado esta filosofía de no enseñar "material", razonando que el material que los alumnos aprendan hoy, quizá sea anticuado mañana, así que ¿para qué exigirles que lo aprendan? Estoy en total desacuerdo con este método de enseñanza. Por lo menos hay cinco razones por las cuales es importante aprender, aunque se olvide una gran cantidad de lo que uno aprenda y el conocimiento se vuelva anticuado.

(1) Quizá la función más importante de la escuela, aparte de enseñar las habilidades básicas de leer y de matemáticas, es fomentar la autodisciplina y el control de sí mismo. El buen estudiante aprende a permanecer sentado por muchas horas, a seguir las instrucciones, a llevar a cabo sus tareas, y a encauzar sus facultades mentales. En sí mismas, las tareas escolares que son

realizadas en el hogar son relativamente innecesarias como herramienta educacional, pero son importantes como instrumento de disciplina. Ya que a menudo la vida del adulto exige el sacrificio de sí mismo, trabajo duro y dedicación a ciertas causas, la escuela debería desempeñar un papel en el desarrollo de la capacidad del niño para encargarse de sus responsabilidades futuras. Sin duda, es importante en la vida del niño que también juegue. No debe estar trabajando todo el tiempo; el hogar y la escuela deben proveer un equilibro saludable entre la disciplina y el juego.

(2) Aprender es importante porque lo que aprendemos produce un *cambio* en nosotros aunque después olvidemos la información. Ningún graduado universitario podría recordar todo lo que aprendió en la escuela, pero es una persona muy distinta por haber ido a la universidad. El aprender produce cambios en los valores, las actitudes y los conceptos, los cuales no desaparecen con el tiempo.

(3) Aunque no pueda recordarse todo lo que se ha aprendido, la persona sabe que los hechos existen, y sabe dónde puede encontrarlos. Si nosotros le hiciéramos una pregunta muy difícil a un hombre que no tiene educación, es posible que él nos daría una respuesta categórica con falta de conocimiento. Probablemente, la misma pregunta sería contestada con más cautela por un hombre que tenga un título universitario; quizás él diría: "Bueno, hay varias maneras de mirar el problema". El sabe que el asunto es más complicado de lo que parece, aun cuando no tenga toda la respuesta.

(4) No olvidamos 100 por ciento de lo que aprendemos. La información más importante queda en la memoria para uso futuro. El cerebro humano tiene la capacidad de guardar dos mil millones de datos en el

transcurso de la vida; la educación es el proceso de llenar ese banco de la memoria con información útil.

(5) Todo lo que hayamos aprendido anteriormente hace que sea más fácil aprender lo que es nuevo. Cada ejercicio mental nos da más señales con las cuales asociar futuras ideas y conceptos.

Me gustaría que hubiera una manera más sencilla y eficaz de formar las mentes humanas que la experiencia lenta y dolorosa de la educación. Pero me temo que tendremos que depender del método antiguo hasta que se haya inventado una "píldora de aprendizaje".[8]

¿ Los niños que asisten a nuestra iglesia tienen una tendencia a ser bastante revoltosos, y como resultado, las clases de la escuela dominical son caóticas. ¿Es esto característico de la mayoría de los programas de educación cristiana de la iglesia?

Me temo que así es. Y esto es algo que debería preocuparnos. Siempre he estado firmemente convencido de que la iglesia debe apoyar a la familia en su intento de poner en práctica principios bíblicos en el hogar. Esto es especialmente verdad con referencia a enseñar el respeto a la autoridad. Vivimos en una época en la que no es fácil ser padres porque la autoridad se ha debilitado de manera drástica en nuestra sociedad. Por lo tanto, los padres que están intentado enseñarles respeto y responsabilidad a sus hijos, como enseña la Biblia, necesitan toda la ayuda que se les puede brindar, especialmente de parte de la iglesia.

Es mi opinión, que la mayoría de las iglesias fallan, de una manera lamentable, en cuanto a esta cuestión. No hay un aspecto de la misión de la iglesia, que considere más débil o más ineficaz, que la disciplina en la escuela dominical. Los padres que toda la semana han luchado por mantener el orden y el respeto en el hogar, envían a sus hijos a la iglesia el domingo por la mañana, y ¿qué es lo que sucede? Se les

permite que tiren los borradores, arrojen pedazos de papel al
suelo y se columpien agarrados de las lámparas. No me estoy
refiriendo a ninguna denominación en particular. He visto
que esto sucede en casi todas. En realidad, creo que en mi
época yo fui uno de los que tiraba los borradores al suelo en
mi clase de la escuela dominical.[9]

**¿Cuál cree usted que sea el motivo por el que las
escuelas dominicales son tan permisivas? ¿Qué podemos hacer al respeto?**

Los maestros de la escuela dominical son voluntarios, y
quizá no sepan cómo manejar a los niños. Pero más que nada
tienen temor de los padres que fácilmente se irritan. No creen
que tienen el derecho de enseñarles a los niños a respetar la
casa de Dios. Si lo intentan, tal vez se enoje la mamá, y toda
la familia se vaya de la iglesia. Por supuesto, no estoy
recomendando que se castigue a los niños en la escuela
dominical. Pero hay maneras de mantener el orden entre los
niños, una vez que decidimos que eso es importante. Las
sesiones de entrenamiento pueden ayudar a los maestros a
hacer mejor su trabajo. Los pastores pueden apoyar a los
obreros de la escuela dominical. El niño que causa problemas
puede ser asignado a un maestro que se dedique exclusivamente a él por un tiempo. Lo que me preocupa es que
aparentemente no nos damos cuenta de que la disciplina tiene
su lugar dentro de los programas de educación cristiana. En
la ausencia de la misma, el desorden que se produce como
resultado es un insulto a Dios y al significado de la adoración.
No se puede lograr un objetivo educacional en una atmósfera
de caos y confusión. Es imposible enseñarles a los alumnos
que ni siquiera le escuchan a uno.[10]

4

Problemas de aprendizaje durante la niñez

¿ Tenemos una hija de un año, y queremos educarla como debe ser. He oído que los padres pueden aumentar las habilidades mentales de sus hijos, si les estimulan de una manera apropiada durante los primeros años. ¿Es esto correcto? Y si lo es, ¿cómo puedo comenzar a lograrlo con mi hija?

Una investigación que se llevó a cabo indicó que los padres *pueden* aumentar la capacidad intelectual de sus hijos. Esta conclusión fue uno de los descubrimientos más importantes sacados de una investigación de diez años con niños entre los 8 y los 18 meses de edad. Esta investigación fue conocida como: "El proyecto preescolar de la Universidad de Harvard", y fue dirigida por el doctor Burton L. White junto con un equipo de 15 investigadores que trabajaron desde 1965 hasta 1975. La meta de dicho estudio era descubrir cuáles son las experiencias de los primeros años de la vida que contribuyen al desarrollo de un ser humano saludable e inteligente. Las conclusiones de este esfuerzo concienzudo están resumidas a continuación según fue reportado originalmente en el *APA Monitor*.

1. Cada vez es más claro que los orígenes de las capacidades del ser humano se hallan en un período crítico de desarrollo entre los 8 y 18 meses de edad. Las experiencias del niño durante estos breves meses influyen más en sus futuras facultades intelectuales que durante cualquier otro tiempo ya sea antes o después.

2. El factor ambiental más importante en la vida del niño, es su madre. "Ella es la clave", dice el doctor White, y ejerce más influencia en las experiencias de su hijo que ninguna otra persona o circunstancia.

3. La cantidad de lenguaje "en vivo" dirigido hacia un niño (lo cual no se debe confundir con la televisión, la radio, o las conversaciones que no lo incluyen a él) es vital para su desarrollo fundamental lingüístico, intelectual y social. Los investigadores llegaron a la conclusión: "El proporcionarle al niño de 12 a 15 meses de edad una vida rica en actividad social es lo mejor que se puede hacer para garantizar que llegue a tener una inteligencia bien desarrollada".

4. Los niños a quienes se les permite el libre acceso a todas las áreas de la casa, progresan con mucha más rapidez que aquellos cuyos movimientos son limitados.

5. El núcleo familiar es el mejor sistema educativo. Para producir niños capaces y sanos, hay que fortalecer a las familias y mejorar la interacción que ocurre dentro de las mismas.

6. Los mejores padres fueron los que sobresalieron en tres funciones clave:

(1) Eran excelentes diseñadores y organizadores del ambiente de sus hijos.

(2) Permitieron que en ocasiones sus hijos les interrumpieran brevemente por unos 30 segundos durante los cuales se intercambiaban consejos, consuelo, información y entusiasmo.

(3) "APLICARON LA DISCIPLINA DE MANERA ESTRICTA AL MISMO TIEMPO QUE MOSTRARON UN GRAN AFECTO HACIA SUS HIJOS". (Yo no hubiera podido decirlo mejor.)[1]

Estas seis conclusiones me llenan de emoción, porque encuentro en ellas la afirmación y la confirmación de los conceptos espirituales a los que he dedicado toda mi vida profesional: la disciplina con amor; la dedicación de las madres durante los primeros años; el valor de educar a los hijos; la estabilidad de la familia, etcétera. Es obvio que el Creador del universo es el que está más capacitado para decirnos cómo educar a nuestros hijos, y El ha hecho precisamente eso a través de su Santa Palabra.

¿Quiere ayudar a sus hijos para que lleguen a desarrollar plenamente su potencial?, entonces críelos conforme a los preceptos y valores que se nos dan en la Biblia.[2]

¿ **Mi hijo de seis años ha sido siempre un niño lleno de energía, con algunos de los síntomas de hiperactividad. Puede concentrarse en una actividad por muy poco tiempo, y salta de una actividad a otra. Un pediatra dijo que en realidad él no era hiperactivo, en el sentido médico, y que no debía recibir medicamento para su leve problema. Sin embargo, está comenzando a tener dificultades de aprendizaje en la escuela porque no puede permanecer sentado y concentrarse en las lecciones. ¿Qué debo hacer?**

Es probable que su hijo sea inmaduro en comparación con sus compañeros, es decir, la clase de niño al que tradicionalmente hemos llamado "un niño atrasado en su desarrollo". De ser así, podría ser de beneficio para él dejarlo en primer grado el año que viene. Si su cumpleaños cae entre el primero de diciembre y el primero de julio, sin duda le recomendaría que le pidiera dirección a la administración de la escuela para considerar esta posibilidad. Si ese servicio no está disponible, usted debiera llevarlo a un especialista en el desarrollo de los niños (un sicólogo infantil, pediatra, neurólogo, etcétera) para que lo examine en relación con su preparación para recibir instrucción escolar. Retener a un niño inmaduro al principio de su carrera escolar (en el kindergarten o en el primer grado) puede proporcionarle una gran ventaja social y académica a través del resto de los años de la escuela primaria. Sin embargo, es muy importante el ayudarle a no quedar humillado ante sus compañeros. Si es posible, él debe cambiar de escuela por lo menos un año para evitar las preguntas vergonzosas y las burlas de sus compañeros.

Voy a expresar mi recomendación en términos más amplios, para el beneficio de otros padres de niños de edad preescolar. El *peor* criterio en el cual basar una decisión referente a cuándo el niño debe empezar la escuela es la edad. Esta decisión se debe tomar de acuerdo con diferencias específicas de carácter neurológico, social, sicológico y pediátrico. Y para los varones, que generalmente tardan seis meses más que las niñas en madurar, es aun más importante considerar la capacidad que ellos tengan para aprender.

Finalmente, quiero decir que estoy de acuerdo con la perspectiva del doctor Raymond Moore y Dorothy Moore, referente al valor de posponer la educación formal para *todos* los niños. En su excelente libro, publicado por Editorial Unilit titulado "Mejor tarde que temprano", ellos proveen evidencia irrefutable que indica que los niños que permanecen en el hogar, incluso hasta que tienen ocho o nueve años, cuando finalmente son matriculados en la escuela, generalmente alcanzan y pasan a sus compañeros de la misma edad en cuestión de meses. Además, son menos vulnerables a los caprichos del grupo y muestran cualidades duraderas de independencia y liderazgo. Hacer que los niños permanezcan en el hogar durante los primeros años de la escuela primaria, es una idea a la cual le ha llegado su hora.[3]

¿ ¿Se puede esperar que el niño atrasado en su desarrollo, que *no* ha repetido el grado ni se le ha hecho esperar para empezar la escuela, alcance académicamente a sus compañeros cuando haya madurado físicamente?

Por lo general no sucede así. Si el problema fuera simplemente un fenómeno físico, podría esperarse que el niño atrasado en su desarrollo alcance a sus amigos que se desarrollan a una edad temprana. Sin embargo, hay factores emocionales que siempre están involucrados en esta dificultad. El concepto que el niño tiene de sí mismo se daña con una facilidad asombrosa, pero es muy difícil de restaurar. Una vez que él comienza a pensar que es tonto, incapaz e ignorante, ese concepto no se elimina fácilmente. Si no puede realizar lo requerido en los primeros años escolares, quedará sometido a enorme presión en la escuela y el hogar, y muchas veces el conflicto llega a arraigarse profundamente.[4]

¿ Si la edad es un factor tan malo para que se use con el propósito de determinar si un niño se encuentra preparado para comenzar a recibir instrucción escolar, ¿por qué es usada, de modo exclusivo, para indicar cuándo un niño debe entrar al kindergarten?

Porque hacerlo así es muy conveniente. Los padres pueden planear con precisión el comienzo de la escuela para sus hijos cuando éstos cumplan los seis años de edad, y los oficiales de la escuela pueden hacer una encuesta de sus distritos y saber cuántos niños de primer grado van a tener al año siguiente. Si un niño de ocho años llega al distrito en octubre, el administrador sabe con seguridad que ese niño debe estar en el segundo grado, y así sucesivamente. El uso de la edad cronológica como norma para entrar a la escuela es algo muy bueno para todos, excepto para el niño atrasado en su desarrollo.[5]

¿ **Nosotros tenemos un hijo de seis años que está atrasado en su desarrollo, y tiene problemas para aprender a leer. ¿Podría explicar usted la relación entre su inmadurez y este problema de aprendizaje que nos tiene desconcertados?**

Es probable que en su hijo no se haya llegado a completar un proceso neurológico que es vital, y que incluye una sustancia orgánica llamada "mielina". Al nacer, el sistema nervioso del cuerpo no está aislado. Por eso un niño pequeño es incapaz de estirar la mano y agarrar un objeto; la orden o el impulso eléctrico se pierde en su viaje del cerebro a la mano. Gradualmente, una sustancia blancuzca (mielina) comienza a envolver las fibras nerviosas, permitiendo que la acción muscular controlada ocurra. Ese proceso se extiende desde la cabeza hacia abajo y desde el centro del cuerpo hacia afuera. En otras palabras, un niño puede controlar el movimiento de la cabeza y del cuello antes que pueda hacerlo con el resto de su cuerpo. El control de los hombros viene antes que el de los codos, el cual viene antes que el de las muñecas, el cual viene antes que el de los músculos principales de las manos, el cual viene antes que la coordinación muscular de los dedos de las manos. Esto explica por qué en la escuela primaria se les enseña a los niños a escribir con letra de molde, o de imprenta, antes que aprendan a hacerlo en cursiva; los movimientos y las líneas amplios dependen menos del minucioso control de los dedos que las curvas corridas de la escritura cursiva.

Ya que los nervios visuales, por lo común, son los últimos envueltos por esa substancia llamada "mielina", es posible que a la edad que tiene de seis años, su hijo inmaduro no ha experimentado, en su totalidad, este proceso necesario de desarrollo. Por lo tanto, un niño como él, que es bastante inmaduro y falto de coordinación, puede no estar preparado neurológicamente para las tareas intelectuales de leer y escribir. Leer, en particular, es un proceso neurológico muy complicado. El estímulo visual debe ser transmitido al cerebro sin distorsión, donde debiera ser interpretado y retenido en la memoria. No todos los niños de seis años están equipados para realizar esta tarea. Sin embargo, es lamentable que nuestra cultura permite pocas excepciones o desviaciones del tiempo establecido. Un niño de seis años tiene que aprender a leer o se enfrentará a las consecuencias emocionales del fracaso.[6]

Mi hijo está teniendo grandes dificultades en la escuela otra vez este año. El sicólogo dice que él es un niño "lento para aprender", y que probablemente siempre va a tener esta clase de problema. Por favor, ¿puede explicarme qué es un niño "lento para aprender"?

Un niño "lento para aprender" es el que tiene problemas para aprender en la escuela, y que por lo general su cociente intelectual se encuentra entre 70 y 90 en las pruebas de inteligencia. Estos niños abarcan más de 20 por ciento de la población total. En muchas maneras, los niños que se encuentran en esta categoría, se enfrentan con serios problemas en la escuela. Los niños que deben causar más preocupación son aquellos cuyo cociente intelectual está en el nivel inferior de la escala de la clasificación del niño lento para aprender (70 a 80), quienes prácticamente están destinados a tener dificultades en la escuela. En la mayoría de las escuelas no.hay a su disposición programas de educación especial, aunque no existe mucha diferencia entre ellos y los alumnos que son retrasados mentales pero están muy cerca de la línea que los separa de los normales. Es probable que un niño "retrasado", que tiene un cociente intelectual de 70, sea aceptado en un programa educacional altamente especializado y costoso, que incluye un número menor de alumnos en la clase, un maestro especialmente entrenado, ayudas audiovisuales y la norma de no reprobar al alumno en ninguna asignatura. En comparación, un niño lento para aprender, cuyo cociente intelectual es de 80, por lo regular no obtiene estas ventajas. Debe competir en las clases normales con todos los estudiantes que son más inteligentes que él. El concepto de la competencia implica que habrá ganadores y perdedores; y el niño lento para aprender es el que "pierde" la mayoría de las veces.[7]

¿Cuáles son las causas de que un niño sea lento para aprender?

Existen muchos factores hereditarios, ambientales y físicos que contribuyen al desarrollo de nuestra capacidad intelectual, y es difícil separar individualmente las distintas influencias. Sin embargo, en algunos casos la evidencia parece indicar que la inteligencia que es normal pero tiene inclinación a ser lenta, así como el atraso mental que se encuentra entre lo normal y subnormal, pueden ser causados por una falta de estímulo intelectual en los primeros años de la vida del niño. Parece haber un período crítico, durante los primeros tres o cuatro años, cuando el potencial de desarrollo intelectual debe ser aprovechado. Si se pierde esa oportunidad, es posible que el niño nunca llegue a alcanzar la capacidad que originalmente se encontraba a su disposición. El niño lento para aprender puede ser uno que no ha escuchado regularmente la forma de conversar de los adultos; al que no se le han dado libros interesantes y rompecabezas u otros juegos que ocuparan su sistema sensorial; no se le ha llevado al zoológico, al aeropuerto u otros lugares interesantes; y ha crecido con un mínimo de entrenamiento y orientación diarios de los adultos. La falta de los distintos estímulos que están a la disposición de esta clase de niño puede traer como resultado el que los sistemas de enzimas del cerebro no lleguen a desarrollarse adecuadamente.[8]

¿? **Usted ha dicho que el niño que es lento para aprender se enfrenta con problemas especiales en la escuela. ¿Cuáles son, exactamente, esos obstáculos?**

Ese es el niño que "lo haría si pudiera, pero no puede". Muy rara vez experimentará la emoción de ganarse la calificación más alta en un examen de matemáticas, si es que acaso llegara a lograrlo en alguna ocasión. Es el último niño que escogen para cualquier juego o competencia de la escuela. Frecuentemente, es al que menos compasión le tienen los maestros. No tiene más éxito en las actividades sociales del que tiene en los estudios, y con frecuencia los demás niños lo rechazan abiertamente. Del mismo modo que sucede con el niño atrasado en su desarrollo, poco a poco se va produciendo en el niño que es lento para aprender, una imagen aplastante de fracaso que deforma el concepto que tiene de sí mismo y daña su ego. Un colega mío escuchó a dos estudiantes, que tienen limitaciones intelectuales, cuando estaban hablando de sus esperanzas con las muchachas, uno de ellos dijo: "No tengo ningún problema hasta que ellas se dan cuenta de que soy un retardado". Obviamente, este muchacho estaba bien consciente de su condición degradante. ¿Qué mejor manera hay para destruir la confianza de los niños en sí mismos que poner a 20 por ciento de ellos en una situación en la cual llegar a sobresalir es imposible, y la insuficiencia y la inferioridad son una realidad evidente? No es una sorpresa que esta clase de niño se convierta en un muchacho al que le gusta mortificar a los demás en el tercer grado, que maltrata a los más pequeños o débiles en el sexto, que ofende a otros en alta voz en la secundaria, y que luego abandona los estudios y termina siendo un delincuente.[9]

¿? **¿Es recomendable no pasar de grado escolar a cualquier niño, además del que está atrasado en su desarrollo? ¿Qué me dice del que es lento para aprender?**

Hay algunos alumnos que se benefician si repiten el mismo grado. La mejor norma en cuanto a no pasar de grado es ésta: mantenga en el mismo grado al niño para el cual algo va ser *diferente* el año próximo. Un niño que ha estado enfermo por siete meses durante un año escolar, podría beneficiarse de una repetición cuando se encuentre bien de salud. Y, del mismo modo, el niño atrasado en su desarrollo debería quedarse en el kindergarten (o repetir su primer año de escuela a más tardar) para que esté junto con muchachos que se hallan en un nivel de desarrollo parecido al de él. Sin embargo, para el que aprende lentamente todo será igual el año siguiente. Si ha estado reprobando en este año, volverá a hacerlo el próximo año. Pocas veces las personas se dan cuenta de que el contenido del plan de estudios, de cada grado, es muy parecido al del año anterior y el posterior. Los mismos conceptos son enseñados año tras año; los alumnos en cada grado avanzan un poco más, pero se emplea mucho del tiempo para repasar lo que ya se ha estudiado. Por ejemplo, los métodos de matemáticas, para sumar y restar, son enseñados en los primeros años, pero una gran cantidad de trabajo es realizado en los últimos años, enseñándolos de nuevo. También la enseñanza acerca de los nombres o sustantivos, así como de los verbos, es repetida por varios años.

Por eso, la razón más injustificable para no pasar de grado, es hacer que el niño, que es lento para aprender, siga estudiando conceptos que son más fáciles, durante otro año. El no va a mejorar la segunda vez. Tampoco son milagrosos los cursos de verano. Algunos padres esperan que un programa de seis semanas durante el verano logrará lo que fue imposible en los diez meses del año escolar, y a menudo sufren una desilusión.[10]

¿ **Si retener a un niño en el mismo año escolar, o mandarlo a clases de verano no resuelve el problema que tiene el que es lento para aprender, ¿qué se puede hacer por él?**

Permítame ofrecer tres sugerencias que pueden favorecer al niño que tiene problemas de aprendizaje.

1. *Enséñele a leer, aunque sea necesario que un maestro le dedique atención sólo a él* (y probablemente sea necesario). Casi todos los niños pueden aprender a leer, pero muchos niños y niñas tienen dificultad si se les enseña sólo en grupos grandes. Sus mentes se desvían y no hacen preguntas tan fácilmente. No cabe la menor duda de que sería costoso que la escuela contratara a otros maestros para dedicarse a la enseñanza de niños atrasados en la lectura, pero no puedo pensar en un gasto que sería de más beneficio. Las técnicas especiales, las máquinas para enseñanza y el apoyo individual pueden ser de mucha utilidad para lograr enseñarles a leer (la habilidad académica más básica) a los niños que tienen menos probabilidades de aprender sin esta atención individual. Esta ayuda no se debe posponer hasta el cuarto o quinto grado o hasta la escuela secundaria. Para esas fechas tardías el niño ya habrá soportado la indignidad de su fracaso.

En los Estados Unidos, muchos distritos escolares han implementado programas creativos para enfocar los problemas de lectura. Un programa semejante, llamado "la primaria sin grados" elimina las distinciones entre estudiantes que están en los primeros tres grados. En vez de poner a los niños en grupos conforme a sus edades, los juntan de acuerdo con su habilidad para leer. Es posible que los niños de primero, segundo o tercer grado que lean mejor estén en las mismas clases. También estarían juntos los que menos saben leer. Este procedimiento evita el dolor de ser retenidos y les permite a los niños aprovechar los beneficios de grupos homogéneos. Otro sistema se llama el programa de "lectura dividida". En este método, la mitad de los niños que mejor leen en la clase llegan a la escuela 30 minutos antes que los demás para estudiar lectura. La mitad de los alumnos que menos leen se quedan media hora después que los otros se hayan ido. Hay muchos programas semejantes que se han desarrollado para enseñar la lectura de manera más eficiente. Y claro, los padres que están preocupados por las habilidades académicas básicas de su hijo, quizá quieran buscar la ayuda de un tutor para complementar los programas en la escuela.

Permítame expresarme de manera más explícita: *Es absolutamente necesario para el concepto que su hijo tiene de sí mismo que él aprenda a leer desde el principio de sus años escolares, y si los educadores profesionales no pueden lograr esta tarea, ¡entonces otra persona tendrá que encargarse!*

2. *Recuerde que el éxito produce más éxito.* La mejor motivación para un niño que es lento para aprender es saber que está teniendo éxito. Si los adultos que lo rodean muestran confianza en él, será más probable que tenga confianza en sí mismo. Incluso, la mayoría de los seres humanos compartimos esta misma característica. Tenemos la tendencia de comportarnos de acuerdo con la manera en que creemos que otros nos "ven". Esta realidad quedó muy clara para mí cuando me uní a la Guardia Nacional. Poco después de haberme graduado de la universidad, decidí alistarme para un período extenso de servicio militar en la reserva, en lugar de servir dos años en calidad de soldado activo. De inmediato me subieron a un camión y me mandaron a Fort Ord, en California, para someterme a seis meses de entrenamiento como oficinista. En contraste con lo que anuncian los carteles para reclutar soldados, yo no escogí esta carrera emocionante; más bien, ellos decidieron que yo estudiaría para ser oficinista. Sin embargo, los siguientes seis meses los pasé aprendiendo todo lo referente al mundo fascinante de los formularios militares, la mecanografía y los archivos. Ciento ochenta y tres días después regresé a la unidad local de la Guardia

Nacional con todo mi conocimiento recién adquirido disponible para el uso. Sorprendentemente, no me dieron la bienvenida con entusiasmo abrumador. Todos saben que los soldados rasos son tontos. *Todos* los soldados rasos son tontos. Yo era un soldado raso, así que era de suponer que mi cabeza estaba hueca. Con excepción de otros pocos soldados rasos tontos, todo el mundo tenía un rango superior al mío. Todos, desde el sargento hasta el coronel, esperaban que me comportara como un ignorante, y para sorpresa mía, resultaron tener razón. La primera tarea que se me asignó, después de seis meses de entrenamiento de oficinista, fue escribir una carta sencilla con dos copias. Después de invertir 25 minutos de esfuerzo concentrado en la máquina de escribir, me di cuenta de que había puesto el papel carbón al revés. Letras invertidas manchaban el otro lado de la carta original, lo cual no llenó de mucha gratitud al sargento. Otros procedimientos complicados, como por ejemplo, marchar al unísono, resultaron ser extraordinariamente difíciles. Según veo el asunto hoy, está claro que mis acciones se conformaban a mi imagen. De igual manera, muchos niños que fallan en la escuela simplemente están haciendo lo que creen que otros esperan de ellos. Nuestra reputación ante nuestros compañeros es una fuerza de mucha influencia en nuestras vidas.

Finalmente, el niño que es lento para aprender necesita atención individual en todo su trabajo académico, la cual sólo pueden impartirla los maestros que tienen grupos relativamente pequeños. También necesita tener acceso a medios audiovisuales para aprender, incluyendo la tecnología de computación más moderna. El gasto excesivo de semejantes programas es una realidad que tenemos que enfrentar en medio de la presente crisis económica en las escuelas, pero para el niño que tiene problemas de aprendizaje, su progreso depende de que reciba una experiencia enriquecida que no suele ocurrir en las aulas tradicionales.[11]

¿Tienen la misma necesidad de aprecio los niños que son lentos para aprender y los retrasados mentales que los demás?

A veces quisiera que no fuera así, pero sus necesidades no son diferentes. Durante parte de mi entrenamiento en un hospital de California, quedé impresionado por la enorme necesidad de amor que fue mostrada por algunos de los pacientes más retrasados. Hubo ocasiones en las que al entrar por la puerta de una sala de niños, unos 40 o más niños que se encontraban seriamente retrasados se me acercaban apresuradamente gritando: "¡Papá, papá, papá!" Se empujaban unos a otros, alrededor de mis piernas, con sus brazos extendidos hacia arriba, haciéndome casi caer. El profundo anhelo que tenían de que alguien les amara, simplemente no podía ser satisfecho en las experiencias de grupo de la vida de un hospital, a pesar de la calidad altamente excepcional de ese hospital en particular.

La necesidad de aprecio, me ha llevado a apoyar una tendencia que existe actualmente en la educación. Según ésta se les presta ayuda especial en sus clases regulares, a los niños que están muy cerca de ser retrasados mentales. No se les segrega en clases especiales. El estigma de ser un "retardado", como ellos mismos se llaman, no es menos insultante para un niño de diez años de lo que sería para usted o para mí.[12]

He escuchado hablar de niños que "no rinden al nivel de su capacidad" en la escuela. ¿Podría explicarme usted a qué se refiere esta frase?

Estos son los niños que, *a pesar* de su habilidad para estudiar, no tienen éxito en la escuela. Quizá tienen un cociente intelectual de 120 o más, pero sacan notas muy bajas. Tal vez, a estos niños, que no rinden al nivel de su capacidad, se les comprende aun menos que a los que son lentos para aprender o los que están atrasados en su desarrollo, y de estos primeros hay más. La confusión está relacionada con el hecho de que *dos* ingredientes específicos son necesarios para producir la excelencia académica, sin embargo, el segundo ingrediente se suele pasar por alto. Primero, tiene que haber *habilidad intelectual*. Pero la capacidad mental no es suficiente en sí misma. También se requiere *autodisciplina*. Un niño inteligente quizá tenga o no tenga el autocontrol necesario para esforzarse día tras día en hacer algo que le parece difícil. Además, la inteligencia y la autodisciplina frecuentemente *no* están relacionadas. Muchas veces podemos ver a un niño que tiene una de estas cualidades sin tener la otra.[13]

¿ **¿Qué solución sugeriría usted para el problema de los niños que no rinden al nivel de su capacidad en la escuela?**

Yo he tratado con más de 500 casos de niños de esta clase y he llegado a la conclusión de que sólo existen dos soluciones capaces de producir buenos resultados para este síndrome. La primera no es, por cierto, un "curalotodo": los padres pueden involucrarse de tal forma en las tareas de la escuela que el niño no tiene más alternativa que hacer la tarea. Para que esto sea posible, es necesario que la escuela haga un esfuerzo adicional para tener a los padres al tanto de las tareas y el progreso del alumno; el joven, por cierto, no va a llevar el mensaje. Los adolescentes, en particular, harán todo lo posible por estorbar la comunicación entre la escuela y el hogar. Por ejemplo, en una escuela secundaria donde yo trabajaba, los estudiantes tenían 20 minutos de "apertura" cada mañana. Este tiempo se utilizaba para hacer el saludo a la bandera, llevar a cabo reuniones de la junta de la escuela, dar anuncios y tratar otros asuntos. Los alumnos tenían poco tiempo para estudiar. Sin embargo, cada día cientos de ellos les decían a sus padres que habían terminado toda su tarea durante esa sesión. Los padres ingenuos creían que ese período de apertura duraba unas dos horas, dándoles oportunidad de estudiar de una manera concentrada.

Los padres deben saber lo que está sucediendo en la escuela, si quieren estimular las responsabilidades académicas de sus hijos. Deben proveer ayuda en las áreas en que la autodisciplina es necesaria. El período de estudio en casa por la tarde debiera ser muy bien planeado, designando un tiempo habitual para estudiar con un mínimo de interferencias. Con el fin de hacer esto, los padres deben saber qué tareas fueron asignadas y cómo debieran verse las mismas después de terminadas. Finalmente, las actitudes negativas relacionadas con las actividades de estudio debieran ser eliminadas. Regañar y criticar al niño que no rinde al nivel de su capacidad no hará que trabaje con más fervor.

Debo apresurarme a decir que este método no es una solución fácil. Muy raras veces funciona por más de una o dos semanas, ya que a muchos padres también les falta la autodisciplina necesaria para continuar con el plan. Cuando ellos lo abandonan, ¡también lo hace el hijo! Tiene que haber una mejor manera, y creo que la hay.

Un niño que no rinde al nivel de su capacidad, con frecuencia mejora bajo un sistema de estímulo inmediato.[14] Si él no es retado por la satisfacción y las motivaciones personales que, por lo general, son producidas en el aula, se le debe proveer de algunos incentivos artificiales, en la forma de recompensas dadas por su comportamiento según avanza en sus estudios. En vez de ofrecerle al niño regalos, u otros objetivos deseables, por obtener una calificación de sobresaliente en alguna asignatura, al final del año escolar, se le debería dar, por ejemplo, una cantidad pequeña de dinero por cada cuenta de matemáticas bien hecha (aunque esto muchas veces se considera equivocadamente como un soborno).

Quiero hacerle una pregunta: "¿Qué alternativa tenemos aparte de dejar que con el tiempo el niño salga de su problema por sí mismo?"[15]

_i_ Mi hijo tiene un problema de percepción visual que le dificulta la lectura. Comprendo su problema, pero sus notas son muy bajas en la mayoría de sus clases, y sé que eso va a limitar sus oportunidades en la vida. ¿Cuál debe ser la actitud de un padre hacia un hijo que año tras año es reprobado en la escuela?

Es evidente que se le debería proveer de ayuda por medio de clases particulares e instrucción especial, si fuera posible hacerlo así. Además de esto, recomiendo insistentemente en que no se haga énfasis en el hogar acerca de su necesidad de tener éxito en la escuela.

Exigirle a un niño que tiene un defecto visual, o a uno que es lento para aprender, que compita en la escuela es como obligar a una víctima de poliomielitis a correr la carrera de los 100 metros. Imagínese a los padres, esperando con desaprobación a su hijo lisiado al final de la pista, regañándolo cuando llega a la meta cojeando, en el último lugar.

"¿Por qué no corriste más rápido, hijo?", pregunta su mamá con disgusto.

"Yo creo que en realidad no te importaba si ganabas o perdías", dice el padre avergonzado.

¿Cómo puede explicar este niño que sus piernas no le llevarán tan rápido como las de sus compañeros? Todo lo que él sabe es que los demás pasan corriendo por su lado ante los gritos de entusiasmo de la multitud. Pero ¿quién esperaría que un niño lisiado fuera a ganar una carrera contra compañeros saludables? Nadie, simplemente porque su desventaja es evidente. Cualquiera la puede notar.

Lamentablemente, el niño que tiene dificultades para aprender no es tan bien comprendido. Sus fracasos en la escuela son más difíciles de comprender, y pueden ser atribuidos a pereza, travesura o desafío voluntario. Por lo tanto, experimenta presiones tremendas al exigírsele que haga lo que le resulta imposible. Y una de las más graves amenazas a la salud emocional ocurre cuando un niño se enfrenta con exigencias que no puede satisfacer.

Permítame expresar en términos más concisos mi punto de vista: Yo creo en la excelencia académica. Quiero exigir el máximo de cada gramo de potencial intelectual que un niño posea. No creo que sea correcto permitirle que se comporte de una manera irresponsable, simplemente porque no quiere estudiar. No hay duda alguna de que la disciplina educativa produce beneficios duraderos.

Pero, por otra parte, hay algunas cosas en la vida que son más importantes que la excelencia académica, y la autoestima es una de ellas. Un niño puede sobrevivir, si es necesario, sin conocer la diferencia entre un sustantivo y un verbo. Pero si no tiene cierta confianza en sí mismo y respeto de su persona, no tendrá ninguna oportunidad en la vida.

Quiero afirmar mi convicción de que el niño que no está preparado para triunfar en el ambiente educativo tradicional, no es inferior a sus compañeros. Como ser humano posee el mismo grado de valor y dignidad que el joven intelectual más destacado. Es una necia distorsión cultural la que nos hace evaluar a los niños de acuerdo con las habilidades y características físicas que puedan (o no) poseer.

Cada niño tiene el mismo valor ante los ojos de Dios, y eso me basta. Así que, si mi hijo, o mi hija, no puede tener éxito en un ambiente determinado, simplemente le buscaremos otro. Cualquier padre que ame a sus hijos haría lo mismo.

Nota del autor: Para una discusión de los problemas de aprendizaje asociados con las dificultades de percepción visual, vea la sección dedicada al tema de "Los niños hiperactivos".

5

La educación sexual en el hogar y la escuela

¿ **¿Cuándo es que los niños empiezan a desarrollar su naturaleza sexual? ¿Ocurre esto durante la pubertad?**

No, ocurre mucho antes de la pubertad. Quizás el dato científico más importante sugerido por Freud fue su observación de que la gratificación sexual empieza en la cuna, y su primera asociación es con la alimentación provista por la madre. El comportamiento durante la niñez está influenciado considerablemente por curiosidad e interés sexual, aunque las hormonas no toman completamente el mando hasta el principio de la adolescencia. No es raro que un niño de cuatro años esté fascinado por la desnudez, así como por los órganos masculinos y femeninos. Este es un período importante en la formación de las actitudes sexuales. Los padres deben tener mucho cuidado de no horrorizarse extremadamente ni desaprobar este tipo de curiosidad, aunque tienen derecho de prohibir una evidente actividad sexual entre niños. Se cree que muchos problemas sexuales empiezan como resultado de un entrenamiento inapropiado durante los primeros años de la infancia.[1]

¿ ¿Quién debe enseñarles a los niños acerca del sexo y cuándo debe empezar esta instrucción?

Los padres que pueden llevar a cabo el proceso de la instrucción correctamente, deben retener la responsabilidad de la educación sexual dentro del hogar. Está aumentando la tendencia a que todos los aspectos de la educación sean quitados de las manos de los padres (o ellos mismos están cediendo su derecho a desempeñar este papel). Esto no es prudente. Particularmente con referencia a la educación sexual, el mejor método es el que empieza desde temprano en la niñez y continúa durante el transcurso de los años, con total franqueza. Sólo los padres pueden proveer esta enseñanza que abarca toda una vida.

Rara vez, la necesidad que el niño tiene de adquirir información y orientación es satisfecha por medio de una extensa conversación provista por los padres renuentemente cuando su hijo se acerca a la adolescencia. Tampoco un programa formal concentrado de educación sexual, fuera del hogar, puede ofrecer las mismas ventajas que se derivan de una enseñanza *gradual* que empieza durante el tercero o cuarto año de la vida y llega a su culminación poco antes de la pubertad.[2]

¿ Ni mi esposo ni yo nos sentimos cómodos hablando acerca del sexo con nuestros hijos. El cree que es la escuela la que debiera proveer la información que ellos necesitan, pero yo creo que es responsabilidad nuestra el hacerlo. ¿Debemos esforzarnos por hablarles de este tema tan difícil?

A pesar de que es deseable que la educación sexual la lleven a cabo los padres bien preparados, tenemos que reconocer que hay muchos que se sienten como ustedes. Confiesan que no tienen la capacidad para hacerlo, y no están muy dispuestos a cumplir esa labor. Sus propias inhibiciones sexuales hacen que sea extremadamente difícil para ellos el encargarse de esta tarea con serenidad y tacto. Para los casos de familias como la de ustedes, en las que los padres no pueden enseñar a sus hijos los detalles de la reproducción humana, debe haber instituciones que, fuera del hogar, les ayuden en esta importante función. Yo creo firmemente que la iglesia cristiana se encuentra en la mejor posición para prestar esa ayuda a sus miembros, ya que tiene la libertad para enseñar no sólo la anatomía y fisiología de la reproducción, sino también la *moralidad y responsabilidad* relacionada con el sexo. Lamentablemente, también la mayoría de las iglesias están poco dispuestas a aceptar esa tarea, dejando a las escuelas públicas como el único recurso que queda.[3]

¿ **¿Cree usted en "normas de conducta doble", según las cuales se les exige a las muchachas que guarden su virginidad mientras que los muchachos tienen libertad para experimentar sexualmente?**

De ninguna manera creo en eso. No hay tal clase de distinción en la Biblia, que tenga que ser la norma por la cual se mide la moralidad. El pecado es pecado, ya sea que lo cometa un hombre o una mujer.

¿ **Nosotros nos hemos tardado mucho para decidir proveer de educación sexual a nuestros hijos. En realidad, nuestra hija ya tiene 11 años, y no le hemos dado ningunas instrucciones específicas. ¿Será demasiado tarde, o todavía hay tiempo para prepararla para la adolescencia?**

Por supuesto, su situación no es una ideal, pero ustedes deberían hacer todo lo posible para ayudar a su hija a entender lo que va a suceder dentro de los próximos años. Generalmente, los padres deberían planear cumplir su programa de instrucción antes que el hijo o la hija llegue a la pubertad (ese tiempo de rápido desarrollo sexual al principio de la adolescencia). Normalmente la pubertad comienza entre los 10 y 12 años de edad para las niñas, y entre los 12 y 14 para los niños.

Una vez que comienza este período de desarrollo, los adolescentes típicamente se sienten avergonzados al hablar del sexo con sus padres. Por lo regular, a los adolescentes les molesta que los adultos se entremetan durante ese tiempo, y prefieren que el tema del sexo se pase por alto en el hogar. Y nosotros deberíamos respetar sus deseos. Sólo disponemos de una década para proveerles de los conocimientos apropiados, acerca de la sexualidad humana, después que ese fundamento ha sido puesto, sólo podemos servir como un medio al que nuestros hijos pueden recurrir en busca de ayuda, si es que quieren.[4]

¿De qué debo hablar cuando hable del sexo con mi hijo preadolescente?

Al preparase para estas conversaciones, sería útil que repasara la lista de diez temas que se mencionan a continuación. Usted debe tener una buena idea de lo que dirá en cuanto a cada uno de estos temas:

1. El papel de las relaciones sexuales dentro del matrimonio.

2. La anatomía y la fisiología del hombre y la mujer.

3. El embarazo y el proceso de nacimiento.

4. Las emisiones nocturnas ("sueños mojados").

5. La masturbación.

6. Los sentimientos de culpabilidad y las fantasías sexuales.

7. La menstruación.

8. La moralidad y la responsabilidad sexual.

9. Las enfermedades venéreas.

10. Las características secundarias sexuales que resultarán de los cambios glandulares: vello púbico, desarrollo sexual general, mayor interés en el sexo, etcétera.[5]

¿ ¿Qué opina usted acerca de la manera en que normalmente se lleva a cabo la educación sexual en las escuelas públicas?

Un programa de educación sexual aceptable para los hijos de familias cristianas, u otras que tengan firmes convicciones en cuanto al comportamiento moral, debe estar compuesto de dos elementos. Primero, se deben enseñar la anatomía y fisiología de la reproducción. Segundo, se debe hablar de las actitudes y responsabilidades morales relacionadas con el sexo. *¡Estos componentes nunca se deben separar mientras el asunto de la moralidad se considere importante!* Los conocimientos acerca de todo lo relacionado con el sexo, sin la responsabilidad sexual, ¡es un desastre sexual! Explicar todos los mecanismos de la reproducción sin enseñar las actitudes y el control apropiados es como darle a un niño un rifle cargado sin enseñarle cómo utilizarlo. Sin embargo, esta segunda responsabilidad se suele omitir, o disminuir, en el ambiente de la escuela pública.

A pesar de su deseo de evitar el tema de la moralidad, a los maestros de educación sexual les resulta casi imposible permanecer neutrales en cuanto al mismo. Los alumnos no les permiten que encubran su punto de vista. "Profesor, ¿qué piensa usted de las relaciones sexuales antes del matrimonio?" Si el profesor se niega a contestar la pregunta, involuntariamente les ha dicho a los alumnos que se trata de un asunto que no tiene nada que ver con una norma fija acerca del bien y del mal. Al no tomar una posición a favor de la moralidad, ha apoyado la promiscuidad sexual. El asunto les parece arbitrario a sus alumnos, haciendo que sea más probable que sus intensos deseos biológicos sean saciados.

Quisiera enfatizar el hecho de que no me opongo a la educación sexual en las escuelas públicas, con tal de que ambos elementos del tema se presenten de manera apropiada. Sin embargo, no quiero que mis hijos reciban enseñanza de la tecnología sexual por un maestro que es neutral o tiene mala información en cuanto a, las consecuencias de la inmoralidad. Sería preferible que el muchacho aprendiera sus conceptos en la calle que a través de un maestro que se para ante los alumnos, con toda la dignidad y autoridad investidas en él por la escuela y la sociedad, y les diga a los muchachos, que fácilmente se dejan influenciar, que la moralidad tradicional es innecesaria o perjudicial. A menos que las escuelas estén preparadas para tomar una posición definitiva a favor de la responsabilidad sexual (pero quizá el clima social impida esto), alguna otra agencia debería ayudar a los padres interesados en proveer la educación sexual de sus hijos. Como indiqué anteriormente, las iglesias fácilmente podrían proveer este servicio para la sociedad. Otras instituciones sociales también podrían ayudar en cuanto a esto. Quizá no haya otro objetivo más importante para el futuro de nuestro país que enseñarle la disciplina moral a la generación más joven.[6]

¿ **Un libro nuevo, escrito para los padres, afirma que la buena educación sexual habrá de reducir la frecuencia de la promiscuidad y la irresponsabilidad sexual entre los adolescentes. ¿Está usted de acuerdo?**

Claro que no. Los adolescentes están mejor informados hoy en día, acerca del sexo, que en ningún otro tiempo de la historia humana, aunque la actividad tradicional entre muchachos y muchachas parece ser tan popular como siempre. La suposición de que la información fisiológica impedirá la actividad sexual, es casi tan tonta como pensar que se puede ayudar a un glotón obeso, haciéndole comprender el proceso biológico involucrado al comer. Estoy a favor de la educación sexual apropiada, por otros motivos, pero no tengo la ilusión de que la educación acerca del sexo tiene un poder sin igual para inducir responsabilidad en los adolescentes. Si se valora la moralidad, se tiene que enfrentar directamente, y no dando vueltas al asunto por medio de la anatomía y la fisiología. De mucho más poder es la demostración de toda una vida de moralidad, en todas sus formas, hecha por padres cuyas mismas vidas revelan su fidelidad y su entrega del uno al otro, y a Jesucristo.[7]

i **¿Qué opina usted acerca de enseñarles a los niños los papeles masculinos y femeninos tradicionales? ¿Cree usted que se debe obligar a los niños a hacer el trabajo de las niñas, y viceversa?**

La tendencia a mezclar los papeles masculinos y femeninos se encuentra bien arraigada en los Estados Unidos en este momento. Las mujeres fuman cigarros y usan pantalones. Los hombres se ponen perfume y joyas. Hay muy poca identidad sexual entre unos y otros en cuanto al largo de su pelo, los modales, los intereses y las ocupaciones; y la tendencia va en aumento en esa dirección. Esta semejanza entre los hombres y las mujeres causa gran confusión en la mente de los niños en cuanto a la identidad de su propio papel sexual. No tienen modelos claros que puedan imitar, y se les deja buscando a tientas la conducta y las actitudes apropiadas.

Por lo tanto, creo *firmemente* en el valor de enseñar los papeles masculinos y femeninos tradicionales, durante los primeros años de la vida. El eliminar esta enseñanza de la forma en que el niño debe comportarse según su sexo es hacerle más daño a su sentido de identidad, el cual necesita toda la ayuda que pueda conseguir. Los papeles masculinos y femeninos son enseñados por medio de la ropa, la identificación del hijo con el padre, y de la hija con la madre, y hasta cierto punto, por medio de la clase de trabajo que se le requiera hacer, y en la selección de juguetes que le sean dados. No estoy sugiriendo que nos debe entrar pánico si vemos tendencias poco femeninas en algunas de nuestras hijas, o que exijamos que nuestros hijos se comporten como supermachos. Tampoco que un muchacho no puede lavar los platos o una muchacha no puede limpiar el garaje. Por otra parte, debiéramos empujar suavemente a nuestros hijos en la dirección del papel apropiado para su sexo.[8]

¿ **Muchas universidades en los Estados Unidos permiten que los hombres y las mujeres vivan en el mismo edificio donde se encuentran los dormitorios, a menudo viviendo juntos en la misma habitación. Otras universidades ahora permiten horas de visita sin restricciones por miembros del sexo opuesto. ¿Cree usted que esto promueve actitudes más sanas en cuanto al sexo?**

Sin duda promueve más la actividad sexual, y algunas personas piensan que eso es sano. Los partidarios de la cohabitación intentan decirnos que los hombres y las mujeres jóvenes pueden vivir juntos sin hacer lo que es natural. Eso es ridículo. El deseo sexual es una de las fuerzas más fuertes de la naturaleza humana, y el universitario tiene fama de ser débil en cuanto a dominar este deseo. Yo preferiría que los partidarios de que los estudiantes universitarios del sexo opuesto vivan juntos confesaran que la moralidad no es importante para ellos. Si la moralidad es algo que valoramos, entonces por lo menos debemos darle alguna posibilidad de sobrevivir. Vivir juntos en las universidades no nos ayuda en cuanto a este aspecto.[9]

6

La disciplina de los bebés y de los niños pequeños

¿ **Algunos sicólogos, en particular los que se basan exclusivamente en observaciones y conceptos referentes a la conducta, creen que los niños nacen como "pizarras en blanco", desprovistos de personalidad, hasta que comienzan a actuar en su ambiente, en una forma recíproca. ¿Está usted de acuerdo?**

No. Ahora estoy seguro de que las personalidades de los recién nacidos varían de una manera tremenda, aun antes que los padres y el ambiente ejerzan alguna influencia. Toda madre, que tiene más de un hijo, afirmará que cada uno de ellos tenía una personalidad diferente, ella podía sentir la diferencia, desde que lo tuvo por primera vez en sus brazos. Hay muchos expertos en el campo del desarrollo infantil, que están de acuerdo en que estas pequeñas criaturas complejas, llamadas bebés, se encuentran muy lejos de ser "pizarras en blanco", cuando vienen al mundo. Una importante investigación realizada por Chess, Thomas y Birch reveló nueve clases de comportamiento en los bebés, las cuales varían de uno a otro. Estas diferencias tienen la tendencia a persistir más adelante en la vida, incluyendo el nivel de actividad, sensibilidad, la facilidad para distraerse, y el humor, entre otras cosas.

Otra característica del recién nacido (que no mencionó Chess), que encuentro muy interesante, es la que se relaciona con una cualidad que puede ser llamada "fuerza de voluntad". Parece que algunos niños han nacido con una actitud tolerante y dócil hacia la autoridad externa. Cuando son pequeños no lloran con mucha frecuencia, se duermen durante toda la noche a partir de la segunda semana de vida, "conversan" con los abuelos, se sonríen mientras les cambian los pañales, y son pacientes cuando se ha pasado la hora de darles de comer. Más tarde, cuando ya son mayorcitos, les gusta tener su habitación limpia y hacer sus tareas escolares, y pueden pasarse horas entretenidos. Temo que no hay muchos de estos niños superdóciles, pero se sabe que existen en algunas familias (aunque no en la mía).

Así como hay algunos niños que de manera natural son dóciles, también hay otros que parecen ser desafiantes desde el momento en que nacen. Vienen al mundo dando gritos por la temperatura en la sala de partos del hospital y por la incompetencia de las enfermeras. Esperan que los alimentos les sean servidos tan pronto como tienen hambre, y exigen cada momento del tiempo de la madre. Al pasar los meses, la expresión de su voluntad firme llega a ser aun más evidente, y cuando tienen entre uno y dos años y medio de edad, sólo quieren imponer su voluntad.

La expresión de la voluntad, sea dócil o desafiante, es sólo una de un número infinito de formas en las que los niños son diferentes desde que nacen. Y qué tonto sería de nuestra parte el pensar de otro modo. Si Dios puede hacer cada copo de nieve distinto, y cada grano de arena es diferente de los demás, entonces ¿por qué habría de marcar a los niños, como si fueran autos saliendo de una línea de montaje? ¡Imposible! Cada uno de nosotros, como seres humanos, es conocido por el Creador aparte de todos los demás humanos en la tierra. ¡Cuán agradecido estoy por esto![1]

¿ **Si los niños son diferentes en temperamento en el momento de nacer, ¿es razonable entonces llegar a la conclusión de que es más difícil cuidar a unos niños que a otros?**

¡Hay niños fáciles, y hay niños difíciles! Algunos parecen estar decididos a desmantelar la casa en que nacieron; duermen cómodamente durante el día, y luego se pasan toda la noche dando gritos de protesta; les da un cólico y vomitan la cosa más repugnante, ensuciándose la ropa (por lo general, en el camino hacia la iglesia); tienen control de su cañería interna hasta que usted se los da a alguna persona extraña para que los tenga en brazos, y entonces la vacían repentinamente. En vez de acurrucarse en los brazos de quien los tiene cargados, se ponen tiesos en busca de libertad. Y hablando con toda franqueza, a las tres de la mañana una madre puede encontrarse, con los ojos nublados, inclinada sobre una cuna que está meciéndose, haciéndose la eterna pregunta: "¿Es esto a lo que ha quedado reducida mi vida?" Unos pocos días antes, ella estaba preguntándose: "¿Sobrevivirá mi hijo?" Ahora se pregunta: "¿Sobreviviré *yo*?"

Pero, créalo o no, las dos generaciones probablemente se recuperarán, y en un momento muy breve este principio perturbador no será nada más que un recuerdo lejano. Y ese tirano exigente se convertirá en un ser humano razonable y amoroso, con un alma eterna y un lugar especial en el corazón del Creador. A la nueva madre, agotada y agobiada, quiero decirle: "¡Manténgase firme! Usted está haciendo el trabajo *más* importante del mundo".[2]

¿ **¿Qué clase de disciplina es apropiada para mi hijo que tiene seis meses?**

Creo que no es necesaria la disciplina *directa* para un niño que es menor de siete meses, sin tener en cuenta su comportamiento o las circunstancias. Muchos padres no están de acuerdo con esto y le pegan a un niño de seis meses porque se mueve mientras le cambian el pañal o porque llora a medianoche. Este es un grave error. Un bebé es incapaz de comprender la "infracción" que ha cometido, o relacionarla con el castigo que ha recibido. Lo que él necesita a esta tierna edad es que se le tenga en brazos, que se le quiera, y lo que es más importante: necesita oír una voz suave que lo tranquilice. Se le debe dar de comer cuando tiene hambre, se le debe mantener limpio, seco y calientito. Esencialmente, es probable que el fundamento de la salud física y emocional es puesto durante este primer período de seis meses, que debiera estar caracterizado por una sensación de seguridad y afecto.[3]

¿ **Tengo una hija de ocho meses de edad, que es muy inquieta, y llora cada vez que la acuesto. Mi pediatra dice que está sana, y que sólo llora porque quiere que la tenga en los brazos todo el tiempo. Yo le doy mucha atención, pero no puedo tenerla cargada todo el día. ¿Cómo puedo conseguir que sea menos inquieta?**

El llanto de los niños es una forma importante de comunicación. Por medio de sus lágrimas nos enteramos de que tienen hambre, están cansados, se sienten incómodos, o ha llegado la hora de cambiarles el pañal. Así que, es muy importante poner atención a esas llamadas de auxilio e interpretarlas correctamente. Por otra parte, su pediatra tiene razón. Es posible crear un niño intranquilo y exigente, si uno corre a levantarlo cada vez que se queja o llora. Los niños pequeños son completamente capaces de aprender a manipular a los padres a través de lo que se llama un proceso de estímulo, por medio del cual se originará una tendencia a que toda conducta, que produce un resultado agradable, sea repetida. Por eso, un niño saludable puede mantener a su madre brincando de un lado a otro de su habitación, 12 horas del día (o de la noche), con sólo dar unos chillidos. Para evitar esto, es importante que usted logre un equilibrio entre prestarle a su hija la atención que necesita, y establecerla como una pequeña dictadora. No tenga temor de dejarla que llore por un tiempo razonable (lo cual se cree que es saludable para los pulmones), aunque es necesario que usted se mantenga atenta al tono de su voz para que distinga la diferencia entre el descontento sin motivo y la angustia genuina. La mayoría de las madres aprenden a distinguir esto con el tiempo.

Cuando mi hija era pequeña, yo me paraba afuera de la puerta de su habitación esperando unos cuatro o cinco minutos para una tregua en el llanto antes de acercarme a su cuna. Al hacer eso, estaba reforzando la quietud en vez de las lágrimas. Quizás usted quiera intentar el mismo método.

Tal vez sería de beneficio ilustrar mi punto con una carta que recibí hace poco.

Estimado doctor Dobson:

El motivo por el cual estoy escribiendo la presente es este: El Señor nos ha bendecido tanto que yo debería estar lleno de gozo. Pero he estado deprimido por unos diez meses. No sé si acudir a un pastor, un doctor, un sicólogo, un experto en la nutrición o un quiropráctico.

En septiembre, el Señor nos dio un niño precioso. Es simplemente maravilloso. Es lindo, inteligente y fuerte. Lo queremos mucho, pero es muy exigente. Lo más difícil para mí fue el mes pasado cuando Gina estaba tomando unos cursos universitarios dos noches por semana, mientras que yo cuidaba a Rodolfo. Lloraba y sollozaba todo el tiempo hasta que finalmente se quedaba dormido. Entonces yo lo seguía cargando para que no se despertara y continuara llorando, o si lo lograba acostar, no hacía ruido por temor a despertarlo.

Estoy acostumbrado a pagar todas las facturas, trabajar en el presupuesto o leer y archivar la correspondencia, contestar cartas, escribir a máquina, etcétera, por las noches. Pero todo esto tiene que esperar hasta que llegue Gina.

Por eso, éste ha sido un tiempo de tanta depresión

para mí. Sencillamente, no puedo resistir todo ese llanto. Probablemente se haga más difícil la situación porque Gina le da el pecho a Rodolfo. Eso me despierta a mí, y me siento muy cansado, se me está siendo muy difícil el levantarme en la mañana para ir a trabajar. Ahora me enfermo fácilmente.

Quiero mucho a nuestro bebé, y no lo cambiaría por nada en el mundo, pero no comprendo por qué estoy tan deprimido. Claro que Gina se cansa también, porque parece imposible lograr que Rodolfo se duerma antes de las 11 o las 12, y además se despierta dos veces por noche.

Otra cosa que ha sido una lucha constante es dejar a Rodolfo en la guardería de la iglesia. El no está contento de estar separado de nosotros mucho tiempo, y casi todos los domingos los encargados de la guardería terminan buscando a Gina para que lo cuide. Casi nunca podemos estar juntos en un servicio de adoración. ¡Y eso ha estado sucediendo por diez meses!

Tenemos todas las cosas que pudiéramos anhelar a nuestra edad: nuestra propia casita en un buen vecindario, un trabajo que me gusta, y lo más importante es nuestra vida en Cristo. No tengo motivos para estar tan deprimido y cansado todo el tiempo. Regreso a casa, tan agotado de mi trabajo, que no estoy en un estado de ánimo como para quitar a Rodolfo de encima de su madre para que ella pueda preparar la cena. El está agarrado de ella todo el tiempo. La verdad es que no sé cómo puede soportar esa carga. Ella ha de tener una mayor tolerancia a la frustración que yo.

Por favor, dígame si tiene alguna idea de lo que debemos hacer. Gracias, y que Dios le bendiga.

Carlos

Es difícil creer que un bebé de diez meses de edad, pudiera tomar el control completo de dos adultos maduros, y amoldarlos para que dieran satisfacción a sus caprichos, pero eso es precisamente lo que Rodolfo está haciendo. El se conforma al modelo de un niño pequeño de voluntad firme, que ya ha aprendido a manipular a sus padres para lograr sus propósitos. Si ellos lo acuestan a dormir o tan siquiera lo ponen en el suelo, o lo dejan en la guardería solo, o le dan las espaldas por un momento, comienza a gritar protestando. Y como son padres que aman la paz y la tranquilidad, teniendo gran necesidad de soledad y quietud, corren enseguida para satisfacer sus exigencias escandalosas antes que se ponga más inquieto. Al hacer esto, ellos "estimulan" su conducta de llanto, y garantizan la continuación de la misma.

Yo recomendaría a Carlos y Gina que, por una semana, le den de comer a Rodolfo, y le cambien el pañal, a eso de las siete de la noche, y luego lo dejen que llore solo, hasta que se duerma. Cuando este pequeño quede convencido de que el trabajo agotador de llorar continuamente no va a lograr su propósito, esa manera de comportarse va a desaparecer. Del mismo modo, debieran darle una cantidad suficiente de amor y atención, y luego ocuparse de sus otras obligaciones y actividades. Con el tiempo, Rodolfo entenderá el mensaje.

Por otra parte, sospecho que Rodolfo es un niño que en verdad tiene una voluntad firme. Si es así, sus padres pueden contar con que van a tener muchos más combates con él, en otros campos de batalla, durante los años que están por venir.[4]

¿ Por favor, describa la mejor forma de disciplinar a un niño de un año de edad.

Muchos niños comienzan a poner a prueba la autoridad de los padres durante el período de los 8 a los 14 meses de edad. Las confrontaciones son de poca importancia e infrecuentes antes del primer cumpleaños, pero se pueden notar los inicios de los conflictos futuros. Mi propia hija, por ejemplo, desafió a su mamá por primera vez cuando tenía nueve meses de edad. Mi esposa estaba encerando el suelo de la cocina cuando Danae gateó hasta el borde del linóleo. Shirley dijo: "No, Danae", haciéndole gestos para que no entrara en la cocina. Ya que nuestra hija comenzó a hablar desde muy temprano, ella entendió claramente el significado de la palabra "*no*". Pero a pesar de eso, continuó gateando en dirección a la pegajosa cera. Shirley la cargó y la sentó en la entrada de la cocina, mientras le decía: "No", con más firmeza. Sin desanimarse, Danae gateó de nuevo hacia el suelo recién encerado. Mi esposa volvió a sacarla, diciendo: "No", en un tono todavía más fuerte, mientras la ponía en el suelo. Siete veces se repitió la escena hasta que, al fin, Danae se rindió y llorando gateó en dirección contraria. Según podemos recordar, ése fue el primer choque entre la voluntad de mi hija y la de mi esposa. Muchos más de ellos tendrían lugar después.

¿Cómo disciplina un padre, o una madre, a un niño de un año de edad? ¡Con mucho cuidado y ternura! Es muy fácil distraer y hacer cambiar de idea a un niño de esa edad. En vez de quitarle bruscamente de la mano un reloj de pulsera, muéstrele alguna otra cosa de color brillante, y entonces esté preparado para agarrar el reloj tan pronto como lo suelte. Cuando suceden confrontaciones inevitables, como la que sucedió con Danae en el suelo encerado, obtenga la victoria por medio de la persistencia firme y no por medio del castigo. Por otra parte, no tenga temor de las lágrimas del niño, las cuales pueden convertirse en un arma poderosa para evitar la siesta, o la hora de dormir, o el tiempo de cambiarle el pañal. Tenga el valor de guiar al niño sin ser áspero, de mal genio o brusco.

En comparación con los meses que vendrán después, el período de la edad de un año es, por lo general, un tiempo de tranquilidad en la vida del niño.[5]

 ¿Es la "terrible edad de dos años", tan terrible en realidad?

Se ha dicho que todos los seres humanos se pueden clasificar en dos categorías amplias: los que votarían "sí" en las distintas proposiciones de la vida, y los que estarían inclinados a votar "no". Le puedo decir con confianza que todos los niños de dos años que hay en el mundo, sin duda alguna ¡votarían diciendo "no"! Si hay una palabra que caracteriza el período entre los quince y los veinticuatro meses de edad, es la palabra: ¡no! El niño *no* quiere comer el almuerzo, *no* quiere jugar con su camión, *no* quiere darse un baño, y usted puede estar seguro de que *no* quiere irse a la cama a ninguna hora en absoluto. Es fácil comprender por qué a este período de la vida se le ha llamado "la primera adolescencia", por causa de las respuestas negativas, el conflicto, y el desafío que tienen lugar durante esa edad del niño.

Quizá el aspecto de la "terrible edad de dos años" que produce más frustración, es la tendencia de los niños a derramar cosas, destruir cosas, comer cosas horribles, caerse de encima de cosas, echar cosas por el inodoro y meterse dentro de cosas. También tienen una habilidad para hacer cosas que avergüencen a los padres, como estornudar encima de alguien que está cerca. Durante ese tiempo en que el niño es pequeño, cualquier silencio inexplicable, por más de 30 segundos, mientras se encuentra solo en alguna habitación, puede producir un estado súbito de pánico en cualquier adulto. ¿Qué madre no ha sentido el escalofrío de abrir la puerta de su dormitorio y encontrar al "terrible Juanito" lleno de lápiz labial desde la cabeza hasta los pies? Y en la pared está la propia creación artística de él, con la impresión en rojo, de una mano en el centro, y por toda la habitación se siente el aroma del perfume caro de la madre, con el cual ha bañado a su hermanito. ¿No sería interesante tener alguna vez una convención nacional, en la que se reunieran todas las madres que alguna vez hayan experimentado el mismo trauma?

El cuadro suena desalentador, y tenemos que admitir que hay veces cuando un niño pequeño puede destruir la paz y tranquilidad del hogar. (A mi hijo Ryan le gustaba soplar burbujas con la boca en el recipiente de agua del perro, un juego que hasta ahora me horroriza.) Sin embargo, con todas sus luchas, no existe un tiempo más emocionante en la vida que este período de dinámico desarrollo, en el que el niño aprende nuevas palabras todos los días, y las expresiones verbales graciosas de esa edad se recordarán por medio siglo. Es un tiempo emocionante de cuentos de hadas, Santa Claus, los Reyes Magos y lindos cachorros. Pero, más importante que esto, ése es un tiempo precioso de amor y afecto, que habrá de pasar demasiado pronto. Hay millones de padres hoy, ya entrados en años, con hijos mayores, que darían todo lo que tienen por volver a vivir esos días felices cuando sus hijos eran pequeños.[6]

_i_   Es evidente que mi esposo y yo tenemos un hijo que es extremadamente desafiante, el cual ha insistido en salirse con la suya desde el día en que nació. Creo que nosotros le hemos sometido a disciplina y le hemos educado lo mejor posible, pero todavía se opone a todos los límites que tratamos de ponerle. ¿Puede usted decirme por qué me siento tan culpable y derrotada, aun cuando sé que he sido una buena madre?

Ese sentimiento de culpabilidad que usted está experimentando es muy común entre los padres de niños o niñas que tienen una voluntad firme, y es muy razonable que lo sea. Usted se encuentra entablando una lucha terrible que la deja frustrada y fatigada. Nadie le había dicho que la labor de criar a sus hijos sería tan difícil, y usted se echa la culpa por la tensión que continuamente está surgiendo. Usted y su esposo se habían hecho la idea de que iban a ser unos padres muy cariñosos y eficientes, que cada noche les leerían cuentos a sus angelitos a la hora de dormir. Pero la realidad se ha mostrado muy diferente, y esa diferencia está haciendo que usted se sienta deprimida.

Además, me he dado cuenta de que los padres cuyos hijos son obedientes no comprenden a sus amigos que tienen hijos desafiantes. Ellos aumentan la culpabilidad y ansiedad cuando insinúan: "Si ustedes estuvieran criando a sus hijos de la manera en que lo hacemos nosotros, no tendrían los problemas terribles que están teniendo con ellos". Permítame decir muy enfáticamente a los dos grupos, que el niño de voluntad firme puede ser difícil de controlar aunque sus padres lo traten con mucha habilidad y dedicación.

¿ **Nuestro hijo de dos años aún no sabe ir al baño solo, aunque mi suegra cree que ya debería saberlo. ¿Debo darle nalgadas porque se hace sus necesidades en los pantalones?**

No. Dígale a su suegra que tenga paciencia. Es muy posible que su hijo *no pueda* controlarse a esta edad. Lo que menos debe hacer, es darle nalgadas a un niño de dos años por una falta que él no puede comprender. Si tuviera que equivocarme en este asunto, preferiría tardarme demasiado en exigirle al niño que aprenda a ir al baño, que empezar demasiado pronto. Además, el mejor método de enseñarle a un niño a ir al baño solo, es con premios en lugar de castigos. Déle un dulce (sin azúcar) cada vez que sea capaz de hacer sus necesidades en el baño. Considérelo responsable cuando haya comprobado que él ya puede controlarse, y se ensucie en el pantalón.[7]

¿ **Yo me disgusto mucho porque mi hijo de dos años de edad no se queda sentado tranquilo en la iglesia. El sabe que no debe hacer ruido, pero da golpes con sus juguetes en el banco y a veces habla en voz alta. ¿Debo darle unas nalgadas por causar distracción?**

Su pregunta muestra que usted no comprende bien la naturaleza de los niños que están dando sus primeros pasos. La mayoría de los niños que tienen dos años de edad podrían cruzar a nado el océano Atlántico antes que poder estar sentados tranquilos en la iglesia. Ellos se mantienen en movimiento porque *tienen* que hacerlo así. Todo el tiempo que están despiertos es empleado en actividad, y esto es normal durante esta etapa de desarrollo. Así que, no recomiendo que su hijo sea castigado por su comportamiento. Creo que se le debería dejar en la guardería de la iglesia, donde puede sacudir hasta los cimientos sin perturbar el servicio de adoración. Si no hay guardería, sugiero que, si es económicamente posible, lo deje en la casa con una niñera, hasta que él tenga cuando menos tres años de edad.[8]

¿A qué edad se debe esperar que un niño se esté quieto en la iglesia?

Poder estar quieto en la iglesia es un ejemplo de desarrollo gradual del autocontrol. El niño aprenderá poco a poco durante los primeros años de su vida. Yo esperaría que quizás a los cuatro años de edad pudiera controlar su actividad y sentarse en la iglesia sin hacer mucha distracción escandalosa, aunque estuviera dibujando o mirando libros. Para la edad de los cinco años debería estar sentado a lo largo del servicio sin tirar cosas, mover los brazos en el aire, etcétera. Pero aun a esta edad, el castigo por hacer ruido no es apropiado, excepto en casos de desafío deliberado y voluntarioso.[9]

¿Tengo que castigar más a menudo a mi hija pequeña por tocar los objetos de porcelana, y los adornos de valor que tenemos en la casa? ¿Cómo puedo lograr que no toque estas cosas que se pueden romper?

Mi consejo es que los padres no castiguen a sus hijos pequeños por su comportamiento que es natural y necesario para aprender y desarrollarse. La exploración de su ambiente, por ejemplo, es de gran importancia para el estímulo intelectual. Usted y yo, como personas mayores, miramos un adorno de cristal y satisfacemos toda nuestra curiosidad por medio de nuestra inspección visual. Sin embargo, su pequeña hija necesita exponerlo a todos sus sentidos. Lo agarrará, tratará de saborearlo, lo olerá, lo agitará en el aire, lo golpeará contra la pared, lo tirará al suelo, y prestará atención al bonito sonido que producirá al hacerse pedazos. Por medio de ese proceso ella aprende un poco acerca de la gravedad, la diferencia entre las superficies que son ásperas y las que son lisas, la naturaleza frágil del cristal, y algunas cosas sorprendentes acerca del enojo de la madre.

No estoy sugiriendo que le permita a su hija que destruya su casa y todo lo que tiene en ella. Pero tampoco está bien esperar que no toque ninguna cosa. Los padres debieran quitar del alcance de sus hijos todos los objetos que son frágiles o peligrosos, y poner a lo largo del camino de ellos toda clase de cosas que les atraigan. Permítale a su hija el explorar todo lo que sea posible y, sin tener en cuenta el valor del objeto, nunca la castigue por tocar algo si ella *no sabía que le estaba prohibido hacerlo*. En cuanto a los objetos peligrosos como los enchufes eléctricos y las cocinas, además de otros pocos que no deben ser tocados, como los botones en la televisión, es posible y necesario enseñar y hacer cumplir la orden: "¡No toques eso!" Después que se le explique con claridad al niño lo que se espera de él, por lo regular, un golpecito en los dedos, o en las manos le hará desistir de volver a tocarlo.[10]

¿Cuándo se debiera castigar, aunque de manera poco severa, a un niño pequeño?

Se le debe castigar, ¡cuando abiertamente desafía las órdenes que le han sido dadas por sus padres! Si sale corriendo en la dirección contraria cuando se le llama, si tira violentamente la leche al suelo, si se pone a gritar y hace un berrinche a la hora de acostarse a dormir, si golpea a los amigos, éstas son las formas inaceptables de comportamiento, de las cuales los padres debieran hacerle desistir. Sin embargo, incluso en estas situaciones, muchas veces no es necesario darle nalgadas fuertes para eliminar su manera indeseable de comportarse. Darle un golpecito fuerte en los dedos será suficiente para comunicarle el mismo mensaje. Debieran reservarse las nalgadas para los momentos de mayor antagonismo que vendrán después que él haya crecido más.

Creo que es importante enfatizar este punto: los años en que el niño es pequeño son críticos en cuanto a la actitud futura de él hacia la autoridad. Es necesario que con paciencia se le enseñe a obedecer sin esperar que se comporte como un adulto.[11]

¿ **Mi hija de tres años, Anita, se porta mal conmigo en el supermercado. Sale corriendo cuando la llamo, y me exige que le compre bombones, chicles y caramelos. Cuando me niego a hacerlo, arma el berrinche más grande que usted se pueda imaginar. No quiero castigarla delante de tanta gente, y ella lo sabe. ¿Qué debo hacer?**

Si existen lugares donde los reglamentos y las restricciones normales no se aplican, entonces los hijos se portarán en esas zonas protegidas de una manera diferente de como se portarían en otros lugares. Le sugeriría que hable con Anita cuando vaya de nuevo a realizar compras. Dígale exactamente lo que usted espera, y aclárele que lo dice muy en serio. Y entonces, cuando vuelva a ocurrir lo mismo, llévela al auto o detrás del edificio y haga lo que usted hubiera hecho en casa. Ella va a aprender la lección.

En la ausencia de esta clase de dirección paternal o maternal, lejos del hogar, algunos niños se vuelven extremadamente desagradables y desafiantes, especialmente en lugares públicos. Quizás el mejor ejemplo de esto lo sea un niño de diez años, llamado Roberto, que era paciente de un buen amigo mío, el doctor William Slonecker, quien me dijo que su personal pediátrico se horrorizaba cada vez que Roberto se encontraba en la lista de pacientes. Desde que él llegaba, literalmente atacaba la clínica, agarrando los instrumentos y los expedientes. Lo único que su pasiva madre hacía era sacudir la cabeza aturdida.

Durante un examen físico el doctor Slonecker notó caries en los dientes de Roberto, y pensó que iba a tener que enviarlo a un dentista. Pero ¿cuál sería el que tendría ese honor? Recomendar como paciente a alguien como Roberto podría significar el fin de una amistad profesional. Finalmente, el doctor Slonecker decidió enviarlo a un dentista ya anciano que tenía fama de entender bien a los niños. La confrontación que tuvo lugar es uno de los momentos clásicos en la historia del conflicto humano.

Roberto llegó al consultorio del dentista, preparado para la batalla.

"Siéntate en la silla, jovencito", le dijo el dentista.

"¡Olvídese de eso!", contestó el muchacho.

"Hijo, te he dicho que te sientes en la silla, y eso es precisamente lo que quiero que hagas".

Roberto miró fijamente a su oponente, y luego contestó: "Si me obliga a sentarme en esa silla, voy a quitarme toda la ropa".

Tranquilamente, el dentista dijo: "Hijo, quítatela".

Con eso, el muchacho se quitó la camisa, la camiseta, los zapatos y los calcetines, y luego miró al dentista de manera desafiante.

"Está bien, hijo", dijo el dentista, "Ahora siéntate en la silla".

"Usted no me escuchó", declaró Roberto. "Dije que si me obligaba a sentarme en la silla, me quitaría *toda* la ropa".

"Hijo, quítatela", contestó el doctor.

Roberto se quitó el pantalón y los calzoncillos, y se paró totalmente desnudo ante el dentista y su asistente.

"Muy bien, ahora hijo, siéntate en la silla", le dijo el doctor.

Roberto hizo lo que le fue dicho, y se sentó obedientemente durante todo el tratamiento. Cuando las caries habían sido perforadas y rellenas, le ordenaron que se levantara de la silla.

"Déme ahora mi ropa", dijo el niño.

"Lo siento", contestó el dentista. "Dile a tu mamá que vamos a guardar tu ropa esta noche. Puede recogerla mañana".

¿Se imagina usted el sobresalto que sintió la madre cuando se abrió la puerta de la sala de espera, y apareció su hijo completamente desnudo? La sala estaba llena de pacientes, pero Roberto y su mamá pasaron por delante de ellos hacia el corredor, bajaron en el ascensor, y se dirigieron al estacionamiento, no haciendo caso de las risitas burlonas de los espectadores.

Al día siguiente, la madre de Roberto regresó para recoger la ropa de él, y pidió hablar con el dentista. Sin embargo, ella no venía a protestar. Expresando su sentir, dijo: "No sabe cuánto agradezco lo que sucedió aquí ayer. Verá usted, Roberto ha estado haciéndome chantaje con esto de la ropa por años. Cada vez que estamos en un lugar público, como en una tienda, él me exige cosas que no son razonables. Si no le compro de inmediato lo que me pide, me amenaza con que se va a quitar toda la ropa. Usted es la primera persona que le ha cogido la palabra, y ¡el impacto en Roberto ha sido increíble!"[12]

¿ **Sé que usted recomienda que las nalgadas deben ser relativamente infrecuentes durante los años en que el niño está empezando a andar. ¿Cuál otra técnica de disciplina se puede utilizar cuando un niño pequeño ha sido desobediente?**

Se puede exigir que el niño o la niña se siente en una silla y medite en lo que ha hecho. Los niños pequeños están llenos de energía, y de ninguna manera quieren estar aburridos por diez minutos mientras que sus traseros están pegados a una silla. Para algunos de ellos, este tipo de castigo puede ser aun más efectivo que una nalgada, y se recuerda más tiempo.[13]

¿ **¿Qué puedo hacer si mi hijo de tres años se niega a quedarse en la cama cuando lo acuesto por la noche? ¡Se baja de la cama mientras estoy allí parada diciéndole que se acueste!**

El padre o la madre que no puede obligar a un niño pequeño a quedarse en su silla o en su cama, aún no ha logrado tener control de él. No habrá ningún momento mejor que el de ahora para cambiar esta clase de relación.

Sugiero que ponga al niño en su cama y le dé un pequeño discurso, como: "Juanito, ahora *sí* tu mamá te habla en serio. ¿Me estás escuchando? *No* te bajes de esta cama. ¿Me entiendes?" Entonces, cuando ponga sus pies en el suelo, péguele una vez en las piernas con un cinto. Ponga el cinto en su tocador donde él lo pueda ver, y prométale que le va a pegar otra vez si se vuelve a levantar. Salga de la habitación confiadamente sin más comentario. Si se vuelve a levantar, cumpla su promesa y hágale la misma advertencia si no se queda en cama. Repita el episodio hasta que reconozca que usted es quien manda. Después, abrácelo y dígale que lo quiere, y recuérdele la importancia de que él descanse para que no se enferme. El propósito que usted tiene en este ejercicio doloroso (para usted y para él) no es tan sólo mantener al pequeño en cama, sino confirmar en su mente la autoridad de usted. En mi opinión, demasiados padres carecen del valor necesario para ganar este tipo de encuentro, quedando desconcertados y a la defensiva para siempre. En 1974, el doctor Benjamín Spock escribió: "A mi manera de pensar, el problema más común de los padres, hoy en día, es la falta de habilidad para ser firmes". Yo estoy de acuerdo.[14]

¿ **Tenemos un hijo al que adoptamos cuando tenía dos años. Fue tan maltratado durante los dos primeros años de su vida que mi esposo y yo no nos atrevemos a castigarle, incluso cuando lo merece. Además, pensamos que no tenemos derecho a disciplinarle porque no somos**

sus verdaderos padres. ¿Está bien lo que estamos haciendo?

Me temo que ustedes están cometiendo el error más común en que incurren los padres de hijos adoptivos. Se compadecen demasiado de los niños para poder controlarlos. Piensan que la vida ya ha sido muy dura con ellos, y no deben causarles más problemas por medio de la disciplina. Como usted ha indicado, a veces los padres creen que no tienen derecho a exigir nada de sus hijos adoptivos. Estas actitudes llenas de sentimientos de culpabilidad pueden tener consecuencias desastrosas. Los niños que han sido adoptados tienen la misma necesidad de ser guiados y disciplinados que los que viven con sus padres biológicos. Una de las maneras en que, con mayor facilidad, se puede hacer que un niño se sienta inseguro es tratarle como si fuera diferente, raro o frágil. Si los padres lo ven como un infeliz niño abandonado que necesita ser protegido, él se verá a sí mismo de igual manera.

También, es probable que a los padres de niños que están enfermos o tienen defectos físicos, les resulte difícil el disciplinarles. Un niño con un brazo lisiado o con alguna enfermedad que no es mortal, se puede convertir en una pequeña causa de terror, simplemente porque sus padres no han establecido límites a su conducta. Debemos recordar que la necesidad de ser controlado y guiado es casi universal durante la niñez; esta necesidad no es eliminada por el hecho de que existan otros problemas y dificultades en la vida. En algunos casos, el deseo del niño de tener límites es aumentado por otros problemas con los que se está enfrentando, porque es por medio del control amoroso que los padres expresan al niño el valor personal que él tiene.[15]

7

Comprendiendo el papel
de la disciplina

i **¿Por qué hay tanta confusión sobre el tema de la disciplina hoy en día? ¿Es tan difícil, en realidad, el criar a nuestros hijos como es debido?**

Los padres están confundidos porque muchos profesionales, que deberían saber más que eso, les están enseñando una forma de disciplinar a los niños que es ilógica e imposible de realizar. Algunos "expertos" en el desarrollo infantil han complicado las cosas, con filosofías permisivas que contradicen la misma naturaleza de los niños. Permítame mencionar un ejemplo. El libro titulado: *Growing Pains* [Dolores del crecimiento], consiste de preguntas y respuestas para los padres. Es publicado por la Academia Americana de Pediatría (un departamento de la Asociación de Médicos Americanos). La siguiente pregunta escrita por una madre está citada en el libro, junto con la respuesta provista por un pediatra:

UN NIÑO DA UN PORTAZO EN LAS NARICES DE LA MADRE

Pregunta: ¿Qué debe hacerse cuando un niño enojado le da con la puerta en las narices a uno?

Respuesta: Retroceda. Y después no haga nada hasta que esté convencido de que la ira del niño se ha calmado. Intentar razonar con una persona airada, es como golpearse la cabeza contra una pared.

Cuando el niño esté de buen humor, explíquele lo peligroso que puede ser el dar portazos. Puede llegar hasta el extremo de darle una descripción de cómo una persona puede perder un dedo como resultado de un portazo. Varias conversaciones de esta clase son suficientes, por lo general, para curar al niño que da portazos.

Qué inadecuada es esta respuesta, según mi punto de vista. El que la escribió no se dio cuenta de que el comportamiento del niño dando un portazo *no* es el verdadero problema en esta situación. Por el contrario, el niño estaba demostrando su desafío a la autoridad de la madre, y por *eso* debería habérsele considerado responsable. Más bien, se le dice a la madre que espere hasta que el niño esté de buen humor (y eso podría ser el próximo jueves), y que después le hable de los peligros de los portazos. Pero parece ser claro que el niño le estaba suplicando a su mamá que aceptara el reto, pero ella estaba en la otra habitación contando hasta diez para mantener la calma. Y todos debemos desearle "buena suerte" la próxima vez que haya un encuentro.

Como he dicho antes, los "grandes" consejeros de los padres no han presentado una línea de acción para ser aplicada en respuesta al desafío voluntario de un hijo. Por ejemplo, en la situación que acabo de describir, ¿qué debe hacer la madre hasta que el hijo se calme? ¿Qué debe hacer si él está rompiendo los muebles y escribiendo en la parte de atrás de la puerta que cerró de golpe? ¿Qué si la insulta, y golpea a su hermanita en la boca? Como usted ve, el *único* instrumento dado a la madre, por el escritor antes mencionado, es el *razonamiento* aplazado. Y, como todas las madres saben, el razonar con el niño es prácticamente inútil como respuesta a la ira y a la falta de respeto.

La naturaleza ha provisto a los niños con un lugar acolchonado de una manera maravillosa para que sea usado en los momentos de desafío arrogante, y quisiera que los "expertos" en disciplina estuvieran menos confundidos en cuanto al propósito adecuado del mismo.[1]

¿ **La "permisividad" es un término relativo. Por favor explique lo que significa para usted.**

Cuando utilizo el término "permisividad", me refiero a la ausencia de la autoridad efectiva de los padres, lo que trae como resultado la falta de límites en la conducta del hijo. Esta palabra representa falta de respeto de carácter infantil, rebeldía y la confusión general que tienen lugar cuando está ausente la dirección de los adultos.[2]

¿ **¿Piensa usted que los padres están empezando a valorar más la disciplina? ¿Se ha acabado la era de la permisividad?**

Los padres que intentaron poner en práctica la permisividad extrema, en la mayor parte, han visto cómo fracasó. Lamentablemente, muy pronto esos padres serán abuelos, y el mundo sacará poco provecho de su experiencia. Lo que me preocupa más es la clase de disciplina que pondrá en práctica la generación que ahora está llegando a la edad adulta. Muchos de estos nuevos padres nunca han visto el ejemplo de la buena disciplina. Además, en muchos casos se han aislado de la mejor fuente de información, al estar convencidos de que ninguna persona mayor de 30 años es digna de confianza. Será interesante ver cuál será el resultado de esta cita a ciegas entre la madre y su bebé.[3]

¿ **¿Es correcto decir que un niño de edad preescolar, indisciplinado, continuará desafiando a los padres hasta los últimos años de la niñez?**

Muchas veces sucede así. Cuando un padre o una madre no logra la victoria en las primeras confrontaciones que tiene con el niño, los conflictos que vienen después serán más difíciles de ganar. El padre o la madre que nunca gana, que es demasiado débil o está demasiado cansado o demasiado ocupado para ganar, está cometiendo un error costoso que, por lo general, habrá de causarle grandes problemas durante la adolescencia de su hijo. Si usted no puede lograr que un niño de cinco años de edad recoja sus juguetes, no es probable que pueda ejercer mucho control durante su adolescencia, que es el tiempo más desafiante de la vida. Es importante comprender que la adolescencia es una condensación, o composición, de toda la instrucción y conducta que ha tenido lugar antes. Es probable que cualquier problema, que no haya sido resuelto en los primeros 12 años, va a ponerse peor, y va a estallar durante la adolescencia. Por lo tanto, el tiempo apropiado para comenzar a desarmar la bomba de tiempo de la adolescencia, es 12 años antes que ella llegue.[4]

Mi primer año como maestra fue un desastre. Yo sentí un amor hacia mis estudiantes como si hubiesen sido mis propios hijos, pero ellos rechazaron mi cariño, por completo. Simplemente no pude controlarles. Desde entonces, he aprendido que los niños no pueden aceptar el amor hasta que han probado la fuerza y el valor de sus maestros. ¿Por qué cree usted que sucede esto?

No lo sé; pero todos los maestros competentes comprobarán el hecho de que el respeto a la autoridad tiene que venir antes que la aceptación del amor. Los maestros, que tratan de mostrar amor antes de ejercitar la disciplina, están destinados a tener problemas; hacer esto no produce resultados. (¡Por eso he recomendado, medio en broma, que los maestros no les sonrían a los alumnos hasta que, por lo menos, la mitad del año escolar!)

Quizá la experiencia más frustrante de mi carrera profesional ocurrió cuando fui invitado para dar una conferencia ante un grupo de universitarios que estaban estudiando para ser maestros. Fue en el año 1971, cuando las filosofías permisivas estaban desenfrenadas, especialmente en los recintos universitarios. La mayoría de estos hombres y mujeres estaban en su último año de estudios, y pronto estarían enseñando en sus propias aulas. Me sentí afligido al darme cuenta de que yo era incapaz de convencer a estos jóvenes idealistas del principio que usted ha observado. Ellos, en realidad, creían que podían dar rienda suelta al amor que sentían hacia sus estudiantes y obtener al instante el respeto de parte de estos rebeldes que habían estado en contra de todos. Sentí lástima por aquellos nuevos maestros que pronto se encontrarían en las junglas de las escuelas públicas, solos y llenos de temor. Sin duda estaban destinados a que su "amor" fuese rechazado, tal y como le sucedió a usted. *Los alumnos, simplemente, no pueden aceptar el amor de un maestro, hasta que saben que el que les está brindando ese amor es digno de su respeto.*

Usted quizá esté interesada en saber que he observado lo mismo en otras áreas de la vida, incluyendo la relación del hombre con Dios. Recuerde que Dios reveló su majestad, su ira y su justicia, a través del Antiguo Testamento, antes que se nos permitiera observar el incomparable amor de Jesús en el Nuevo Testamento. Parece que el respeto debe venir antes que el amor en todas las áreas de la vida.[5]

¿ **Algunos padres se sienten culpables de exigir el respeto de sus hijos, porque hacerlo pudiera ser una manera disimulada de sentirse poderosos e importantes. ¿Cuál es su opinión?**

No estoy de acuerdo. Es muy importante que el hijo respete a los padres, porque esa relación respetuosa provee la base para su actitud hacia todas las demás personas. Su idea de la autoridad de los padres se convierte en la piedra angular del concepto que tendrá más adelante de la autoridad de la escuela, la policía y la ley, las personas con las cuales finalmente va a vivir y trabajar, y la sociedad en general.

Otro motivo igualmente importante para mantener el respeto a los padres es que si usted quiere que su hijo acepte sus valores cuando llegue a la adolescencia, entonces usted debe ser digno de su respeto durante su infancia.

Cuando durante sus primeros 15 años, un hijo puede desafiar con éxito a sus padres, riéndose en sus caras y rechazando obstinadamente su autoridad, desarrolla un desprecio natural hacia ellos. "¡Papá y mamá son unos verdaderos tontos! Hago con ellos lo que se me antoja. Es cierto que me aman, pero en realidad creo que me tienen miedo". Puede ser que un niño no diga estas palabras, pero las siente cada vez que es más astuto que sus padres y gana las batallas que tiene con ellos. Más tarde, es probable que él demuestre su falta de respeto con más libertad. Sus padres no merecen su respeto, y no quiere identificarse con nada de lo que ellos representan. Rechaza por completo toda señal de su filosofía.

Este factor es importante para los padres cristianos que quieren convencer a sus hijos de su concepto de Dios. Primero tienen que convencer a sus hijos de que ellos mismos son dignos de respeto. Si ellos no son dignos del respeto de sus hijos, entonces tampoco lo es su religión, o sus conceptos morales, o su gobierno, o su país, o ninguno de sus valores. Esto se convierte en el "conflicto generacional" en su nivel más básico. Este conflicto no se produce debido a un fracaso en la comunicación; pues estamos hablando un mismo idioma. Mark Twain, famoso autor norteamericano, una vez dijo referente a la Biblia: "No son las cosas que no entiendo las que me preocupan, ¡sino las que entiendo!" De la misma manera, nuestras dificultades entre padres e hijos son más un resultado de lo que entendemos por medio de nuestra comunicación, que de nuestra confusión en cuanto al significado de las palabras. El conflicto entre las generaciones ocurre por causa de una ruptura del respeto mutuo, y tiene muchas consecuencias dolorosas.[6]

¿ Usted enfatiza mucho que a los niños se les debe enseñar a respetar la autoridad del padre y de la madre. Pero ¿no tiene dos caras esa moneda? ¿No tienen también los padres la responsabilidad de mostrar respeto hacia sus hijos?

¡Seguro que la tienen! Una madre no puede exigir que su hijo la trate con dignidad si ella no lo trata a él de la misma manera. Debe tratar con consideración el ego del niño, y no hablar con desprecio de él o avergonzarlo delante de sus amigos. El castigo se debe administrar fuera de los ojos de los curiosos. No se debe uno reír de él. Sus fuertes sentimientos y sus peticiones, aunque sean absurdos, deben ser evaluados con sinceridad. El niño debiera pensar que sus padres *realmente* se interesan en él. La autoestima es el atributo más frágil de la naturaleza humana; puede ser dañada por incidentes muy insignificantes, y muchas veces es difícil lograr su restauración. Un padre que critica a sus hijos de manera sarcástica y ofensiva, no puede esperar que ellos le respeten sinceramente. Los hijos quizá le tengan suficiente temor para ocultar su desprecio hacia él, pero la venganza terminará estallando al final de la adolescencia.[7]

¿ ¿Qué pasa por la mente de un niño cuando desafía abiertamente los deseos de sus padres?

Por lo general, los niños se dan cuenta de la lucha entre las voluntades de una y otra generación, y por eso la reacción de los padres es muy importante. Cuando un niño se comporta de una manera irrespetuosa o que puede causarle daño a él mismo o a otros, muchas veces su propósito oculto es verificar la estabilidad de los límites. Esta prueba es muy parecida a la misión de un policía que revisa las puertas de los negocios durante la noche. Aunque trata de abrirlas, espera que estén bien cerradas con llave. De la misma manera, el niño que ataca la autoridad amorosa de sus padres se siente muy tranquilo cuando su liderazgo permanece firme y seguro. El encuentra su mayor seguridad en un ambiente estructurado, donde los derechos de los demás (y los suyos) son protegidos por límites definidos.[8]

¿Podría explicar usted con más detalle por qué la *seguridad* de un niño está relacionada con la disciplina de los padres y con la estructura? Simplemente no logro entender este concepto. Supongo que he sido influenciado por los sicólogos y autores que enfatizan la importancia de que los niños crezcan en un ambiente de libertad y democracia dentro del hogar.

Después de haber trabajado con niños por más de 20 años, estoy bien convencido de que ellos adquieren confianza al saber dónde se encuentran sus límites y quién tiene la intención de imponer la obediencia. Quizás un ejemplo hará más clara esta idea. Imagínese que usted está manejando un auto por un puente que pasa sobre un desfiladero muy profundo. El puente se encuentra suspendido a cientos de metros sobre el fondo del cañón, y como usted lo está cruzando por primera vez se siente nervioso. Ahora bien, supongamos que no hubiera barandillas a los lados del puente, ¿por dónde manejaría usted el auto? ¡Exactamente por el centro del camino! Aunque usted no tiene la intención de chocar con esas barreras protectoras que están a los lados, se siente más seguro sólo porque sabe que están allí.

La analogía con los niños ha sido demostrada de una manera práctica. Durante los primeros años del movimiento educacional progresivo en los Estados Unidos, un teórico entusiasta decidió quitar la cerca que rodeaba el patio de recreo en un kindergarten. Había pensado que los niños se sentirían con más libertad para moverse, sin que los rodeara aquella barrera visible. Sin embargo, cuando quitaron la cerca los niños y las niñas se amontonaron cerca del centro del patio de recreo. No sólo no se alejaron sino que ni siquiera se atrevieron a ir cerca del borde del terreno.

Hay seguridad dentro de límites definidos. Cuando el ambiente del hogar es lo que debería ser, el niño vive completamente seguro. Nunca se mete en problemas a no ser que a propósito se los busque, y mientras que permanezca dentro de los límites, hay alegría, libertad y aprobación. Si esto es lo que quiere decir la "democracia" en el hogar, entonces estoy a favor de ella. Si lo que quiere decir es una ausencia de límites, o que el niño fije sus propios límites, entonces estoy inalterablemente opuesto a ella.[9]

Todo el mundo me dice que los niños aman la justicia, la ley y el orden. Si esto es cierto, ¿por qué no me responde mejor mi pequeño hijo cuando le estoy hablando de una manera razonable acerca de su mal comportamiento? ¿Por qué tengo que recurrir a alguna forma de castigo para lograr que me haga caso?

La respuesta se encuentra en un curioso sistema de valores de los niños el cual respeta el valor y la fuerza (cuando están combinados con amor). ¿Por qué otro motivo serían tan populares para los niños los legendarios Superman y la Mujer Maravilla? ¿Cuál otra podría ser la razón de que los niños declaren: "Mi papá es más fuerte que tu papá"? (Un niño contestó a esa declaración: "¿Y qué? ¡Hasta mi mamá es más fuerte que mi papá!")

Los niños y las niñas se preocupan acerca del asunto de "quién es más fuerte". Cada vez que un joven se muda a un nuevo vecindario o a una nueva escuela, por lo general tiene que luchar (ya sea verbal o físicamente) para establecerse en la jerarquía de la fuerza. Cualquier persona que entiende a los niños sabe que en cada grupo hay uno que es el "mandamás", y hay un pobre infeliz que hace todo lo que los demás quieren. Y cada niño, que se encuentra entre esos dos extremos, sabe cuál es su posición en relación con los otros.

Este respeto por el valor y la fuerza hace que los niños quieran saber también qué tan "fuertes" son los que les dirigen. De vez en cuando desobedecerán las instrucciones de los padres con la clara intención de poner a prueba la firmeza de los que tienen autoridad sobre ellos. Así que, si usted es padre, madre, abuelo, abuela, líder de muchachos exploradores, conductor de autobús, o maestro de escuela, puedo garantizarle que tarde o temprano, uno de los niños que están bajo su autoridad va a cerrar su pequeño puño y desafiar su liderazgo.

Este juego de desafío, que se llama: "Retando al jefe", puede ser jugado por niños muy pequeños con una habilidad sorprendente. Un padre me contó que había llevado a su hija de tres años a un juego de baloncesto, y al no tener ella interés en el juego, le permitió que anduviera por todos lados con libertad, y que se subiera en las gradas, pero le fijó límites bien definidos en cuanto a qué tan lejos podía ir. La llevó tomada de la mano hasta una línea que estaba pintada en el suelo del gimnasio. "Puedes jugar por dondequiera, Julieta, pero no te pases de esta línea", fueron las instrucciones que le dio. No había hecho nada más que regresar él a su asiento, cuando la pequeña corrió en dirección del territorio prohibido. Se paró junto al límite por un momento, entonces volvió la cabeza mirando al padre por encima del hombro con una sonrisa burlona, e intencionalmente colocó un pie al otro lado de la línea como si dijera: "Y ¿qué vas a hacer ahora?" La misma pregunta les ha sido hecha en una u otra ocasión, a casi todos los padres del mundo.

Todos los seres humanos se encuentran afectados por esta tendencia al desafío voluntario o intencional. Dios les dijo a Adán y Eva que podían comer del fruto de cualquier árbol en el huerto del Edén excepto de uno. Sin embargo, ellos retaron la autoridad del Todopoderoso al desobedecer deliberadamente su mandamiento. Quizás esta tendencia hacia la voluntad propia es la esencia del "pecado original" que se ha infiltrado en la familia humana. Sin duda es el motivo por el que enfatizo tanto la reacción apropiada ante el desafío voluntario durante la niñez, porque esa rebelión puede sembrar las semillas del desastre personal. La mala hierba llena de espinas que produce, puede llegar a ser todo un campo de espinas enredadas durante los días turbulentos de la adolescencia.

Cuando los padres se niegan a aceptar el desafío de su hijo, algo cambia en la relación que existe entre ellos. El pequeño comienza a ver a su padre y a su madre con falta de respeto; no son merecedores de su lealtad. Lo más importante es que él se pregunta por qué le permiten hacer cosas que son perjudiciales si realmente le aman. La mayor paradoja de la infancia es que los niños y las niñas quieren ser guiados por sus padres, pero insisten en que ellos se ganen el derecho a guiarles.[10]

¿ **¿No es nuestra meta el producir hijos con autodisciplina y autoconfianza? Si es así, ¿cómo puede convertirse el método que usted propone de disciplina *externa* en un control *interno*?**

Usted ha hecho una pregunta provocativa, pero, según mi opinión, revela una idea equivocada de los niños. Existen muchas autoridades que sugieren que los padres no disciplinen a los hijos por la razón que usted insinúa en su pregunta: quieren que ellos se disciplinen a sí mismos. Pero ya que los jóvenes carecen de la madurez necesaria para producir ese dominio propio, cometen errores durante la niñez sin experimentar *ni* la disciplina interna *ni* la externa. Por lo tanto comienzan la vida de adulto, sin jamás haber terminado una tarea desagradable, o haber aceptado una orden que no les gustó, o haber cedido a la dirección de los mayores. ¿Podremos esperar que tal persona ejercite la autodisciplina cuando sea un joven adulto? Yo pienso que no. Ni siquiera sabe lo que significa la palabra disciplina.

Mi concepto es que los padres debieran familiarizar al hijo con la disciplina y el dominio propio, por medio del uso de influencias externas, cuando es joven. Al obligarle a comportarse con responsabilidad, él o ella obtiene una experiencia valiosa en el control de sus propios impulsos y recursos. Luego, a medida que va acercándose a la adolescencia, la responsabilidad es transferida, de año en año, de los hombros de los padres directamente a los del hijo, o hija. Ya no es necesario obligarle a hacer lo que ha aprendido durante los años anteriores. Como ilustración, diré que cuando un niño o niña es joven se le debiera *obligar* a mantener su habitación relativamente ordenada. Después, a mediados de la adolescencia, su autodisciplina debería asumir la dirección, y proveer la motivación para continuar la tarea. Si no es así, los padres debieran cerrar la puerta y dejarle que viva en una pocilga.[11]

¿   He oído hablar mucho de las clases en varias partes de los Estados Unidos llamadas: "Entrenamiento para ser padres efectivos". ¿Cuál es la opinión de usted referente a estos cursos?

El doctor Thomas Gordon es el creador de este programa, el cual se ha extendido mucho. Hay más de 8000 clases que se llevan a cabo a través del país. Estas sesiones ofrecen algunas sugerencias que valen la pena en cuanto a aprender a escuchar, en el uso de las negociaciones entre padres e hijos y en el cultivo de la tolerancia de los padres.

Sin embargo, mi punto de vista es que hay grandes errores en la filosofía del doctor Gordon que influyen mucho más que los beneficios. Son: (1) el hecho de que no entiende el papel apropiado de la autoridad dentro del hogar; (2) su punto de vista humanístico que enseña que los niños nacen siendo buenos, y que aprenden a hacer lo malo; (3) su tendencia a debilitar la decisión de los padres de inculcar principios espirituales de manera sistemática durante los años en que el niño aprende fácilmente.[12]

¿   Quisiera comparar el método de disciplina de usted con el del doctor Thomas Gordon. El suele citar el ejemplo de un niño que pone sus pies sobre un mueble costoso de la sala. Sus padres se enojan por esto y le ordenan que quite sus zapatos sucios de encima de la silla o la mesa de centro. Gordon entonces muestra cómo esos

mismos padres hubieran sido mucho más educados si un amigo adulto hubiera cometido la misma indiscreción. Quizá le hubieran pedido con cortesía que quitara sus zapatos de encima del mueble, pero de ninguna manera hubieran sentido la necesidad de disciplinar o criticar al visitante adulto. Entonces el doctor Gordon pregunta: "¿No son personas también los niños? ¿Por qué no los tratamos con el mismo respeto que tratamos a nuestras amistades adultas?" ¿Quiere usted comentar sobre este ejemplo?

He escuchado al doctor Gordon relatar el mismo ejemplo, y pienso que contiene tanto verdad como distorsión. Si lo que él quiere decir es que necesitamos ser más amables y respetuosos al tratar con nuestros hijos, sin duda estoy de acuerdo. Sin embargo, comparar a nuestros hijos con los amigos adultos que nos visitan es un error de razonamiento. Yo no tengo *ninguna* responsabilidad de enseñarles modales y cortesía a mis visitantes, pero sin duda tengo la obligación de hacerlo con mis hijos. Además, este ejemplo insinúa que los niños y los adultos piensan y actúan de manera idéntica y tienen las mismas necesidades. Esto no es así. El niño suele comportarse de manera ofensiva precisamente con el propósito de probar el valor de sus padres. El quiere que ellos establezcan límites fijos. En comparación, el invitado que pone los pies encima de la mesa de centro probablemente esté actuando por ignorancia o falta de sensibilidad.

Pero lo más importante es que este ejemplo astutamente cambia la definición de la relación tradicional de los padres con los hijos. En vez de tener la responsabilidad directa de entrenarlos, enseñarlos y dirigirlos, mamá y papá han llegado a ser personas iguales a él, que cautelosamente sólo pueden esperar que su pequeño "invitado" independiente entienda poco a poco cómo debe comportarse.

No, nuestros hijos no son invitados casuales en nuestro hogar. Los tenemos como préstamo temporal con el propósito de amarlos e inculcarles el fundamento de los valores sobre el cual se construirán sus vidas futuras. Y nosotros tendremos que rendir cuentas por toda la eternidad por la manera en que llevamos a cabo esa responsabilidad.[13]

¿ **El doctor Gordon, entre otros, condena el uso de "poder" de los padres, al cual define como sinónimo de la autoridad de los padres. ¿Iguala usted el significado de estas dos palabras?**

No, y ésta es una importante distinción entre la opinión del doctor Gordon acerca de la manera apropiada de criar a los hijos y la mía. Sus escritos dan a entender que ve toda autoridad como una forma de opresión injusta. A mi juicio, los dos conceptos son tan distintos como el amor y el odio. El poder de los padres podría ser definido como una forma hostil de manipulación cuyo fin es satisfacer los propósitos egoístas de los adultos. Asimismo, hace caso omiso de los intereses del niño, los cuales pisotea, y produce una relación de temor e intimidación. Los instructores de ejercicios en la infantería de marina algunas veces han hecho uso de esta clase de poder para adoctrinar a los reclutas.

En contraste, la autoridad apropiada se define como *liderazgo* amoroso. Si no hay quienes tomen decisiones y otros que estén dispuestos a seguirlas, la confusión y el desorden en las relaciones humanas son inevitables. La autoridad ejercida con amor es lo que mantiene unido al orden social, y es completamente necesaria para el sano funcionamiento de la familia.

Hay ocasiones en las que le digo a mi hijo: "Ryan, estás cansado porque te acostaste muy tarde anoche. Quiero que te laves los dientes ahora mismo y te pongas la pijama". Mis palabras pueden sonar como una sugerencia, pero Ryan sería prudente al recordar quién se las está diciendo. Si eso es el "poder" de los padres, de acuerdo con la definición del doctor Gordon, entonces que así sea. No siempre tengo tiempo para negociar. Tengo la *autoridad* para hacer lo que creo que es mejor para Ryan, y hay ocasiones cuando no espero que negociemos, sino que él *obedezca*. Y tengo que decir algo que es sumamente importante: el que él aprenda a someterse a mi dirección amorosa es un entrenamiento excelente para su posterior sometimiento a la amorosa autoridad de Dios. Esto es algo muy distinto del uso del poder malintencionado y hostil, como resultado del hecho de que yo puedo más que él.[14]

ℹ ¿Qué me dice usted de la sugerencia del doctor Gordon de que al comunicarnos, nos enfoquemos a nosotros mismos en lugar de enfocar a la otra persona?

Hay bastante verdad en la idea básica. La comunicación que me enfoca a mí puede servir para expresarle a la otra persona que deseo que cambie o mejore sin ofenderla: "Diana, me da vergüenza cuando nuestros vecinos ven tu habitación desarreglada. Me gustaría que la arreglaras". En contraste, un mensaje que enfoca a la otra persona suele atacarla y ponerla a la defensiva: "¿Por qué no levantas tus cosas? ¡Eres imposible Diana, te vuelves cada vez más desordenada e irresponsable!" Estoy de acuerdo con el doctor Gordon en que el primer método de comunicación generalmente es superior al segundo, y hay sabiduría en recomendarlo.

Sin embargo, supongamos que llevo a mi hijo de cuatro años al supermercado donde él quebranta todos los reglamentos conocidos. Hace un berrinche porque no le compro un globo, le pega a la hija de otro cliente, llena sus manos de dulces en la caja registradora. Cuando saque a mi lindo hijo de la tienda, sin duda va a escuchar algunos mensajes dirigidos a su persona, como por ejemplo: "Cuando *tú* llegues a casa, jovencito, ¡*tú* vas a recibir unas cuantas nalgadas!"

Vuelvo a repetir, desde mi perspectiva, hay ocasiones en la vida de un padre o una madre cuando no habla como un igual o un compañero o un amigo, sino que habla con *autoridad*. Y bajo esas circunstancias serán más apropiados los mensajes dirigidos a la persona en lugar de una expresión de frustración personal.[15]

¿ **El doctor Gordon dice que los padres no pueden saber lo que es mejor para sus hijos. ¿Cree usted que puede tomar decisiones importantes, en beneficio de sus hijos, con una confianza inquebrantable? ¿Cómo puede saber que, finalmente, lo que está haciendo habrá de ser bueno para ellos?**

Como padre, sin duda voy a cometer errores. No puedo ocultar mis debilidades humanas, y mis hijos ocasionalmente serán víctimas de estas imperfecciones. Pero no puedo renunciar a mi responsabilidad de proveer liderazgo, simplemente porque carezco de sabiduría y comprensión infinitas. Además, poseo más experiencia y una mejor perspectiva, en las cuales puedo basar esas decisiones, que las que poseen mis hijos en este momento.

Quizás un ejemplo común sirva de ilustración: Mi hija tenía un hámster domesticado, que tenía pasión por la libertad. Cada noche se pasaba un buen rato mordiendo las barras de metal de la jaula, y queriendo sacar la cabeza a través de su puerta. Una noche estuve observándolo mientras estaba ocupado tratando de escapar. Pero yo no era el único que estaba observándolo. A sólo una corta distancia, estaba sentado entre las sombras nuestro perro, con sus orejas levantadas, su mirada de reojo, y su lengua jadeante, que revelaban sus pensamientos siniestros. El perro estaba pensando: "Anda, ¡logra la libertad! Muerde esas barras, y ¡te daré una emoción que nunca has experimentado!"

Pensé, qué interesante era que el deseo más grande de aquel hámster habría de traerle la muerte instantánea si fuera tan desventurado como para lograrlo. Simplemente, carecía de la perspectiva para darse cuenta de la insensatez de sus deseos. Existen ocasiones en las que los deseos de nuestros hijos serían perjudiciales o desastrosos si les fueran concedidos. Ellos quisieran acostarse a dormir a la media noche y no hacer sus tareas escolares, y ver una infinidad de dibujos animados en la televisión, y comer helado de chocolate a más no poder. Y años más tarde, es posible que no vieran el perjuicio del abuso de las drogas y de las relaciones sexuales fuera del matrimonio, así como de una vida de diversión y juegos sin interrupción. Como el hámster, ellos carecen de la "perspectiva" para observar los peligros que acechan en la oscuridad. Lamentablemente, muchos jóvenes son "devorados" antes que sepan que han cometido un error fatal.

Entonces, mientras observaba al hámster, mis pensamientos vagaron un poco más. Pensé acerca de mi propia relación con Dios y las peticiones que le hago personalmente en oración. Me pregunté cuántas veces le he pedido que abra la puerta de mi "jaula" sin apreciar la seguridad que la misma proveía. Decidí que en el futuro, yo aceptaría sus respuestas negativas con mayor sumisión.

Volviendo a nuestra pregunta, déjeme repetir que mis decisiones a favor de mis hijos no reflejan una sabiduría infinita. Sin embargo, sí proceden de mi amor por ellos y de un intenso deseo de hacer mi labor como padre lo mejor que puedo. Aparte de eso, el resultado final se lo entrego a Dios casi todos los días de mi vida.[16]

¿ **Mis padres eran severos en la disciplina cuando yo era niña, y les tenía miedo a los dos. Mi prima, en cambio, creció en un hogar en el que había muy pocas reglas. Ella fue una niña mimada en aquel tiempo, y aún hoy en día es una persona egoísta. ¿Quiere usted comparar estos dos métodos de criar niños: el método autoritario y el permisivo, y describir sus efectos en ellos?**

En mi opinión, los dos son igualmente perjudiciales para los niños. En el lado de la severidad, el niño sufre la humillación de ser dominado totalmente. El ambiente del hogar es frío y rígido, y él vive con el constante temor del castigo. Es incapaz de tomar sus propias decisiones, y su personalidad es aplastada bajo la pesada bota del poder de los padres. Características duraderas de dependencia, hostilidad y hasta sicosis pueden surgir de esta opresión autoritaria. El método opuesto: la tolerancia excesiva, es igualmente trágico. En este ambiente, el niño es su propio amo desde su más tierna infancia. Cree que el mundo gira alrededor de su imperio voluntarioso, y con frecuencia desprecia por completo a los que le rodean y les falta al respeto. La anarquía y el caos reinan en su hogar, y a menudo su madre es la mujer más nerviosa y frustrada del vecindario. Cuando el niño es pequeño, su madre se queda sola en la casa con él porque se siente muy avergonzada de llevar a la pequeña fiera a cualquier parte. Más tarde a él le resulta difícil someterse a otros, fuera del hogar, que son símbolos de autoridad, como: maestros, policías, pastores o incluso Dios.

Quiero enfatizar que los dos extremos, la actitud autoritaria y la de tolerancia excesiva, son desastrosos para el bienestar del niño. La seguridad se halla solamente en el término medio, y algunas veces los padres tienen dificultad para encontrarlo.[17]

¿ **Usted ha dicho que su filosofía de la disciplina (y en general sus consejos para la familia) fue sacada de la Biblia. ¿En qué pasajes bíblicos basa usted sus opiniones, y especialmente, sus ideas sobre la voluntad y el espíritu?**

Existe una doble responsabilidad que ha sido asignada a los padres, y que aparece en muchas partes de la Biblia, pero de la que se habla muy claramente en dos pasajes.

FORMACION DE LA VOLUNTAD

Que [el padre] gobierne bien su casa, que tenga a sus hijos en sujeción con toda honestidad.

1 Timoteo 3:4

PRESERVACION DEL ESPIRITU

Hijos, obedeced en el Señor a vuestros padres, porque esto es justo. Honra a tu padre y a tu madre, que es el primer mandamiento con promesa; para que te vaya bien, y seas de larga vida sobre la tierra. Y vosotros, padres, no provoquéis a ira a vuestros hijos, sino criadlos en disciplina y amonestación del Señor.

Efesios 6:1-4

Es muy importante que en el segundo pasaje se les ordena a los hijos que obedezcan a sus padres, pero inmediatamente se les dan advertencias a los padres en cuanto a los límites de la disciplina. Encontramos la misma regla en Colosenses 3:20-21, donde dice:

Hijos, obedeced a vuestros padres en todo, porque esto agrada al Señor. Padres, no exasperéis a vuestros hijos, para que no se desalienten.

Otro pasaje de la Biblia, que también es mi favorito, deja en claro que la relación del padre con el hijo debe seguir el modelo de la relación de Dios con el hombre. En su belleza suprema, esa interacción está caracterizada por un amor abundante, un amor sin paralelo en ternura y misericordia. Este es el mismo amor que mueve al padre bondadoso a guiar, corregir, e incluso causarle algún dolor al hijo, cuando esto es necesario para su propio bien.

Hijo mío, no menosprecies la disciplina del Señor, ni desmayes cuando eres reprendido por él; porque el Señor al que ama, disciplina [Nota: La disciplina y el amor obran juntos; uno siendo función del otro], y azota a todo el que recibe por hijo. Si soportáis la disciplina, Dios os trata como a hijos; porque ¿qué hijo es aquel a quien el padre no disciplina? Pero si se os deja sin disciplina, de la cual todos han sido participantes, entonces sois bastardos, y no hijos. Por otra parte, tuvimos a nuestros padres terrenales que nos disciplinaban, y los venerábamos. [Nota: la relación entre la disciplina y el respeto se reconocía hace más de 2000 años] ... Es verdad que ninguna disciplina al presente parece ser causa de gozo, sino de tristeza; pero después da fruto apacible de justicia a los que en ella han sido ejercitados.

Hebreos 12:5-9,11

El libro de Proverbios está repleto de instrucciones similares para los padres en cuanto a la importancia de la autoridad y la disciplina. Permítame dar algunos ejemplos:

La necedad está ligada en el corazón del muchacho; mas la vara de la corrección la alejará de él.

Proverbios 22:15

No rehúses corregir al muchacho; porque si lo castigas con vara, no morirá. Lo castigarás con vara, y librarás su alma del Seol.

Proverbios 23:13,14

El que detiene el castigo, a su hijo aborrece; mas el que lo ama, desde temprano lo corrige.

Proverbios 13:24

La vara y la corrección dan sabiduría; mas el muchacho consentido avergonzará a su madre.

Proverbios 29:15

Corrige a tu hijo, y te dará descanso, y dará alegría a tu alma.

Proverbios 29:17

¿Por qué es tan fuertemente apoyada la autoridad de los padres a través de toda la Biblia? ¿Será porque simplemente está satisfaciendo los caprichos de los adultos que desean tener más poder como suponen algunos educadores modernos? ¡No! ¡Es porque el liderazgo de los padres desempeña un papel muy importante en el desarrollo del niño! Al aprender a ceder a la autoridad amorosa de sus padres, el niño aprende a someterse a otras formas de autoridad con las que se enfrentará más tarde en la vida. La forma en que él ve el liderazgo de sus padres marca la pauta para sus futuras relaciones con sus maestros, directores, policía, vecinos y patrones. Estas formas de autoridad son necesarias para las relaciones humanas sanas. Sin el respeto hacia la autoridad, existen la anarquía, el caos y la confusión para todos. Y, fundamentalmente, el respeto a la autoridad terrenal enseña a los niños a ceder a la autoridad bondadosa de Dios.

En este asunto, y en otros que están relacionados con él, la Biblia ofrece un fundamento firme, sobre el cual podemos edificar una filosofía efectiva de las relaciones entre padres e hijos. Yo creo que nos hemos apartado de la norma que claramente se nos explica en términos generales, en el Antiguo Testamento, y en el Nuevo; y ese alejamiento nos está costando caro en la forma de desorden social. El dominio propio, la amabilidad, el respeto, y la tranquilidad, pueden manifestarse de nuevo si regresamos a este recurso fundamental, en nuestros hogares y en nuestras escuelas.

8

Cómo disciplinar

Reconozco, filosóficamente, la necesidad de tener control de mis hijos. Pero esto no es suficiente para ayudarme a disciplinarles como es debido. ¿Podría darme usted algunas instrucciones que me ayuden, paso a paso, a hacer la tarea correctamente?

Muy bien, permítame darle una idea general de seis principios amplios que yo creo que usted podrá aplicar. Estos principios representan la esencia de mi filosofía de la disciplina.

Primero: Establezca los límites antes de hacerlos cumplir. El paso más importante en cualquier procedimiento disciplinario, es establecer expectativas y límites que son razonables, *con anticipación*. El niño debería saber cuál es la conducta aceptable, y cuál no es, *antes* que se le considere responsable del cumplimiento de las reglas. Esta condición previa eliminará la sensación abrumadora de injusticia que el niño tiene cuando es castigado por sus accidentes y errores. Si usted no ha indicado de manera precisa cuáles son las reglas, ¡no haga que sean cumplidas!

Segundo: Cuando su hijo le desafíe voluntariamente, responda de manera confiada y decisiva. Una vez que ha comprendido lo que se espera de él, debería ser considerado responsable de comportarse como corresponde. Eso parece fácil, pero como hemos visto, la mayoría de los niños atacarán la autoridad de los mayores y retarán su derecho de dirigirlos. En un momento de rebelión, un niño pequeño pensará en los deseos de sus padres y de manera desafiante escogerá desobedecer. Como el general de un ejército antes de una batalla, calculará los riesgos posibles, pondrá en orden sus fuerzas, y atacará al enemigo disparando sus armas de fuego. Cuando tiene lugar ese encuentro directo entre padres e hijos, es *sumamente* importante que con total confianza el adulto gane de manera decisiva. El hijo ha dado a entender claramente, que quiere luchar, y ¡los padres serían prudentes si lo complacen! *Nada* es más destructivo para el liderazgo de los padres que cuando mamá o papá se desintegran durante la lucha. Cuando los padres pierden constantemente estas batallas, llegando a recurrir a las lágrimas y los gritos, entre otras evidencias de frustración, ocurren algunos cambios dramáticos en la manera en que sus hijos los "ven". En vez de ser líderes seguros y confiados, se han convertido en cobardes que no merecen ni su respeto ni su lealtad.

Tercero: Distinga entre el desafío voluntario y la irresponsabilidad infantil. El niño no debería recibir una nalgada por un comportamiento que no es intencionalmente desafiante. Cuando él se olvida de darle de comer al perro, o hacer su cama, o sacar la basura, o cuando pierde su bicicleta, recuerde que estas formas de conducta son típicas de la niñez. Lo más probable es que sea el mecanismo sicológico por medio del cual su mente inmadura es protegida de las ansiedades y presiones de los adultos. Sea amable al enseñarle a hacer las cosas mejor. Si él no responde a la instrucción paciente de usted, entonces es conveniente que se le administre algún castigo bien definido (tal vez hacerle trabajar para que pague por la cosa de la cual hizo un mal uso, o no dejarle que disfrute de ella, etcétera).

Cuarto: Restaure la confianza del hijo e instrúyale, cuando el encuentro haya terminado. Después de un tiempo de conflicto, durante el cual el padre ha mostrado su derecho de dirigir (en particular si el niño terminó llorando), es posible que el niño que tiene entre dos y siete años de edad (o mayor) quiera que se le exprese amor y la confianza le sea restaurada. Por supuesto, ¡extiéndale los brazos y déjele venir a usted! Abrácelo, apretándolo contra su pecho, y dígale que le ama. Acarícielo tiernamente, y hágale saber otra vez, por qué fue castigado y cómo puede evitar volver a tener el mismo problema. Este momento de comunicación fortalece el amor, la fidelidad y la unión de la familia. Y para la familia cristiana es muy importante orar con el niño en ese momento, confesando delante de Dios que *todos* hemos pecado y nadie es perfecto. El perdón divino es una experiencia maravillosa, incluso para un niño que es muy pequeño.

Quinto: Evite hacer exigencias que son imposibles de cumplir. Asegúrese por completo de que su hijo tiene la capacidad de hacer lo que usted está exigiendo de él. Nunca lo castigue por orinarse involuntariamente en la cama, o por no haber aprendido todavía, a la edad de un año, a controlar sus necesidades físicas e ir al baño solo, o por no obtener buenas notas en la escuela cuando no tiene la capacidad para lograr el éxito escolar. Estas exigencias, que son imposibles de cumplir, ponen al niño en un conflicto que no puede resolver: es, en realidad, un conflicto que no tiene solución y que le produce un daño inevitable a su sistema emocional.

Sexto: ¡Permita que el amor sea su guía! Una relación, que está caracterizada por cariño y amor sinceros, probablemente es una que se encuentra en buenas condiciones, aun cuando es inevitable que los padres cometan algunos errores.[1]

¿ Quiero dirigir como es debido a mi hijo de voluntad firme, pero tengo temor de quebrantar su espíritu y dañar sus emociones de alguna manera. ¿Cómo puedo enfrentarme a su mala conducta sin lastimar su concepto de sí mismo?

Tengo la impresión de que usted no ve con claridad la diferencia entre quebrantar el *espíritu* de un niño y moldear su *voluntad*. El espíritu humano, según mi definición, está relacionado con la autoestima o el valor personal que el niño siente. Como tal, es sumamente frágil a *cualquier* edad, y debe ser tratado con cuidado. Como padre, usted está en lo cierto al imaginarse que puede dañar el espíritu de su hijo con mucha facilidad... poniéndolo en ridículo, faltándole al respeto, amenazándole con dejar de amarle, y rechazándole verbalmente. *Todo* lo que rebaja su autoestima puede ser costoso para su espíritu.

Sin embargo, aunque el espíritu es frágil y debe ser tratado con cuidado, la voluntad está hecha de acero. Es uno de los pocos componentes de nuestras facultades intelectuales que llega con plena fuerza en el momento de nacer. En una publicación de la revista *Psychology Today*, salió este titular que describe los resultados de una investigación sobre la infancia: "El bebé sabe quién es, antes que pueda hablar para decírnoslo. Deliberadamente intenta controlar su ambiente, y sobre todo a sus padres". Este descubrimiento científico no es una nueva revelación para los padres de un niño de voluntad firme. Ellos se han pasado horas escuchando a este pequeño dictador mientras expresaba bien claramente sus deseos y exigencias.

Más adelante, un niño pequeño, que es desafiante, puede enojarse tanto que es capaz de aguantar la respiración hasta perder el conocimiento. Cualquier persona, que alguna vez ha presenciado esta clase de desafío voluntario en su plenitud, se ha quedado asombrada de su poder. Recientemente, un niño obstinado de tres años se negó a obedecer una orden directa de su madre, diciendo: "Tú no eres nada más que mi *mamá*, ¿sabes?" Otra madre me escribió diciéndome que había tenido una confrontación con su hijo de tres años, por algo que ella quería que él comiera. El niño se enfureció de tal manera, por su insistencia, que durante dos días se negó a comer o a beber *nada*. Y a pesar de que se debilitó y se produjo en él un estado de somnolencia, se mantuvo firme en su negativa. Como era de esperar, la madre estaba muy preocupada y agobiada por sentimientos de culpabilidad. Finalmente, desesperado, el padre miró al hijo en los ojos, y lo convenció de que iba a recibir una nalgada bien merecida si seguía negándose a comer. Con esa maniobra, se terminó la contienda. El niño se rindió, comenzó a comer todo lo que tenía a su alcance, y casi vació el refrigerador.

Ahora bien, dígame, por favor, ¿por qué hay tan pocos expertos en el desarrollo infantil que reconocen este desafío voluntario? ¿Por qué se ha escrito tan poco sobre ello? Creo que esto se debe a que el reconocer la imperfección infantil no estaría de acuerdo con el concepto humanista de que los niños son buenos, y que simplemente "aprenden" a hacer lo malo. A los que sostienen esa opinión de color de rosa, sólo puedo decirles: "¡Vuelvan a mirar!"

Regresando a la pregunta, diré que, como padre, el objetivo es moldear la voluntad de su hijo, al mismo tiempo que deja el espíritu intacto.[2]

¿? **Entonces, ¿cómo puedo lograr eso? ¿Cómo puedo moldear la voluntad de mi hijo de nueve años sin dañar su espíritu?**

Esto se logra al establecer límites razonables y hacerlos cumplir con amor, pero evitando cualquier insinuación de que el niño no es deseado, es innecesario, feo, tonto, una carga, una vergüenza o un error desastroso. Cualquier acusación que daña el valor del niño de esta manera puede ser costosa, como por ejemplo: "¡Eres muy tonto!", o: "¿Por qué no puedes sacar notas sobresalientes como las de tu hermana?", o: "¡Has sido un problema para mí desde el día en que naciste!"

Más bien, le sugeriría que respondiera de modo decisivo la próxima vez que su hijo se comporte de una manera que sea evidentemente desafiante. No debe gritarle o acusarle con comentarios despectivos, aunque él debe darse cuenta pronto de que usted habla en serio. Probablemente le debe dar una nalgada y mandarlo a acostar una o dos horas antes de lo acostumbrado. A la mañana siguiente, hablé con él acerca del asunto de manera razonable, asegurándole que usted lo sigue amando, y entonces comiencen de nuevo como si nada hubiera sucedido. La mayoría de los niños preadolescentes reaccionan maravillosamente a esta unión de amor y disciplina firme. Es una combinación insuperable.[3]

¿? **Mi esposa y yo tenemos una hija de voluntad firme, que es increíblemente difícil de controlar. Creo, con toda sinceridad, que estamos haciendo una labor tan buena como la que podrían hacer otros padres. Sin embargo, aún quebranta las reglas y desafía nuestra autoridad. Supongo que necesito recibir unas palabras de aliento. En primer lugar, por favor dígame si se puede lograr que un niño, que tiene una voluntad extremadamente firme, sonría y coopere, y sea considerado y amable. Si es posible, ¿cómo se consigue esto? En segundo lugar, ¿cuál**

es el futuro de mi hija? Yo veo problemas en el futuro, pero no sé si es justificable esa predicción negativa.

No hay duda alguna de que una hija voluntariosa, como la de ustedes, puede ser difícil de controlar aun cuando sus padres la traten con gran habilidad y dedicación. Es posible que se requieran varios años, para conducirla a un punto de obediencia y cooperación relativa. Mientras se esté llevando a cabo este programa de entrenamiento, es importante que no le entre a usted pánico. No se esfuerce por terminar la transformación de la noche a la mañana. Trate a su hija con amor sincero y con dignidad, pero requiera de ella que siga la dirección de usted. Escoja con cuidado los problemas que merecen ser confrontados, entonces acepte el desafío de ella y obtenga usted una *victoria* decisiva. Recompense cada acción positiva de cooperación, con atención, cariño y elogios.

Referente a la segunda parte de su pregunta, tengo que confesar que si su hija *no fuera disciplinada de manera apropiada* correría un "alto riesgo" de tener un comportamiento antisocial más adelante en la vida. Es más probable que esta clase de niño rete a sus maestros en la escuela, ponga en duda los valores morales que le han sido enseñados y desafíe a cualquier persona que intente dirigirla. Creo que este tipo de adolescente está más inclinado hacia la promiscuidad sexual, la drogadicción y las dificultades académicas. Claro, ésta no es una predicción inevitable, porque la personalidad humana es tan compleja que es imposible predecir el comportamiento con toda certeza.

Por otra parte, los padres que buscan activamente moldear la voluntad de sus hijos durante los primeros años, reducen en gran manera estos peligros que he descrito. Por eso el futuro de la hija de ustedes no es negativo. Creo que el niño o la niña que, como su hija, tiene una voluntad firme, posee más carácter y tiene un potencial mayor para una vida productiva que el que tiene una voluntad extremadamente dócil. La clave para alcanzar ese potencial es conseguir cierto control de la voluntad del niño y entonces, en el momento apropiado, transferir ese control al individuo a medida que se acerca al final de la adolescencia.

Parece fácil, ¿verdad? Pero es una tarea difícil. Sin embargo, Dios le ayudará a usted a realizarla.[4]

¿ Usted ha descrito la naturaleza de la conducta que es intencionalmente desafiante, y cómo debieran controlarla los padres. Pero ¿es todo comportamiento desagradable un resultado de esta mala conducta intencional?

No. La desobediencia puede ser muy diferente en origen, a la reacción desafiante que he estado describiendo. El antagonismo y el negativismo pueden proceder de la frustración, la desilusión, la fatiga, la enfermedad, o el rechazo, y por lo tanto deben ser interpretados como una señal de alarma a la que hay que prestar atención. Quizá la tarea más difícil de los padres es reconocer la diferencia entre estos mensajes transmitidos por la conducta de los hijos. El comportamiento del niño que se resiste a obedecer, siempre contiene un mensaje para sus padres que ellos deben descifrar antes de reaccionar.

Por ejemplo, él pudiera estar diciendo: "Desde que nació el llorón de mi hermanito siento que no me aman. Antes mamá se interesaba en mí; ahora nadie me quiere. Odio a todos". Cuando esta clase de mensaje es la razón fundamental de la rebelión, los padres debieran actuar rápidamente para eliminar la causa. Cuando un niño de dos años grita y llora a la hora de ir a la cama, uno debe averiguar qué es lo que está comunicando. Si está verdaderamente asustado por la oscuridad que hay en su habitación la respuesta apropiada debería ser diferente por completo a la que sería si sólo estuviera protestando porque no quiere acostarse a dormir. El arte de hacer un buen trabajo como padres depende de la interpretación de la conducta de los hijos.[5]

¿ **Mi hijo de seis años de edad se ha convertido súbitamente en insolente e irrespetuoso en su manera de comportarse en el hogar. Cuando le pedí que sacara la basura, me dijo que me largara, y me pone apodos cuando se enoja. Creo que es importante permitir este desahogo emocional, por lo cual no le he puesto fin. ¿Está usted de acuerdo?**

No podría estar en mayor desacuerdo. Su hijo está consciente de su repentino desafío a usted, y está esperando para ver qué tan lejos le permitirá ir. Esta clase de conducta, si no es reprimida, continuará agravándose día tras día, produciendo una mayor falta de respeto con cada encuentro. Si usted no le pone freno, puede esperar algunas experiencias violentas durante los próximos años de adolescencia. De modo que la conducta que más requiere el castigo es aquella que tiene que ver con un ataque directo a la autoridad del padre y la madre (o el maestro), especialmente cuando el niño obviamente sabe que no debiera estar actuando de esa manera.

En cuanto al desahogo de la ira, es posible permitirle a un niño que exprese sus emociones más fuertes, sin que sea insolente o irrespetuoso. Una acusación como: "No fuiste justa conmigo y me avergonzaste en frente de mis amigos", dicha con los ojos llenos de lágrimas, debiera ser aceptada y respondida con tranquilidad y sinceridad. Pero un padre o una madre nunca debiera permitirle a un hijo decir: "¡Eres un tonto y quisiera que me dejaras solo!" La primera declaración es una expresión genuina de frustración basada en un problema específico; la segunda es un ataque a la dignidad y autoridad del padre o la madre. En mi opinión, esto último es dañino para ambos, padres e hijos, y no se debe permitir.[6]

¿ **¿Cómo debería responder si mi hijo me dijera, cuando está enojado: "¡Te odio!"?**

Si mi hijo me gritara *por primera vez*, en un momento en el que está rojo de ira, que me odia, probablemente esperaría hasta que su ira se hubiera calmado, y entonces le comunicaría este mensaje de una manera amorosa y sincera: "Carlitos, estabas muy enojado cuando hace un rato tuvimos nuestra discusión, y creo que deberíamos hablar de lo que estás sintiendo. *Todos* los niños se enojan con sus padres de vez en cuando, sobre todo cuando se sienten tratados de una manera injusta. Entiendo tu frustración y siento que hayamos tenido una pelea como esa. Pero eso no te justifica por haber dicho: '¡Te odio!' Te vas a dar cuenta de que no importa cuán enojado yo esté por algo que hayas hecho, *nunca* te diré que te odio. Y no puedo permitirte que me hables de esa manera. Cuando las personas se aman, como tú y yo, no quieren hacerse daño unas a otras. Me hiciste daño cuando me dijiste que me odiabas, de la misma manera en que yo te haría daño si te dijera algo como eso. Sin embargo, tú puedes decirme qué es lo que te hace enojar, y yo te escucharé con mucha atención. Si estoy equivocado, haré todo lo posible por cambiar las cosas que no te gusten. Así que, quiero que entiendas que estás en libertad, como siempre, de decirme *todo* lo que quieras, aun si lo que piensas no es muy agradable. Pero nunca tendrás permiso para dar gritos, decir insultos y hacer berrinches. Si te portaras de esa manera infantil, tendré que castigarte. ¿Hay algo que necesitas decirme ahora? (Si no tiene nada que decir, entonces le diría: 'Dame un abrazo, ¡porque te quiero!')"

Mi propósito sería permitir el desahogo de los sentimientos negativos sin alentar una conducta violenta, irrespetuosa y dominante.[7]

¿Cuál es el error más común que los padres cometen al disciplinar a sus hijos?

En mi opinión, es el uso inadecuado de la *ira* al tratar de controlar a los hijos. No hay método más ineficaz para influir en las personas (de cualquier edad) que el uso de la irritación y el enojo. No obstante, la *mayoría* de los adultos confían principalmente en su propia reacción emocional para asegurar la cooperación de los niños. Un maestro dijo en un programa nacional de televisión. "Me gusta ser un educador profesional, pero odio la tarea diaria de enseñar. Mis alumnos son tan difíciles de disciplinar que tengo que estar enojado todo el tiempo, simplemente para mantenerlos bajo control". ¡Cuán desalentador es tener que estar enojado continuamente, como parte de una tarea habitual, año tras año! Sin embargo, muchos maestros (y padres) no conocen otra manera de guiar a los niños. ¡Créame, es algo agotador, y no da buenos resultados!

Considere su *propia* motivación. Suponga que usted está manejando su automóvil de vuelta a casa esta noche, y sobrepasa grandemente el límite de velocidad. En la esquina hay un policía de pie, que está solo y no dispone de los medios para arrestarle. No tiene auto patrullero ni motocicleta; no lleva puesta la placa de policía, ni carga pistola, y no puede dar ninguna multa. Su trabajo es simplemente estar de pie en la esquina y proferir insultos mientras usted pasa a gran velocidad. ¿Acaso disminuiría usted la velocidad sólo porque él está agitando el puño en señal de protesta? ¡Claro que no! Tal vez usted lo saludaría con la mano al pasar. Su enojo no lograría mucho, excepto hacer el ridículo.

Por otra parte, nada influye tanto en la manera que uno maneja su auto, como el ver de vez en cuando en el retrovisor un auto patrullero que viene persiguiéndole incesantemente, con sus luces rojas relampagueando. Cuando usted detiene su auto, un policía muy serio y cortés, alto y fornido, se acerca a la ventanilla. "Señor", dice firme pero amablemente, "¿me permite ver su licencia de manejar, por favor?" Saca su libreta de multas y se inclina hacia usted. El no le ha insultado ni ha mostrado hostilidad, pero usted se ha quedado paralizado, y a tientas busca en su cartera ese pequeño documento (el de la terrible fotografía instantánea). ¿Por qué tiene usted las manos húmedas y la boca seca? ¿Por qué está su corazón dándole golpes en el pecho? Porque la *acción* que el representante de la ley está a punto de realizar es desagradable. Pero es precisamente esa *acción* la que afecta de manera dramática su forma de manejar en el futuro.

La *acción* disciplinaria influye en el comportamiento; la ira no. Es más, yo estoy convencido de que la ira de los adultos produce cierta falta de respeto destructiva en las mentes de nuestros niños. Ellos perciben que nuestra frustración es causada por nuestra incapacidad para controlar la situación. Nosotros representamos la justicia para ellos, sin embargo, lo que hacemos es gritar y lanzar amenazas y advertencias inútiles. Permítame preguntarle: ¿Respetaría *usted* al juez de un tribunal superior que se comportara de una manera tan emocional a la hora de administrar la justicia legal? Claro que no. Por eso el sistema judicial está controlado cuidadosamente para que sea visto como imparcial, racional y honorable.

No estoy recomendando que los padres y los maestros oculten sus verdaderas emociones delante de los niños. Tampoco estoy sugiriendo que seamos como autómatas insípidos, que no muestran ninguna emoción, que se guardan todo adentro. Hay momentos cuando nuestros hijos e hijas llegan a ser irrespetuosos o desobedientes, y nuestra irritación es totalmente apropiada. En realidad, ésta *debiera* mostrarse o de lo contrario pareceríamos unos farsantes. El hecho importante, que quiero dejar en claro, es que con frecuencia la ira se convierte en un *instrumento* utilizado en forma consciente para influir en la conducta, pero es ineficaz y puede dañar la relación entre padres e hijos.[8]

¿Qué lugar debiera ocupar el temor en la actitud de un hijo hacia sus padres?

Existe una pequeña diferencia entre el "temor reverencial", que es aceptable y sano, y el temor destructivo. El hijo debería sentir un temor general sobre las consecuencias de desafiar a sus padres. Pero, en contraste, no debiera pasarse la noche sin dormir, preocupado por la dureza o la hostilidad de sus padres. Quizás un ejemplo bastante común sirva para aclarar la diferencia entre estos dos aspectos del temor. Una autopista de mucho tráfico puede ser un lugar peligroso para andar a pie. En realidad, sería un suicidio el pasearse por el carril rápido de una autopista un viernes a las seis de la tarde. Yo no sería tan tonto como para hacer ejercicio de esa manera, porque tengo un temor sano de los automóviles que se están moviendo rápidamente. Mientras que yo no me comporte de un modo absurdo, no tengo motivo para asustarme. No estoy amenazado por esa fuente de peligro, porque la misma sólo reacciona si la desafío intencionalmente. Yo quiero que mi hijo me vea con la misma clase de respeto sano. Mientras que él no escoja desafiarme, abierta e intencionalmente, estará viviendo en completa seguridad. No necesita agacharse y retroceder cuando de repente muevo la mano para rascarme una ceja. No debe temer a que yo le ridiculice o le trate con severidad. Puede disfrutar de completa seguridad, hasta que escoja desafiarme. Entonces tendrá que enfrentarse a las consecuencias. Este concepto del temor del hijo a los padres, que más bien debería llamarse "temor reverencial" o "respeto", sigue el ejemplo de la relación de Dios con el hombre. La Biblia nos enseña: "El temor de Dios es el principio de la sabiduría". El es un Dios de justicia, y al mismo tiempo, un Dios de amor y misericordia infinitos. Estos atributos se complementan, y debieran estar representados en un menor grado en nuestros hogares.[9]

¿ **Tengo un hijo de cinco años que es en gran manera desafiante, y estoy haciendo lo mejor que puedo por enfrentarme a la tarea de moldear su voluntad. Pero francamente, tengo muchos sentimientos de culpabilidad, y dudo de mí mismo la mayor parte del tiempo. Recientemente he estado deprimido por la guerra constante que tengo con mi hijo. ¿Sienten lo mismo otros padres de niños que tienen una voluntad firme?**

Sí, muchos sienten lo mismo. Uno de los problemas es que los expertos les han dicho a los padres que controlar a los niños es muy fácil si se hace correctamente. Eso los deja con sentimientos intensos de autocondenación cuando las cosas no funcionan tan tranquilamente en sus hogares. Nadie les había dicho que ser padres sería tan difícil, y se culpan a sí mismos por las tensiones que surgen. Habían planeado ser padres muy amorosos y efectivos, leyendo cuentos de hadas a sus angelitos junto a la chimenea. La diferencia entre la vida tal y como es y la vida como debería ser es una realidad que produce temor y angustia. Me da gusto que usted haya expresado sus sentimientos de culpabilidad y depresión. Eso es importante. En respuesta, permítame decirle tres cosas que espero la animen: (1) Usted no tiene toda la culpa, (2) no siempre será tan difícil, (3) probablemente esté haciendo un trabajo mejor de lo que piensa. ¡Animo! Su hijo de voluntad firme algún día será un fiel ciudadano respetable y trabajador cuya única fuente de depresión será el conflicto con su propio hijo de voluntad firme.[10]

¿ **Encuentro más fácil decir "no" a mis hijos que decir "sí", aun cuando no tengo ideas muy firmes en contra del permiso que están pidiendo. Me pregunto por qué contesto automáticamente de una manera tan negativa.**

Es muy fácil caer en la costumbre de decirles "no" a nuestros hijos por todo.

"No, no puedes ir afuera".

"No, no puedes comer una galleta".

"No, no puedes montar en bicicleta".

"No, no puedes ir a casa de tu amigo".

Como padres podríamos haber respondido afirmativamente a todas estas peticiones, pero casi automáticamente escogemos dar una respuesta negativa. ¿Por qué? Porque no nos tomamos tiempo para detenernos y pensar en las consecuencias; porque la actividad podría habernos causado más trabajo o trastornos; porque podría ser peligrosa; porque nuestros hijos piden un millón de cosas cada día, y nos parece conveniente negárselas todas.

Mientras que cada niño debe saber que le serán negados sus deseos más extravagantes, también es necesario que los padres consideren cada petición en forma individual y por sus propios méritos. Existen tantos "no" en la vida, que debiéramos decir "sí" todas las veces que podamos.

El doctor Fitzhugh Dodson amplió esta idea en su libro titulado en inglés: *How to Father* [*Cómo ser padre*], donde dijo lo siguiente: "Su hijo necesita pasar momentos con usted, en los cuales no le exija ni le prohíba nada, momentos en los que disfruten mutuamente al estar juntos". ¡Estoy totalmente de acuerdo![11]

¿ **Los niños en nuestro vecindario son groseros los unos con los otros, e irrespetuosos con los adultos. Eso me disgusta, pero no sé que hacer al respecto. No creo que tengo el derecho de disciplinar a los hijos de mis vecinos. ¿Cómo puedo enfrentarme a este problema?**

Los padres en un vecindario *tienen* que aprender a hablar los unos con los otros acerca de sus hijos, ¡pero esto es difícil! No hay manera más fácil de hacer enojar a una mujer que otra madre critique a su precioso hijo. En verdad es un tema delicado. Por eso el vecindario típico es como el de usted, proveyendo muy poca información a los padres referente al comportamiento de sus hijos. Los niños saben que no hay comunicación entre los adultos, y se aprovechan de esta barrera. Lo que cada vecindario necesita es una madre que tenga el valor de decir: "Quiero que me digan lo que mi hijo hace cuando no está en mi casa; y si es un grosero con los otros niños, quisiera que me lo dijeran. Si les falta al respeto a los adultos, por favor, háganmelo saber. No consideraré que es un chisme, ni me enojaré porque me digan la verdad. Espero poder también compartir lo que observo en cuanto a los hijos de ustedes. Ninguno de nuestros hijos o hijas es perfecto, y podremos enseñarles mejor si nosotros los adultos nos comunicamos francamente".[12]

¿ Mi esposo y yo estamos divorciados, así que tengo que llevar a cabo la disciplina de mis hijos yo sola. ¿De qué manera cambia esto las recomendaciones que usted ha hecho en cuanto a la disciplina en el hogar?

De ninguna manera. Los principios de la buena disciplina siguen siendo los mismos, sin tener en cuenta las condiciones de la familia. Poner en práctica los procedimientos llega a ser algo más difícil para el padre o la madre que está solo, como en el caso de usted, pues no tiene quien le apoye cuando los hijos actúan de manera desafiante. Usted tiene que desempeñar el papel de padre y madre, lo cual no es fácil. Sin embargo, los niños no le dan ninguna ventaja por causa de esa dificultad. Usted tiene que exigir el respeto de ellos, o nunca lo recibirá.[13]

¿ Unas veces mi pequeña hija es dulce como la miel, y otras es insoportablemente irritante. ¿Cómo puedo sacarla de su mal humor cuando realmente no ha hecho nada digno de castigo?

Quiero sugerirle que la abrace y hable con ella de esta manera: "No sé si te has dado cuenta o no, pero tú tienes dos 'personalidades'. La personalidad es la manera que tiene uno de hablar y comportarse. Una de tus personalidades es dulce y cariñosa. Cuando esta personalidad está en control, posiblemente nadie podría ser más cariñosa y feliz que tú. A esta personalidad le gusta trabajar y buscar maneras de hacer feliz al resto de la familia. Pero todo lo que tienes que hacer es apretar un botón, y de súbito aparece otra personalidad que es irritable, escandalosa y tonta, que quiere pelear con tu hermano y desobedecer a mamá. En la mañana se levanta malhumorada, y no hace nada más que quejarse durante todo el día.

"Ahora bien, yo sé que tú puedes apretar el botón para que aparezca tu personalidad agradable, o puedes llamar a la desagradable. A veces es necesario que se te castigue para obligarte a apretar el botón correcto. Si sigues apretando el que no debes, como lo has estado haciendo hoy, entonces voy a tener que hacerte sentir incómoda, todo depende de ti. Estoy cansada de ese personaje irritable, y quiero ver al que es agradable y sonriente. ¿Podemos ponernos de acuerdo?"

Cuando la disciplina se convierte en un juego, como en una conversación igual a ésta, entonces usted ha logrado su propósito sin conflicto ni enemistad.[14]

¿ **Nuestro hijo de seis años, es extremadamente negativo y desagradable. El hace infeliz a toda la familia, y nuestros intentos para disciplinarle no han producido resultados. Simplemente tiene un carácter amargo. ¿Qué debemos hacer con él?**

El objetivo con esta clase de niño es definir los cambios que son necesarios, y luego fortalecer las mejorías cuando éstas ocurran. Lamentablemente, muchas veces los niños de seis años no pueden comprender plenamente las actitudes, pues son abstractas. Por lo tanto, usted necesita tener un sistema que aclare en su mente lo que se espera de él. Con ese fin, he desarrollado una gráfica de actitudes (vea la ilustración) que traduce estas peculiaridades sutiles a términos concretos y matemáticos. Por favor, tenga en cuenta que el sistema que presento a continuación *no* sería apropiado para el niño que simplemente ha pasado un mal día, o que temporalmente muestra actitudes desagradables relacionadas con alguna enfermedad, el cansancio, o circunstancias ambientales. Más bien, es un instrumento para ayudarle al niño a cambiar actitudes negativas e irrespetuosas persistentes haciendo que él esté consciente de su problema. La gráfica de actitudes se debe preparar y luego reproducir, ya que se necesitará una distinta para cada día. Marque con una X los cuadros apropiados para cada categoría, y al final del día sume el total de todos los puntos "ganados". Aunque al niño le parezca que este proceso de evaluación nocturna es imparcial, obviamente los padres pueden influir en el resultado, pensando en el mismo por adelantado (a esto se le llama hacer trampas). Puede ser que mamá y papá quieran que la primera noche su hijo reciba 18 puntos, apenas salvándose del castigo, pero dándose cuenta de que al día siguiente debe esforzarse por mejorar. Sin embargo, tengo que enfatizar que el sistema fracasará rotundamente si el niño se porta mal y no recibe el castigo que merece, o si habiéndose esforzado por mejorar no se le permite disfrutar del tiempo de diversión familiar que se le había prometido. Este método no es más que una manera de aplicar la recompensa y el castigo a las actitudes, de una manera que el niño pueda comprender y recordar.

Para el niño que no comprende plenamente el concepto de los números, quizá sea de beneficio hacer una línea con los totales de la gráfica de todos los días, así como se ve en las páginas siguientes.

No espero que todos aprecien este sistema o que lo usen en sus hogares. En realidad, sé que los padres de niños obedientes y felices se preguntarán por qué haría falta tal cosa. Sin embargo, los padres y las madres de los niños malhumorados pronto comprenderán la necesidad de esto. Aproveche la idea, o déjela a un lado, según las circunstancias lo requieran.[15]

¿ **Mi hijo de cuatro años de edad entró en la casa y me dijo que había visto un león en el patio. No se estaba haciendo el gracioso. En realidad trató de convencerme de que su mentira era verdad, y se enojó bastante cuando no le creí. Yo quiero que él sea una persona sincera. ¿Debería haberle dado unas nalgadas?**

Desde luego que no. Hay una diferencia *muy* sutil entre la fantasía y la realidad en la mente de un niño de edad preescolar, y con frecuencia confunde las dos. Eso fue lo que sucedió una vez, cuando llevé a Disneylandia a mi hijo, que tenía tres años de edad. Se sintió completamente aterrorizado por el lobo que, con paso impresionante, iba andando junto con los tres cerditos. Ryan echó una mirada a sus dientes

GRAFICA DE MIS ACTITUDES

Fecha

	Excelente	Buena	Aceptable	Mala	Pésima
	1	2	3	4	5
Mi actitud hacia mamá					
Mi actitud hacia papá					
Mi actitud hacia mis hermanos					
Mi actitud hacia mis amigos					
Mi actitud hacia mis deberes					
Mi actitud a la hora de dormir					

Total de puntos _____

C O N S E C U E N C I A S

6-9 PUNTOS   La familia junta hará algo divertido.

10-18 PUNTOS   No sucede nada, ni bueno ni malo.

19-20 PUNTOS   Tengo que quedarme castigado en mi habitación por una hora.

21-22 PUNTOS   Recibo una nalgada con el cinto.

23 + PUNTOS   Recibo dos nalgadas con el cinto.

puntiagudos, y lleno de terror comenzó a dar gritos. Conservo una película, que es para morirse de risa, en la que se ve a nuestro hijo trepándose a los brazos de su madre en busca de protección. Después que regresamos a casa, le dije a Ryan que dentro del disfraz de lobo había un "hombre muy simpático", que no le iba a hacer daño a nadie. Mi hijo se sintió tan calmado por esas noticias que repetidas veces me pidió que se las volviese a decir.

El decía: "Papá".

"¿Qué quieres, Ryan?"

"¡Dime de ese hombre simpático!"

Como ve usted, Ryan no pudo distinguir entre un personaje, que era una fantasía, y una amenaza genuina, que estuviese poniendo en peligro su salud y seguridad. Creo que la historia de su hijo acerca del león fue producto de la misma clase de confusión. Es posible que él haya creído que había un león en el patio. Por eso, usted habría sido muy prudente si le hubiese seguido la corriente, al mismo tiempo que le hacía ver con claridad que no creía la historia. Usted pudo haber dicho: "¡Vaya! ¡Vaya! Hay un león en el patio. Espero que sea un gatito simpático. Ahora, Juanito, lávate las manos y ven para que comas tu almuerzo".[16]

> **Pienso que a veces reacciono de modo exagerado a cosas insignificantes, y que otras veces no respondo a un acto de desafío intencional. ¿Cómo puedo saber en qué ocasiones estaría bien que pasara por alto un acto de mala conducta de mi hijo, y cuándo es que debería enfrentarme a él?**

La capacidad de "leer" los pensamientos y los sentimientos de su hijo es un arte que puede ser aprendido por el padre y la madre que toma tiempo para observar la conducta de sus hijos. A fin de cuentas, la clave para hacer bien el trabajo de padre o madre consiste en tratar de mirar con los ojos del hijo, para ver lo que él está viendo y sentir lo que él está sintiendo. Cuando él se siente solo, necesita de la compañía de usted.

Cuando es desafiante, necesita que usted le ayude a controlar sus impulsos. Cuando tiene miedo, necesita la seguridad de un abrazo suyo. Cuando es curioso, necesita que usted le instruya pacientemente. Cuando está contento, necesita compartir su risa y su alegría con las personas que él ama.

Así que, los padres que aprenden a comprender los sentimientos de sus hijos, se encuentran en una posición que les permite responder de una manera apropiada y satisfacer las necesidades que son evidentes. Y al llegar a este punto, el criar hijos sanos se convierte en un arte sumamente desarrollado, que requiere la mayor sabiduría, paciencia, dedicación y amor que nos han sido dados por Dios. El apóstol Pablo dijo que la vida cristiana es un "culto racional". Sería bueno que los padres de familia aplicáramos esa misma norma a la conducta de nuestros hijos.

9

Cuándo, cómo y por qué se dan nalgadas

¿ **Ya que usted es un defensor del castigo corporal como un instrumento de disciplina, ¿no le preocupa la posibilidad de que usted pudiera estar contribuyendo a la frecuencia del maltrato de los niños?**

Sí, me preocupa esa posibilidad. Una de mis mayores frustraciones al enseñar a los padres, ha sido la dificultad para darles a entender la necesidad de mantener un ambiente *equilibrado*, en el cual se hace uso de la disciplina cuando es necesario, pero la misma va acompañada de paciencia, respeto y cariño. No quiero que nunca se diga que yo apruebo o estoy a favor del método autoritario de: "Dale una bofetada". Esa manera hostil de proceder lastima el espíritu y deja cicatrices permanentes en el alma.

Ningún tema me inquieta más que el fenómeno del maltrato de los niños, que es tan frecuente en estos días. Por todas partes hay niños que están sufriendo lo indescriptible en manos de sus padres. Algunos de estos niños, dignos de compasión, son llevados a los hospitales en toda clase de condiciones que uno pueda imaginarse: con quemaduras, magulladuras, huesos rotos y sus mentes infantiles deformadas permanentemente por las circunstancias terribles en que han estado viviendo.

Todos los profesionales que trabajan con niños maltratados tienen que aprender a enfrentarse a sus propios sentimientos o emociones. Aunque yo he logrado tener cierto control sobre los míos, nunca he podido observar a un niño, que ha sido cruelmente golpeado, sin sentir una angustia tremenda en mi corazón. Los niños que están enfermos sufren, pero la mayoría de ellos experimentan en algún grado el amor de sus padres, que les proporciona una base firme de apoyo emocional. Pero los niños que han sido golpeados brutalmente sufren física y emocionalmente.

Nadie se preocupa por ellos; nadie les comprende. No hay nadie a quien le puedan expresar sus deseos. No pueden escaparse. No pueden entender por qué se les odia. Y muchos de ellos son demasiado jóvenes para desarrollar mecanismos de defensa, o incluso para pedir ayuda.

Hace algún tiempo, traté a una niña de ocho años de edad, de quien su padre alcohólico había estado abusando sexualmente desde que ella tenía quince meses. ¡Qué tragedia tan terrible! Otro niño, en la ciudad de Los Angeles, se quedó ciego porque su madre le destrozó los ojos con una cuchilla de afeitar. ¿Puede imaginarse lo que es vivir toda una vida sabiendo que el defecto físico que usted padece es resultado de una acción intencional de su propia madre? A otro niño lo lanzaron de un auto en una autopista congestionada, donde estuvo por ocho o nueve horas agarrado de la cerca divisoria. A otro, le ponían una plancha caliente en los pies como castigo.

Recuerdo haber escuchado en la radio la noticia de que habían encontrado a una niña de diez años colgada por los pies en el garaje de la casa de sus padres. Esta clase de historias horribles son muy comunes entre todos los que trabajamos con niños. En realidad, es muy probable que a menos de uno o dos kilómetros de la casa de usted, algún niño esté siendo duramente maltratado de una forma u otra. Brian G. Fraser, procurador del *National Center for Prevention and*

Treatment of Child Abuse and Neglect (Centro Nacional para la Prevención y el Tratamiento del Maltrato y Abandono de Niños), escribió: "El maltrato de los niños ... que antes se creía que era principalmente un problema de las clases pobres y oprimidas ... ocurre en todos los segmentos de la sociedad y puede ser la causa principal de muertes durante la infancia".

Lo que menos quiero hacer, al recomendar el castigo corporal como un instrumento de disciplina, es proveer una explicación razonable y una justificación para semejante opresión de parte de los padres. Permítame decirlo una vez más: No creo en la disciplina dura e inflexible, ni siquiera cuando es bien intencionada. A los niños se les debe permitir que tengan libertad para respirar, crecer y amar. Pero, también existen circunstancias peligrosas en el otro extremo del camino, el de la tolerancia excesiva; y muchos padres caen en una de estas trampas en su intento ferviente de evitar caer en la otra. Este doble peligro fue descrito de una manera maravillosa por Marguerite y Willard Beecher, en su libro titulado: *Parents on the Run [Padres apresurados]*:[1]

> El hogar de ayer, centrado en los adultos, hacía de los padres los amos, y de los hijos los esclavos. El hogar de hoy, centrado en los niños, ha hecho de los padres los esclavos, y de los hijos los amos. No existe una verdadera cooperación en ninguna relación entre amos y esclavos, y por lo tanto, tampoco hay democracia. Ni la técnica restrictiva y autoritaria de criar a los hijos, ni la nueva técnica de "todo es permitido" desarrollan las habilidades que posee el individuo, porque ninguna de las dos le prepara para confiar en sí mismo...
>
> Los niños criados bajo reglas arbitrarias se convierten en autómatas faltos de voluntad, o en revolucionarios que desperdician sus vidas en conflictos con quienes les rodean. Pero los niños que no conocen ninguna ley superior a sus propios caprichos se quedan atrapados en sus propios apetitos. En ambos

casos, son esclavos. Los primeros son esclavizados por líderes de los cuales ellos dependen para que les digan lo que tienen que hacer, y los otros son esclavizados por el prestamista. Ninguno de los dos es capaz de mantener la sociedad sobre una base aceptable. Toda una vida de infelicidad podría evitarse si, cuando el árbol está creciendo, se impide que se incline en cualquiera de estas dos direcciones equivocadas.[2]

¿ **Existe tanta controversia en cuanto al uso del castigo corporal (las nalgadas) que me gustaría escuchar su base para utilizar este método. Específicamente, ¿qué les dice usted a los que creen que el castigo corporal les enseña a los niños a golpear y lastimar a otros?**

Hace algunos años, debatí con un sicólogo que sostiene ese punto de vista, en un programa de televisión de Phil Donahue. Permítame citar un comentario atribuido al doctor John Valusek en la revista *Parade Magazine*:

"La manera de poner fin a la violencia en los Estados Unidos es dejar de darles nalgadas a los niños", sostiene el sicólogo John Valusek. En un discurso ante la Asociación de Utah para la Salud Mental hace algunas semanas, Valusek declaró que las nalgadas de los padres promueven la tesis de que la violencia en contra de otras personas es aceptable. "Las nalgadas son el primer paso en el camino a la violencia", dice Valusek. "Después de las nalgadas vienen los golpes, y finalmente la violación y el asesinato. El comportamiento que sirve como ejemplo dentro del hogar, es el que prepara el escenario: 'Recurriré a la violencia cuando ya no sepa qué hacer'".[3]

¡Me parece ridículo echarles la culpa de la obsesión con la violencia en los Estados Unidos a los esfuerzos de disciplina de los padres amorosos! Esta conclusión es especialmente ridícula en vista de la programación tan sangrienta que se les ofrece a nuestros hijos en la televisión diariamente. El muchacho promedio de 16 años ha visto 18,000 asesinatos durante sus años de formación, incluyendo una infinidad de personas muertas a puñaladas, decapitadas, ahorcadas y hasta descuartizadas. Así que resulta extraño que los sicólogos, que hoy en día se las dan de expertos, estén buscando otra causa de la brutalidad reinante, y finalmente, dirijan el dedo acusador contra los padres que están tratando de educar a los ciudadanos responsables del mañana. Y estas son las "noticias" que, en años recientes, se les han dado a los padres que creen es correcto darles nalgadas a sus hijos desobedientes.

La oposición al castigo corporal se puede resumir con cuatro argumentos comunes, todos basados en el error y la falta de entendimiento. El primero está representado por la declaración del doctor Valusek, y supone que las nalgadas les enseñan a los niños a golpear y lastimar a otros. Representa a las nalgadas como un ataque físico y hostil de un padre enojado con el propósito de dañar o lastimar a su pequeña víctima. Confieso que ese tipo de violencia ocurre con regularidad entre las generaciones y es terriblemente destructivo para los niños. Sin embargo, el castigo corporal en las manos de un padre amoroso es totalmente distinto en propósito y práctica. Es un instrumento de enseñanza por medio del cual el comportamiento dañino se inhibe, en lugar de un intento airado de una persona de dañar a otra. Lo primero es un acto de amor; lo segundo es un acto de hostilidad, y son tan distintos como el día y la noche.

Respondí al argumento del doctor Valusek en mi libro titulado: *Cómo criar niños seguros de sí mismos*, mostrando el papel que un poco de dolor desempeña al enseñarles a los niños a comportarse de manera responsable:

> Esos mismos especialistas también dicen que las nalgadas les enseñan a nuestros hijos a golpear a otros niños, haciéndolos convertirse en personas más violentas. ¡Tonterías! Si alguna vez tu hijo

tocara accidentalmente una estufa caliente, puedes estar seguro de que jamás volverá a tocarla intencionalmente. No se convierte en una persona más violenta porque la estufa le quemó la mano; en realidad, por medio del dolor habrá aprendido una valiosa lección. De igual manera, cuando se cae de su silla alta, se golpea violentamente los dedos con la puerta o es mordido por un perro, aprende acerca de los peligros físicos que le rodean en este mundo. Los golpes y magulladuras que recibe durante la infancia son parte del método empleado por la naturaleza para enseñarle qué es lo que debe temer. No dañan su autoestima. No lo convierten en una persona cruel. Simplemente lo familiarizan con la realidad. De la misma manera, unas nalgadas aplicadas adecuadamente por un padre o una madre cariñoso producen los mismos resultados. Le hacen saber que no existen solamente peligros físicos que debe evitar, sino que también debe apartarse de ciertos peligros sociales, tales como: el egoísmo, el desafío, la deshonestidad, la agresión no provocada, etcétera.[4]

El segundo argumento en contra del castigo corporal también se puede observar en la última oración de la declaración del doctor Valusek: "Recurriré a la violencia (daré nalgadas) cuando ya no sepa qué hacer". ¿Nota usted la sutileza de esta declaración? Caracteriza a las nalgadas como el último recurso, como el acto final causado por la desesperación y la frustración. Como tal, vienen detrás de los gritos, las amenazas, el retorcer de las manos y muchas lágrimas. Incluso las autoridades que recomiendan el castigo corporal suelen caer en esta trampa, sugiriendo que las nalgadas se apliquen sólo cuando todo lo demás haya fallado. Estoy totalmente en desacuerdo.

Las nalgadas se deben reservar para el desafío voluntario, *dondequiera que éste ocurra*, ¡y punto! Es mucho más efectivo aplicarlas desde el principio del conflicto, mientras el sistema emocional del padre sigue estando bajo control, en lugar de 90 minutos después de haber estado gritando y peleando. En realidad, el maltrato de los niños es más posible cuando al pequeño se le permite irritar, agitar, contestar, desobedecer y quejarse por horas, hasta que, finalmente, el enojo del padre o de la madre llega al punto de la explosión donde cualquier cosa podría suceder (y en efecto suele suceder). En mi opinión, los profesionales como el doctor Valusek involuntariamente han contribuido a la violencia en contra de los niños, porque han despojado a los padres del derecho de corregir a éstos cuando todavía no existen problemas serios. Pero cuando las pequeñas frustraciones se acumulan, los padres (como dice Valusek) "recurren a la violencia porque ya no saben qué hacer".

El tercer argumento común en contra de las nalgadas, proviene de los descubrimientos de la sicología de los animales. Si un ratón corre a través de un laberinto, aprenderá mucho más pronto si el investigador lo premia con comida cuando da las vueltas correctas que si lo castiga con leves toques eléctricos cuando se equivoca. En base a este experimento, y otros similares, ha nacido la increíble suposición de que el castigo no tiene influencia en el comportamiento humano. Pero los humanos no son ratones, y es ingenuo igualarlos de manera tan simple. Obviamente, un niño es capaz de tener actitudes rebeldes y desafiantes que no tienen nada que ver con un ratón confundido en medio de un laberinto. Estoy de acuerdo en que no se ayudaría a los niños y a las niñas a aprender a leer si se les diera un toque eléctrico por cada palabra que pronunciaran mal. Por otra parte, la desobediencia deliberada está relacionada con la percepción que el niño tiene de la autoridad de los padres y de su obligación de someterse a ella (mientras que el ratón ni siquiera sabe que el investigador existe).

Si el castigo no tiene influencia en el comportamiento humano, entonces ¿por qué son tan efectivas las multas por exceso de velocidad en cuanto al control del tráfico en las calles congestionadas? ¿Por qué es que los dueños de casas se apresuran para pagar a tiempo sus impuestos y así evitar una multa por haber pagado tarde? Si el castigo no tiene poder, ¿por qué unas nalgadas bien merecidas suelen convertir a un niño enojado, que está causando problemas, en un dulce y amoroso angelito? A pesar de la sicología de los ratones, tanto las recompensas como los castigos desempeñan un papel importante en formar el comportamiento humano, y ninguno de los dos se debe poner a un lado. Leonardo Da Vinci no había escuchado hablar del laberinto de los ratones cuando escribió: "El que no castiga el mal ¡ordena que se haga!"

El cuarto argumento en contra de la práctica sensata de dar nalgadas proviene de los que las ven como algo que daña la dignidad y la autoestima del niño. Basta decir en cuanto a este punto que un niño puede discernir plenamente si su padre está expresando amor u odio. Por eso el jovencito que sabe que se merece unas nalgadas, aparentemente siente un alivio cuando finalmente las recibe. Lejos de considerar que la disciplina es un insulto, comprende el propósito y aprecia el control que le da sobre sus impulsos.

Este entendimiento infantil fue ilustrado de manera hermosa por un padre que me contó una ocasión cuando su hijo de cinco años estaba desobedeciéndolo en un restaurante. Este niño estaba contestando a su mamá, echándole agua a su hermano menor y deliberadamente haciéndose difícil de soportar. Después que no prestó atención a cuatro advertencias que le fueron dadas, el padre lo tomó de un brazo y lo sacó al estacionamiento donde le administró unas nalgadas. Al observar este episodio, una mujer entrometida los siguió al estacionamiento. Cuando el castigo empezó, ella amenazó al padre gritando: "¡Deje en paz a ese niño! ¡Suéltelo! ¡Si no se detiene voy a llamar a la policía!" El niño de cinco años, quien había estado gritando y brincando, inmediatamente dejó de gritar y le preguntó a su padre con sorpresa: "¿Qué le pasa a esa mujer, papá?" Él comprendía el propósito de la disciplina, aunque su "rescatadora" no lo comprendía. Sólo quisiera que el doctor Valusek y sus contemporáneos fueran tan perceptivos como ese niño.

Permítame enfatizar de inmediato que el castigo corporal no es el único instrumento que se puede utilizar para moldear la voluntad, ni es apropiado para todas las edades y todas las situaciones. El padre prudente tiene que comprender las características físicas y emocionales de cada etapa de la niñez, y luego adaptar la disciplina a las necesidades individuales del niño o de la niña.[5]

i ¿Puede dar algunas "reglas básicas" para el uso del castigo corporal de los niños pequeños que tienen voluntad firme?

Puede comenzarse a darle nalgadas suaves al niño, entre los quince y dieciocho meses de edad. Estas no deberían ser muy frecuentes, y deben reservarse para los casos de desafío evidente y no para los de irresponsabilidad infantil. Una mano dura de autoridad, durante este tiempo, hace que el niño reprima su necesidad de experimentar y probar el ambiente en que vive, lo cual puede tener consecuencias duraderas. Al niño pequeño se le debe enseñar a obedecer y someterse a la autoridad de los padres, pero esto no se logrará de la noche a la mañana.

Cuando las nalgadas sean necesarias, se deben dar con un objeto neutral; como una pequeña vara flexible, o un cinto, pero rara vez se debe usar la mano. Siempre he pensado que el niño debe ver la mano como un objeto de amor, y no como un instrumento de castigo. Además, si un padre tiene la costumbre de pegarle con la mano a un niño pequeño, cuando él no está esperando ser golpeado, entonces es muy probable que bajará rápidamente la cabeza y retrocederá, cada vez que el padre, de repente, se rasque una oreja. Y, por supuesto, una bofetada puede desviarle la nariz, o hacerle daño permanente a los oídos o la mandíbula. Si todas las nalgadas se administran con un objeto neutral, entonces el niño nunca tendrá temor de que súbitamente será castigado por alguna imprudencia accidental.

(Hay excepciones a esta regla, como cuando se le da un golpecito al niño en la mano porque trata de tocar la cocina u otro objeto peligroso.)

¿Deben doler las nalgadas? Sí, o de otro modo no tendrían ninguna influencia. Una nalgada, que se da sobre un grueso pañal húmedo, no comunica en realidad ningún mensaje importante. Sin embargo, para un niño pequeño, un poco de dolor es algo que produce mucho efecto; no es necesario, por cierto, darle una paliza. Por lo general, dos o tres nalgadas o golpecitos en las piernas son suficientes para enfatizar el punto: "Tú tienes que obedecerme". Y por último, es importante que las nalgadas sean dadas *inmediatamente* después que él cometa la falta, o que no sean dadas en absoluto. La memoria de un niño pequeño no está lo suficientemente desarrollada como para permitir ni siquiera una demora de diez minutos en la aplicación de la disciplina. Después que todo haya pasado, y el llanto se haya calmado, es posible que el niño quiera ser abrazado y que la confianza le sea restaurada por la madre o el padre. Por supuesto, déjele venir a usted. Abrácelo en la seguridad de sus brazos amorosos. Arrúllelo tiernamente. Dígale cuánto lo quiere y por qué debe obedecer a su mamá. Ese momento puede ser el acontecimiento más importante de todo el día. Y para la familia cristiana, es muy importante el orar con el niño en esa ocasión, admitiendo ante Dios que *todos* hemos pecado y que nadie es perfecto. El perdón divino es una experiencia maravillosa, incluso para un niño muy pequeño.[6]

¿ **¿Cuánto tiempo cree usted que se le debe permitir a un niño que llore después de haber sido castigado o de haber recibido una nalgada? ¿Habrá un límite?**

Sí, creo que debe haber un límite. Mientras las lágrimas representen un desahogo emocional genuino, se deben permitir. Pero el llanto pronto deja de nacer del interior y se convierte en un arma exterior. Llega a ser un instrumento de protesta para castigar al enemigo. El llanto verdadero generalmente dura dos minutos o menos, aunque puede continuar hasta cinco minutos. Después de eso, el niño simplemente está quejándose, y el cambio se podrá reconocer en el tono y la intensidad de su voz. Yo le exigiría que dejara el llanto de protesta, ofreciéndole otra dosis de lo que originalmente provocó las lágrimas. Se le puede poner un alto al llanto del niño pequeño fácilmente al interesarlo en otra cosa.[7]

¿ **Les he dado nalgadas a mis hijos por causa de su desobediencia, pero no parece que eso haya servido de mucha ayuda. ¿Falla este método con algunos niños?**

Los niños son tan distintos que algunas veces es difícil creer que todos son miembros del mismo género humano. Algunos niños pueden ser controlados con sólo lanzarles una mirada severa, mientras que otros parecen necesitar medidas disciplinarias fuertes, y hasta dolorosas, para ejercer influencia en ellos. Esta diferencia suele ser resultado de la necesidad que el niño tiene de la aprobación y la aceptación de los adultos. La tarea principal de los padres es ver las cosas a través de los ojos del hijo, para de esa manera adaptar la disciplina a su percepción personal.

Como respuesta directa a la pregunta de usted, diré que en la mayoría de los casos, las diferencias individuales no son la causa de que las nalgadas no produzcan resultados. Cuando las medidas disciplinarias fallan, suele ser porque se han cometido errores fundamentales al aplicarlas. Es posible que una doble dosis de castigo sólo produzca la mitad de los resultados. He estudiado situaciones en las que los padres me han dicho que al niño no le importan las nalgadas que recibe, y desobedece las mismas reglas de nuevo, y debo decir que hay cuatro razones básicas para esta falta de éxito:

    1. El problema que se repite con más frecuencia es resultado del castigo inconstante y caprichoso. La mitad de las veces el niño no es castigado por un acto

específico de desafío, y la otra mitad sí lo es. Los niños necesitan saber que la justicia es inevitable.

2. El niño puede tener una voluntad más firme que la del padre o la madre, y los dos lo saben. Si él puede sobrevivir a un ataque temporal y violento, ha ganado una batalla importante, eliminando el castigo como uno de los instrumentos en la colección del padre. Aun cuando la madre le da unas nalgadas, él gana la batalla al desafiarla de nuevo. La solución a esta situación es evidente: sea más persistente que él, consiga la victoria, aunque sea necesario repetir el castigo. Esta experiencia será desagradable para ambos participantes, pero los beneficios vendrán, poco a poco, y día tras día.

3. El padre o la madre decide, de pronto, emplear esta forma de castigo, después de no haber hecho nada por uno o dos años. El niño tarda algún tiempo en responder a la nueva manera de proceder, y el padre o la madre podría desanimarse durante el período de adaptación.

4. Pudiera ser que las nalgadas son demasiado suaves. Si no le causan dolor, no vale la pena que él evite ser castigado de nuevo. Una nalgada con la mano, sobre el grueso pañal que trae puesto un niño de dos años y medio, no produce ningún efecto. Por supuesto, que no es necesario darle una paliza, pero él debiera ser capaz de "sentir" el mensaje.

Existen algunos niños con los cuales las nalgadas no producen ningún resultado. Algo muy importante es que he visto niños hiperactivos que se agitan mucho por cualquier cosa que excite su sistema nervioso. En estos casos, y en los que son parecidos, deben utilizarse otras formas de disciplina.[8]

¿ **¿Es mi hijo de diez años demasiado grande para que se le den nalgadas?**

El castigo físico debiera ser, hasta cierto punto, poco frecuente durante el período que viene inmediatamente antes de la adolescencia. Por supuesto, algunos niños de voluntad firme exigirán que se les castigue físicamente, y deberán ser complacidos. Sin embargo, el niño obediente debería haber recibido su última nalgada al final de la primera década de su vida (o quizás alrededor de los seis años de edad).[9]

¿ **Me gustaría saber su opinión sobre la disciplina de un adolescente, especialmente, en vista de que usted dice que darles nalgadas no es prudente ni productivo.**

La única herramienta para disciplinar a su hijo o hija adolescente es manipulando las circunstancias del ambiente en los momentos de confrontación. Usted tiene las llaves del auto de la familia, y puede permitirle utilizarlo (o ser llevado a algún lado en el mismo). Usted puede dar o retener privilegios, incluyendo el permiso de ir a una fiesta. Usted controla el dinero de la familia, y puede decidir compartirlo, prestarlo, repartirlo o retenerlo. Incluso, usted puede castigar al adolescente haciéndolo permanecer en casa, o le puede negar el uso del teléfono, la televisión o la radio.

Obviamente, estas medidas no son motivaciones muy influyentes para el adolescente, y a veces son medidas totalmente inadecuadas para la situación del momento. Después que hemos apelado a la razón, a la cooperación y a la lealtad familiar, lo único que queda son métodos relativamente débiles de "castigo". No nos queda más que asociar el comportamiento de nuestros hijos con consecuencias deseables o indeseables y esperar que la asociación tenga suficiente influencia para despertar su cooperación.

Si este proceder le parece algo inseguro, permítame confesar lo que estoy insinuando: un muchacho o muchacha de 16 años, testarudo y muy enojado, *puede* ganar una confrontación con sus padres, en el peor de los casos. Nuestra sociedad, ahora más que nunca, se inclina hacia la emancipación del adolescente. Cada vez es más fácil para él irse de la casa, fumar marihuana o infringir otras leyes sin ser castigado. Su novia puede conseguir píldoras anticonceptivas sin que sus padres lo sepan o den autorización. Y si eso falla, puede hacerse un aborto sin decirle a nadie. A un adolescente casi nunca se le pueden negar ciertos privilegios y vicios de "adulto" si está ansioso por lograr su independencia y dispuesto a luchar por ella.

Qué distinta era la situación cuando un muchacho crecía en una granja en los días de antaño, viviendo a unos 10 ó 15 kilómetros, a caballo, de la casa de su amigo más cercano. Su papá, impresionado con su propia autoridad, podía convencer a su hijo rebelde sin la interferencia de presiones externas. No hay ninguna duda de que en aquel entonces era mucho más fácil que el padre y el hijo se pusieran de acuerdo sentados en un arado en aquel lejano campo olvidado.

Pero hoy en día, cada chispa de descontento de los adolescentes es avivada hasta convertirse en una llama. La codicia por obtener el dinero de los jóvenes ha llegado a ser un negocio grande, con las revistas atractivas, las fábricas de discos fonográficos, la radio, la televisión y los concertistas ofreciendo satisfacción a cada capricho juvenil. Y, por supuesto, multitudes de jóvenes se reúnen ociosamente y patrocinan a esas compañías, por lo cual se han convertido en un grupo importante de consumidores.

A menos que los adolescentes tengan un deseo profundo de cooperar y ser responsables, rápidamente la situación se puede volver muy desagradable. Pero ¿dónde se origina la voz de autoridad y disciplina? Estoy convencido de que los primeros años de la niñez son vitales para establecer el respeto entre padres e hijos. Sin esa clase de fundamento (sin que el niño tenga respeto a sus padres) entonces el equilibrio de poder y control se inclina definitivamente hacia el hijo. Yo les estaría haciendo un daño a mis lectores si les diera a entender lo contrario.[10]

10

La rivalidad entre hermanos

¿ Nada me irrita más que las peleas y las discusiones que ocurren entre mis dos hijos. ¿Acaso todos los padres luchan con el conflicto entre sus hijos, o es que yo he fallado de alguna manera?

Si se les preguntara a las madres cuál es el aspecto *más* irritante de la crianza de los hijos, estoy convencido de que la rivalidad entre hermanos recibiría su voto unánime. A los niños no les basta con odiarse secretamente. Como pequeños guerreros, se atacan abiertamente, movilizando sus tropas y buscando las debilidades de la línea defensiva. Discuten, se pegan, se patean, gritan, se arrebatan los juguetes, se burlan mutuamente, se acusan y hacen sabotaje el uno contra el otro. Conozco a un niño que se resintió tanto por estar resfriado mientras su hermano mayor seguía sano, ¡que secretamente se limpió las narices en la boquilla del instrumento musical de su hermano! La gran perdedora en esta clase de combate, es la agobiada madre, que además de escuchar el ruido de la batalla tiene que tratar de curar a los heridos. Si la naturaleza emocional de ella requiere de paz y tranquilidad (como en el caso de la mayoría de las mujeres), quizás ella se tambalee bajo el fuerte ataque de los cañones.

La conocida columnista Ann Landers, quien diariamente
aconseja a sus lectores, recientemente les hizo esta pregunta:
"De haber sabido antes lo que ahora sabe, ¿hubiera tenido
hijos?" Setenta por ciento de las 10,000 mujeres que contestaron
dijo: "¡No!" Posteriormente, en la revista para mujeres: Good
Housekeeping, se hizo la misma pregunta, y 95 por ciento de
las que contestaron dijo: "Sí". Es imposible explicar los
resultados contradictorios de estas dos encuestas, pero los
comentarios que ellas adjuntaron son significativos. Una
mujer no identificada escribió: "¿Tendría hijos de nuevo? Mil
veces: "¡No!" Mis hijos han destruido completamente mi
vida, mi matrimonio y mi identidad como persona. No hay
gozo. De nada sirven las oraciones; no hay manera de callar
al niño que grita".

En mi opinión, sí hay algo que puede callar al niño que
grita, o incluso a una docena de ellos. No es necesario (ni
saludable) permitir que los niños se destruyan mutuamente,
y les hagan miserable la vida a los adultos que los rodean. La
rivalidad entre hermanos es difícil de "curar", pero ciertamente se puede controlar.[1]

¿ ¿Cuál es la causa de la rivalidad entre hermanos?

La rivalidad entre hermanos no es algo nuevo. Fue la
causa /del primer asesinato registrado en la historia (cuando
Caín mató a Abel). Desde entonces, ha estado presente en
prácticamente cada familia con dos hijos o más. La fuente
principal de este conflicto es los antiguos celos y la competencia entre los niños. Marguerite y Willard Beecher, en su
libro titulado: *Parents on the Run*[2] [Padres apresurados]
expresan lo inevitable que es esta lucha:

En otro tiempo se creía que si los padres le expli-
caban a un hijo que iba a tener un hermanito o
hermanita, éste no lo resentiría. Se le decía al niño que
sus padres lo disfrutaban tanto a él que querían aumentar su felicidad trayendo otro niño al hogar. Se

suponía que esto iba a evitar la competencia y la rivalidad producidas por los celos. Pero no dio resultado. ¿Y por qué habría de darlo? Está de más decir que si un hombre le dijera a su esposa que la ama tanto que planea traer otra esposa al hogar para 'aumentar la felicidad que él siente' eso no impediría que ella sintiera celos. Al contrario, la pelea apenas estaría empezando, exactamente de la misma manera que sucede con los hijos.[3]

¿ Si los celos son tan comunes, ¿cómo pueden los padres reducir el antagonismo natural que los niños sienten hacia sus hermanos?

El primer paso es evitar las circunstancias que los comparan desfavorablemente al uno con el otro. El conferencista Bill Gothard ha dicho que la raíz de todos los sentimientos de inferioridad está en las comparaciones. Estoy de acuerdo. La pregunta no suele ser: "¿Qué tal lo hago?" Más bien es: "¿Qué tal lo hago en comparación con Juan o Esteban o Mariana?" El asunto no es saber lo rápido que puedo correr, sino quién llega primero a la meta. A un niño no le importa lo alto que él es; está sumamente interesado en: "¿Quién es el más alto?"

Cada niño se mide sistemáticamente con sus compañeros, y es sumamente sensible al fracaso dentro de su propia familia.

Por esta razón, los padres deben tener cuidado de no hacer comparaciones que de manera habitual favorezcan a un hijo más que a otro. Esto es cierto particularmente en tres áreas.

Primero, los niños son muy sensibles en cuanto a su atracción física y sus características corporales. Es sumamente provocativo elogiar a un niño a expensas del otro. Por ejemplo, supongamos que Sara oye un comentario casual referente a su hermana: "Seguramente, Beatriz va a ser una muchacha muy bella". El simple hecho de que no se mencionó el nombre de Sara, probablemente dará lugar a la rivalidad entre las dos hermanas. Si hay una notable diferencia de belleza entre las dos, podemos estar seguros de que Sara ya ha llegado a la conclusión: "Sí, yo soy la fea". Cuando estos temores quedan confirmados por sus padres, se producen resentimiento y celos.

La belleza es el factor *más* importante para la autoestima del niño en los países occidentales, como intenté explicar en mi libro titulado: *Criemos niños seguros de sí mismos.* Todo lo que los padres digan en cuanto a este tema, que pudiera ser oído por los hijos, debería ser dicho muy cuidadosamente, porque tiene el poder de hacer que los hermanos y hermanas lleguen a odiarse.

En segundo lugar, todo lo relacionado con la inteligencia debe tratarse con mucho cuidado. No es raro escuchar que los padres digan delante de sus hijos: "Creo que el menor es en realidad más inteligente que su hermano". A los adultos les cuesta trabajo comprender la influencia poderosa que esa clase de evaluación puede producir en la mente de un niño. Aun cuando los comentarios son hechos sin intención y de una manera habitual, expresan cómo el niño es "visto" por su familia. Todos somos vulnerables a esa evidencia.

En tercer lugar, los niños (y en especial los varones), tienen mucho espíritu de competencia con respecto a sus habilidades atléticas. Los que son más lentos, menos fuertes y menos coordinados que sus hermanos, rara vez pueden aceptar de buena gana el quedar en "segundo lugar". Considere, por ejemplo, la siguiente nota que me dio la madre de dos niños. Fue escrita por su hijo de nueve años a su hermanito de ocho años, quien le había ganado en una carrera ese día.

> Querido Jaime:
> Yo soy el mejor, y tú el peor. Yo puedo ganarles a todos en las carreras, y tú no puedes ganarle a nadie. Yo soy el más inteligente, y tú el más tonto. Yo soy el mejor jugador de deportes, y tú el peor. Y también

eres un cerdo. Yo puedo darle una paliza a cualquiera. Y ésa es la verdad. Y esto es el fin de esta historia.

Sinceramente,

Ricardo

Esta nota me parece chistosa, pues Ricardo no ocultó muy bien sus motivos. Había sido humillado grandemente en el campo del honor, así que, regresó a casa y le declaró la guerra a su hermano. Probablemente haya pasado las siguientes ocho semanas buscando oportunidades para desquitarse de Jaime. Así es la naturaleza humana.[4]

¿Está usted sugiriendo que los padres eliminen todos los aspectos de individualidad dentro de la vida familiar, o que se impida la competencia sana para disminuir el factor de celos entre los hermanos?

Definitivamente no. Lo que estoy diciendo es que en cuestiones relacionadas con la belleza, la inteligencia y la habilidad atlética, cada niño debe saber que ante los ojos de sus padres es respetado, y tiene el mismo valor que sus hermanos.

Los elogios y las críticas *dentro del hogar* se deben distribuir lo más parejo posible, aunque algunos niños inevitablemente tendrán más éxito en el mundo exterior.

Y finalmente, debemos darnos cuenta de que los niños no construyen murallas alrededor de sus puntos fuertes, sino que las construyen para proteger sus puntos débiles. Así que, cuando un niño, como Ricardo, empieza a jactarse y a atacar a sus hermanos, está mostrando que se siente amenazado en ese punto. Como padres, nuestra sensibilidad ante esas señales, nos ayudará a disminuir el potencial de celos entre nuestros hijos.[5]

¿ **Algunas veces me parece que mis hijos pelean y discuten para llamar mi atención. Si es así, ¿cómo debo reaccionar?**

Probablemente usted tiene razón al pensar así. La rivalidad entre hermanos suele representar una forma de manipular a los padres. Los pleitos proveen una oportunidad para que ambos niños "atraigan" la atención de los adultos. Se ha escrito que "algunos niños prefieren que los busquen por haber cometido un crimen, a que no los busquen por ningún motivo". Con este fin en mente, sin decirse una palabra, un par de niños insoportables pueden ponerse de acuerdo en molestar a sus padres hasta que consiguen alguna reacción, aunque sea una de enojo.

Un padre me contó recientemente que su hijo y su sobrino empezaron a discutir y a darse puñetazos. Ambos padres estaban muy cerca, pero decidieron permitir que la situación siguiera su curso natural. Durante la primera pausa, uno de los niños miró de reojo a los hombres pasivos, y dijo: "¿Nadie nos va a detener antes que nos lastimemos?" Obviamente ninguno de ellos quería pelear. Su combate violento estaba directamente relacionado con la presencia de los dos adultos, y todo habría sido distinto si hubieran estado solos. Los niños suelen "atraer" la atención y la intervención de sus padres de esta manera.

Aunque usted no lo crea, esta clase de rivalidad entre hermanos es la más fácil de controlar. Los padres simplemente tienen que impedir que este comportamiento produzca los resultados deseados por cada uno de los participantes. Yo recomendaría que usted repasara el problema (por ejemplo, un día lleno de discusiones) con los niños, y luego les dijera: "Escúchenme con cuidado. Si los dos quieren estarse molestando el uno al otro y amargarse la vida, háganlo (suponiendo que haya un equilibrio de poder básicamente igual entre ambos). Vayan a pelear afuera hasta que se cansen. Pero ya no lo harán donde esté yo. ¡Se acabó! Ustedes ya saben que cuando hablo así es en serio. ¿Nos entendemos?"

Habiendo puesto en claro mis intenciones, yo actuaría de una manera decisiva en el mismo *instante* en que cualquiera de los dos niños volviera a discutir. Si tuvieran distintas habitaciones, los mantendría a cada uno en la suya por lo menos por treinta minutos de completo aburrimiento, sin radio ni televisión. O si no, mandaría a uno a limpiar el garaje, y al otro a cortar el césped. O les obligaría a ambos a dormir la siesta. Mi propósito al hacer cumplir esto, sería lograr que me tomen en serio la próxima vez que les diga que quiero que haya paz y tranquilidad.

Lo más sorprendente es que los niños están más felices cuando sus padres hacen cumplir estos límites razonables con amor y dignidad. En vez de retorcerse las manos, llorar, suplicar o gritar (lo cual sólo estimula el comportamiento destructivo, y lo empeora), la madre o el padre debe enfrentarse al conflicto con dignidad y sin perder la calma.[6]

¿ **He tenido mucho cuidado de ser justo con mis hijos, y no darles motivos para resentirse el uno con el otro. Sin embargo, siguen peleando. ¿Qué puedo hacer?**

El problema quizá sea por su falta de control disciplinario en el hogar. La rivalidad entre hermanos es peor cuando no existe un sistema razonable de justicia en el hogar, donde los que "quebrantan la ley" no son detenidos, y si lo son, nunca se enfrentan a un juicio. Es importante comprender que las leyes de la sociedad se establecen y se hacen cumplir para protegernos unos de otros. De la misma manera, una familia es una pequeña sociedad con la misma necesidad de que los derechos humanos sean protegidos.

Como ejemplo, supongamos que yo viviera en una comunidad donde no hubiera leyes establecidas. No hay policías, ni tampoco hay tribunales en donde los desacuerdos se puedan apelar. Bajo estas circunstancias, mi vecino y yo podríamos abusar el uno del otro impunemente. El podría tomar mi máquina de cortar el césped y tirar piedras por mis ventanas, mientras yo me robo los duraznos de su árbol favorito y tiro basura en su jardín. Esta clase de antagonismo mutuo suele aumentar cada vez más, llegando a ser más violento con el paso del tiempo. Cuando se le permite que lleve su curso natural, el resultado final puede ser el odio y el asesinato, como se ha comprobado a través de la historia.

Ya he indicado que las familias son similares a las sociedades en su necesidad de tener leyes y orden. En la ausencia de la justicia, como sucedería con los vecinos, los hermanos empiezan a atacarse uno al otro. El mayor es más grande y más fuerte, lo cual le permite oprimir a sus hermanos y hermanas menores. Pero el menor también tiene sus propias armas. Busca vengarse rompiendo las posesiones valiosas del mayor y molestándolo cuando le visitan sus amigos. Entonces, el odio mutuo explota como un volcán enfurecido, arrojando su contenido destructivo encima de todos los que se encuentran en su camino.

Sin embargo, cuando los hijos apelan a sus padres para que intervengan, suelen dejarlos a que se las arreglen entre ellos. En muchos hogares, los padres no tienen suficiente control disciplinario para hacer cumplir sus órdenes. En otros, están tan irritados por las peleas incesantes entre los hermanos, que se niegan a intervenir. En otros hogares, los padres obligan al hijo mayor a vivir tolerando la injusticia "porque tu hermano es más pequeño que tú". De esta manera le impiden defenderse de las maldades de su hermanito o hermanita. Es aun más común hoy, que tanto el padre como la madre estén trabajando mientras sus hijos quedan en casa desbaratándose unos a otros.

Vuelvo a repetir lo mismo a los padres: Una de sus responsabilidades más importantes es establecer un sistema imparcial de justicia y un equilibrio de poder dentro del hogar. Las "leyes" razonables se deben hacer cumplir igualmente para cada miembro de la familia. Para dar un ejemplo de esto, permítame hacer una lista de los límites y las reglas que mi esposa y yo desarrollamos a través de los años en nuestro propio hogar:

1. A ninguno de nuestros hijos se le permite jamás burlarse del otro de una manera destructiva. ¡Punto! Esta es una regla inflexible sin excepciones.

2. La habitación de cada hijo es su propiedad privada. Cada puerta tiene cerradura, y el permiso de entrar es un privilegio revocable. (Las familias con más de un hijo en cada habitación pueden designar un espacio para cada uno.)

3. El hijo mayor no puede molestar al menor.

4. El hijo menor no puede irritar al mayor.

5. No se les obliga a los hijos a jugar juntos cuando prefieren estar solos o con otros amigos.

6. Intervenimos en cualquier conflicto verdadero lo más pronto posible, teniendo cuidado de mostrar completa imparcialidad y justicia.

Como sucede con cualquier sistema de justicia, este plan requiere: (1) respeto de los hijos hacia la autoridad del padre y de la madre; (2) disposición de los padres a servir como mediadores, (3) aplicación de las reglas, y algunas veces del castigo. Cuando este método viene acompañado de amor, el ambiente emocional del hogar puede cambiar de uno de odio a (por lo menos) uno de tolerancia.[7]

¿ **Mi hija mayor es una estudiante muy buena, y cada año obtiene calificaciones de sobresaliente. Pero su hermanita, que está terminando ahora la escuela primaria, está completamente aburrida y ni siquiera se esfuerza por estudiar. Lo que causa más frustración es que, probablemente, la más joven es la más inteligente de las dos. ¿Por qué se negará ella a utilizar sus habilidades de esta manera?**

Podrían existir muchas razones para la falta de interés en los estudios, que su hija menor tiene. Pero permítame sugerir la más probable de las explicaciones. Muchas veces, los niños se niegan a competir cuando creen que van a quedar en segundo lugar en vez de primero. Por lo tanto, un niño que es más joven puede evitar con diligencia el retar a su hermano mayor en el área en que éste se encuentra más fuerte. Si Roberto es un gran atleta, entonces puede ser que Manuel esté más interesado en coleccionar sellos de correo. Si María es una pianista disciplinada, entonces puede ser que Teresa sólo piense en andar como una loca detrás de los muchachos.

Por supuesto, no siempre es válida esta regla. Ello depende del temor al fracaso que el niño tenga, y en la manera en que él juzgue sus probabilidades de competir con éxito. Si su confianza es grande, puede ser que entre orgullosamente al territorio de su hermano mayor, decidido a hacerlo todavía mejor que él. Sin embargo, la reacción más típica es buscar nuevas áreas de compensación, que no estén dominadas aún por el protagonista principal de la familia.

Si esta explicación está de acuerdo con la conducta de su hija menor, entonces sería prudente el esperar que lo que ella llegue a realizar en la escuela sea menos que perfecto. Cada niño no tiene que adaptarse al mismo molde, ni podemos obligarle a que lo haga.[8]

¿ **Usted recomienda en sus libros titulados:** *Atrévete a* *disciplinar* **y** *Criemos niños seguros de sí mismos***, que utilicemos un sistema de recompensas monetarias para animar a nuestros hijos a aceptar nuevas responsabilidades. Este método ha ayudado en gran manera, y nuestra familia está funcionado más tranquilamente. Sin embargo, tuve una idea para mejorar el sistema que ha producido resultados maravillosos con mis dos hijos, de seis y ocho años de edad. Para que ellos puedan ganarse un premio por lavarse los dientes, hacer sus camas, guardar su ropa, etcétera, los dos tienen que terminar las tareas que se les asignen. En otras palabras, les multo a ambos por el fracaso de uno de los dos, y recompenso a**

los dos por el éxito mutuo. Se llenaron del espíritu de trabajar unidos para lograr la meta. Esto ha hecho que sean socios de negocios, en cierta manera. Pensé que usted se interesaría en este método.

Esta madre ha hecho lo que espero que otros padres hagan: que utilicen mis consejos como puntos de partida para desarrollar sus propios métodos creativos. Mis ejemplos simplemente muestran que muchos de los padres que tienen éxito son los que encuentran soluciones singulares para los problemas rutinarios de la vida. La madre que escribió esta carta ha hecho esto de manera maravillosa.[9]

¿ **Estamos planeando nuestra familia con mucho cuidado, y queremos espaciar a nuestros hijos como debe ser. ¿Hay una diferencia de edad ideal que producirá mayor armonía entre ellos?**

Los niños que tienen una diferencia de dos años de edad y que son del mismo sexo probablemente sean más competitivos entre sí. Por otra parte, también es probable que disfruten más del compañerismo mutuo. Si ustedes tienen a sus bebés con cuatro años o más de diferencia de edad, habrá menos intimidad entre ellos, pero por lo menos tendrán a un solo hijo en la universidad a la vez. Mi respuesta evasiva a su pregunta refleja mi prejuicio personal: hay motivos más importantes para planear tener un bebé en cierto momento que la edad de los hijos que ya han nacido. Más importante es la salud de la madre, el deseo de tener otro hijo, la situación económica y la estabilidad del matrimonio. En mi opinión, las edades relativas de los hermanos no es uno de los factores de mayor importancia.[10]

¿ **Antes que el mes pasado naciera su nuevo hermanito, nuestro hijo de tres años de edad estaba muy contento con la idea de tener un compañero de juego. Ahora da muestras de que tiene celos, chupándose el dedo**

y haciendo mucho ruido cuando alguna de nuestras amistades viene a ver al nuevo bebé. Por favor, dígame qué es lo que puedo hacer para tranquilizarlo durante este período de adaptación.

Su hijo está mostrando la reacción característica de la invasión que ha ocurrido en su "reino". Nosotros vimos algo parecido cuando nació nuestro segundo hijo. Nuestro hijo llegó cuando su hermana tenía cinco años. Hasta ese momento no había ningún otro nieto o nieta, y ella había recibido toda la atención de los adultos con que se puede colmar a un hijo. Entonces, de pronto, el palacio en que se sentía completamente segura, fue invadido por un gracioso bebé que se ganó la atención de todos. Los parientes tomaban en brazos, arrullaban y abrazaban al bebé Ryan, mientras que Danae miraba desde lejos con desconfianza. Un sábado por la tarde, cuando una semana después de nacer Ryan regresábamos de casa de sus abuelos en nuestro auto, de súbito nuestra hija dijo: "Papá, tú sabes que yo no tengo la intención de ser una niña mala, pero ¡a veces quisiera que Ryan no estuviera aquí!"

En esa pequeña declaración ella nos había dado una valiosa pista en cuanto a sus sentimientos, y de inmediato aprovechamos la oportunidad que nos había presentado. La hicimos sentar en la parte de adelante del auto para poder conversar con ella sobre lo que había dicho. Le dijimos que nosotros comprendíamos cómo se sentía, y le aseguramos que la amábamos. También le explicamos que el bebé se encontraba completamente indefenso y moriría si no cuidábamos de él: alimentándolo, vistiéndolo, cambiándole los pañales y amándolo. Le recordamos que a ella la habíamos cuidado de la misma manera cuando era pequeñita, y le explicamos que muy pronto también Ryan crecería. Además, en los meses siguientes tuvimos cuidado de que la amenaza que ella sentía de perder nuestro cariño fuera menor. Al dar más atención a sus sentimientos y a su seguridad, la relación entre ella y su hermano se convirtió en una relación de amistad y amor duraderos.

El que Danae admitiera sus celos no es la manera típica en que reaccionan los niños. Es mucho más común que el niño no pueda o no esté dispuesto a expresar su inseguridad, que es ocasionada por la llegada del recién nacido, lo que hace que los padres tengan que estar atentos a señales más sutiles. El síntoma más claro del síndrome: "Me han suplantado", es el súbito regreso a la conducta infantil. Es evidente: "Si uno tiene que ser un bebé para que le presten atención, entonces, volveré a ser bebé". Por lo tanto, el niño hace berrinches, se orina en la cama, se chupa el dedo, se agarra de la mamá y no quiere soltarla, se pone a hablar como un bebé, etcétera. En esta situación, el niño ha observado un peligro claro y presente, y está resolviéndolo de la mejor manera que sabe.

Si su primer hijo parece sentirse como si hubiera dejado de ser su hijo, le sugeriría que haga lo siguiente:

1. Trate de lograr que él exprese sus sentimientos. Cuando un niño actúa de una manera tonta delante de los adultos, tratando de hacerlos reír o que le presten atención, es bueno que usted lo tome en brazos y le diga: "¿Qué te pasa Juanito? ¿Quieres atención hoy?" Poco a poco, se le puede enseñar a un niño a que use palabras parecidas a éstas cuando se siente excluido y rechazado, y diga: "Necesito atención, papá. ¿Quieres jugar conmigo?" Al ayudarle a expresar sus sentimientos, usted le está ayudando también a que se comprenda mejor.

2. No debe permitir que la conducta antisocial tenga éxito. Si el niño llora cuando llega la niñera, déjelo con ella de todas formas. Un berrinche puede ser recibido con una buena nalgada. Sin embargo, muestre poco enojo y disgusto, recordando que todo el episodio está motivado por el temor que el niño siente de perder el amor de usted.

3. Esfuércese por satisfacer las necesidades de su hijo de distintas formas en que usted le haga sentirse más importante por ser el mayor. Llévelo al parque, dejando claro que el bebé es demasiado pequeño para ir; elógielo por las cosas que él puede hacer, que el bebé no puede hacer. Por ejemplo, él puede usar el baño en vez de sus pantalones. Permítale que cuide al bebé para que sienta que tiene parte en las actividades de la familia.

Además de estas medidas correctivas, déle algún tiempo a su hijo para que se ajuste a su nueva situación. Aunque la misma le cause alguna tensión hoy, debería sacar provecho al darse cuenta de que él no está sentado en el centro del universo.[11]

11

Enseñándoles a los niños a ser responsables

¿ Usted ha indicado que el desafío voluntario de un niño se debería tratar de una manera distinta a la simple irresponsabilidad infantil. No estoy segura de que entiendo la diferencia entre estas dos clases de conducta. ¿Puede dar una explicación más amplia?

El desafío voluntario, según el nombre implica, es un acto deliberado de desobediencia. Solamente ocurre cuando el niño sabe lo que los padres esperan, y está decidido a hacer lo contrario. En pocas palabras, es un rechazamiento a aceptar la dirección de los padres, como salir huyendo en el momento en que lo llaman, gritar insultos, acciones de total desobediencia, etcétera. En contraste, la irresponsabilidad infantil es resultado de olvidos, accidentes, equivocaciones, poca capacidad de concentración, falta de paciencia ante las frustraciones, e inmadurez. En el primer caso, el niño sabe que ha hecho mal, y está esperando para ver qué puede hacer el padre acerca de su mala acción. En el segundo caso, el niño simplemente cometió una equivocación que trajo consecuencias que no había planeado. En mi opinión, es un error recurrir al castigo corporal con el propósito de inculcarle responsabilidad al niño (a menos que, por supuesto, él se haya negado a aceptarla de una manera desafiante).

Finalmente, la reacción disciplinaria apropiada, de la madre o del padre, debería ser determinada, por completo, por la *intención* del niño. Supongamos que mi hijo de tres años está parado junto a una puerta y yo le digo: "Ryan, por favor cierra la puerta". Pero, por su falta de madurez lingüística, él entiende mal y la abre más todavía. ¿Le castigaré por desobedecerme? Claro que no, aunque él ha hecho lo contrario de lo que le pedí. Quizás ni siquiera se dé cuenta de que ha fallado. Mi tolerancia es dictada por sus intenciones. En realidad, él trataba de obedecerme.

Sin embargo, si cuando le pido a Ryan que recoja sus juguetes, él da patadas en el suelo y grita: "¡No!", y luego me tira uno de sus camiones, entonces estoy obligado a aceptar su desafío. En pocas palabras, nunca es tan probable que mi hijo será castigado como cuando estoy seguro de que *él sabe* que merece el castigo.

La Biblia enseña con bastante claridad que los seres humanos tienen una tendencia universal hacia la rebelión, y que debe hacérsele frente durante la infancia, cuando está concentrada principalmente en los padres. Si no se le pone fin a ese desafío en los primeros años, puede llegar a convertirse en rebelión general en contra de toda autoridad, incluso la de Dios mismo. Nuestro Creador nos ha advertido en cuanto a las consecuencias de esta rebelión, declarando en Proverbios 29:1: "El hombre que reprendido endurece la cerviz, de repente será quebrantado, y no habrá para él medicina". Por lo tanto, debemos enseñarles a nuestros hijos a someterse a nuestro liderazgo amoroso como preparación para una vida de obediencia a Dios.[1]

¿Cómo deberían tratar los padres la irresponsabilidad infantil, cuando no implica ni desafío ni agresión pasiva?

A los niños les gustan los juegos de todas clases, en especial si los adultos participan con ellos. Con frecuencia, es posible transformar una situación educativa en una actividad divertida, que "sensibiliza" a toda la familia al asunto que usted está tratando de enseñar. Permítame decirle cómo mi esposa y yo enseñamos a nuestros hijos a colocarse las servilletas sobre las rodillas antes de comer. Por dos o tres años nosotros tratamos de recordárselo, pero no obtuvimos ningún resultado. Entonces lo convertimos en un juego familiar.

Ahora, si alguno de nosotros toma un bocado, antes de ponerse la servilleta, tiene que ir a su habitación y contar hasta 25, en voz alta. Este juego es muy eficaz, aunque tiene algunos inconvenientes. Usted no se puede imaginar cómo nos sentimos de ridículos mi esposa Shirley y yo, cuando estamos solos en la habitación, contando hasta 25, mientras que nuestros hijos están riéndose. Ryan, en particular *nunca* se olvida de su servilleta, y le gusta sorprendernos a los demás en un momento de distracción. Se sienta completamente quieto, mirando a todos hasta que alguien toma el primer bocado. Entonces, señala con el dedo al infractor, y dice: "¡Te agarré!"

Para todos los muchos objetivos de la crianza de los niños, que incluyen la enseñanza de la responsabilidad (en vez de vencer al desafío voluntario), esta clase de juego debería considerarse como el método preferido.[2]

¿Cree usted que a un niño se le deba exigir que diga "gracias" y "por favor" en el hogar?

Por supuesto que sí. Exigir que estas frases se utilicen es un método para recordarle al niño que éste no es un mundo donde se cumplen todos los caprichos. Aunque su madre está preparando sus alimentos y comprando las cosas y dándole lo que él necesita, él tiene que asumir algunas responsabilidades en cuanto a sus actitudes. El agradecimiento se tiene que enseñar, y este proceso de instrucción empieza con la cortesía fundamental en el hogar.[3]

¿ **Es posible que mi hijo de diez años de edad sea el muchacho más irresponsable que he conocido. Odia el trabajo, y ha roto o perdido todas las cosas de valor que se le han dado. He leído muchos libros en cuanto a enseñarles a los hijos a ser maduros y responsables, y nos estamos esforzando por lograr estos objetivos. Mi problema es que pierdo la paciencia con él con demasiada frecuencia. Le grito y le digo que es perezoso y tonto. Después me siento muy mal por mi falta de control. ¿Estoy haciéndole daño a su autoestima, con mis arrebatos de ira?**

Los niños generalmente aguantan mucho, y la mayoría puede absorber los arrebatos de cólera ocasionales de sus padres sin sufrir daños permanentes. En realidad, el disgusto de usted es parte del proceso de enseñarle a su hijo el camino hacia la madurez. Sin embargo, si usted se da cuenta de que con frecuencia o habitualmente, está reaccionando de un modo exagerado, sobre todo si ello implica calificar a su hijo de una manera injusta, sería bueno que usted recordara lo que alguien dijo acerca de la forma en que las personas se ven a sí mismas:

No somos lo que creemos ser...

Ni siquiera somos lo que *otros* creen que somos...

Somos lo que *creemos* que otros creen que somos.

Hay bastante verdad en este dicho. Todos evaluamos lo que creemos que otros están pensando en cuanto a nosotros, y entonces, solemos desempeñar ese papel prescrito. Esto explica por qué nos ponemos diferentes "caras" cuando estamos con diferentes grupos. Un doctor puede ser un profesional, serio, reservado y sabio en presencia de sus pacientes. Ellos lo "ven" de esa manera, y él los complace. Sin embargo, esa misma noche se reúne con sus amigos de la universidad que lo recuerdan como un joven divertido. Su personalidad puede dar la media vuelta de la noche a la mañana, quedando él irreconocible, de tal manera que un paciente quedaría asombrado si lo viera. Al igual, la mayoría de nosotros *somos* lo que creemos que otros creen que somos.

Ya que eso es verdad, su hijo va a adaptarse a la imagen que piensa que usted tiene de él. Si usted le llama perezoso y tonto, su conducta va a comprobar que esa evaluación era correcta. Felizmente, lo contrario también es cierto. Así que, cada vez que sea posible, controle sus reacciones impulsivas y muéstrele una imagen de él que sea más elevada, para que ésa sea la que él trate de alcanzar. De lo contrario, él se rebajará para ajustarse a la imagen que usted le está comunicando ahora.

¡Ya sé que es más fácil decirlo que hacerlo! A mí, también, me resulta difícil el seguir este consejo. Pero al menos podemos *tratar* de proveer a nuestros hijos imperfectos con lo que necesitan de nosotros que somos padres imperfectos.

¿Debo hablar orgullosamente de mi hijo todo el día, por cada cosa insignificante que hace? ¿No es posible que yo haga de él un niño consentido o malcriado, al decirle que todo lo que hace es maravilloso?

Efectivamente, los halagos que inflan el orgullo no son necesarios. El hijo pronto se dará cuenta del juego verbal de usted, y sus palabras dejarán de tener significado. Es útil distinguir la diferencia entre los *halagos* y los elogios. Los halagos son inmerecidos. Es lo que dice la abuelita cuando viene de visita: "¡Oh, mira qué linda está mi nietecita! Te estás poniendo más bonita cada día", o: "¡Madre mía, qué niño tan inteligente eres!" Los halagos tienen lugar cuando uno colma de elogios al niño por algo que él no realizó.

Los elogios, por otra parte, se utilizan para estimular la conducta positiva y constructiva. Los mismos deben ser bien específicos, en vez de generales. No es suficiente decir: "Has sido un buen niño..." Es mejor que se le diga: "Me gusta la forma en que hoy has mantenido arreglada tu habitación". Siempre los padres deberían buscar oportunidades para brindarles a sus hijos elogios genuinos y bien merecidos, y al mismo tiempo evitar los halagos vacíos.[4]

_¿_ ¿Cómo puedo hacerle saber a mi hijo de 14 años de edad, la necesidad que tiene de comportarse de una manera responsable durante toda su vida? El necesita mucho llegar a comprender esto.

El objetivo principal durante el período de la preadolescencia es enseñar al niño que sus acciones tienen consecuencias inevitables. Uno de los más serios desastres de una sociedad tolerante es el no relacionar estos dos factores: la conducta y las consecuencias. Con demasiada frecuencia, un niño de tres años le grita insultos a la madre, y ella se queda mirándole, confundida y sin hacer nada. Un alumno del primer grado inicia un ataque contra su maestro, pero la escuela es indulgente con los niños de esa edad y no hace nada por disciplinarle. Un niño de diez años es sorprendido robando caramelos en una tienda, pero es puesto en libertad bajo el cuidado de sus padres. Un muchacho de 15 años coge las llaves del auto a escondidas, pero su papá paga la multa cuando es arrestado. Un muchacho de 17 años maneja su primer auto como un loco, y sus padres pagan por las reparaciones cuando lo choca contra un poste de teléfono. Como usted puede ver, durante toda la infancia incluso los padres que aman a sus hijos parecen estar decididos a intervenir entre la conducta y las consecuencias, rompiendo la conexión que existe entre las dos, e impidiendo lo que hubiera podido ser una experiencia que les habría impartido valiosos conocimientos.

Por lo tanto, es posible que un joven entre a la edad adulta sin conocer realmente las dificultades de la vida, sin entender que cada movimiento que hacemos afecta de manera directa nuestro futuro, que finalmente el comportamiento irresponsable produce tristeza y dolor. Esa persona hace su solicitud para su primer empleo, y llega tarde al trabajo tres veces durante la primera semana; luego, cuando es despedido con palabras ásperas, se vuelve amargado y frustrado. Es la primera vez en su vida cuando mamá y papá no pudieron llegar corriendo para rescatarlo de las consecuencias desagradables. (Lamentablemente, muchos padres continúan "rescatando" a sus hijos adultos aun cuando dejan de vivir en la casa.) ¿Cuál es el resultado? Esta sobreprotección produce cojos emocionales que suelen desarrollar características de dependencia y una clase de adolescencia perpetua.

¿Cómo relaciona uno la conducta con las consecuencias? Estando dispuesto a permitir que el hijo experimente una cantidad razonable de sufrimiento o inconveniencia cuando se comporta de una manera irresponsable. Cuando Juanito pierde el autobús escolar a causa de su haraganería, déjele que camine hasta la escuela aunque llegue tarde (a menos que factores que pongan en peligro su seguridad lo impidan). Si Anita, por ser descuidada, pierde el dinero de su almuerzo, déjela que se quede sin almorzar ese día. Es evidente que existe el peligro de que siendo duro e inflexible con un niño inmaduro, este principio sea llevado demasiado lejos. Pero la mejor solución es permitir que los niños y las niñas asuman las responsabilidades propias de su edad, y que ocasionalmente saboreen el fruto amargo que produce la irresponsabilidad.[5]

¿ **Es algo horrible el momento que paso cada mañana para que mi hija de diez años se arregle para ir a la escuela. Ella se levanta cuando insisto, pero pierde el tiempo y se pone a jugar tan pronto como salgo de la habitación. Tengo que empujarla y advertirle constantemente, o si no se le hace tarde. Así que, cada vez me enojo más, y por lo general termino insultándola a gritos. Sé que ésta no es la mejor manera para tratar a la pequeña malcriada, pero confieso que me hace sentir ganas de**

golpearla. Por favor, dígame cómo puedo hacer que ella se apure sin que yo experimente esta terrible emoción todos los días.

Usted está haciendo lo que su hija desea que usted haga, al asumir la responsabilidad de que ella se arregle para ir a la escuela cada mañana. Una niña de diez años debería poder realizar esa tarea por sí misma, pero no es probable que el enojo de usted logre que ella lo haga. Nosotros tuvimos un problema parecido con nuestra hija cuando tenía diez años. Quizá la solución que encontramos en esa ocasión, sea útil para usted.

El problema que Danae tenía por la mañana estaba relacionado principalmente con su deseo compulsivo de dejar su habitación arreglada. Ningún día se iba para la escuela a no ser que su cama estuviera hecha perfectamente, y cada cosa estuviera en su lugar. Esto no era algo que le enseñamos; ella siempre ha sido muy meticulosa con sus cosas. (Debo agregar que su hermano, Ryan, no tiene ese mismo problema.) Sin dificultad, Danae hubiera podido terminar a tiempo estas tareas si hubiese estado motivada a hacerlo así, pero nunca tenía prisa. Por lo tanto, mi esposa comenzó a adquirir la misma costumbre que usted ha descrito, de advertir, amenazar, empujar y, finalmente, enojarse a medida que el reloj se aproximaba a la hora.

Shirley y yo discutimos el problema y decidimos que tenía que haber una mejor manera de atravesar la mañana. Más tarde inventé un sistema que llamamos: "Puntos de control". El mismo funcionaba de la siguiente manera: se le dijo a Danae que cada mañana tenía que estar de pie a las 6:30. Era responsabilidad de ella poner su despertador para esa hora y salir de la cama. Si lograba levantarse a tiempo (si se pasaba de la hora aunque fuera por un solo minuto, era falla) tenía que ir de inmediato a la cocina donde había una hoja de papel en el refrigerador, en la que ella marcaba "sí" o "no", según fuera el caso para ese punto de control. No podía ser más sencillo. Estaba de pie antes de las 6:30, o no lo estaba.

El segundo punto de control tenía lugar 40 minutos más tarde a las 7:10. A esa hora se le requería que su habitación estuviera en orden a su propia satisfacción, y ella tenía que haberse vestido, lavado los dientes, peinado, etcétera. Cuarenta minutos era bastante tiempo para lograr estas tareas, que en realidad hubiera podido hacer en 10 ó 15 minutos si hubiera querido apresurarse. Por lo tanto, la única manera en que podía fallar en el segundo punto de control era decidir pasarlo por alto intencionalmente.

Ahora bien, ¿cuál era el propósito de los puntos de control? ¿Al fallar en cumplirlos se producía enojo y gritería? Claro que no. Las consecuencias fueron claras y justas. Si Danae fallaba en uno de los puntos de control, esa noche tenía que acostarse 30 minutos antes de la hora habitual. Si fallaba en dos, tenía que "meterse debajo de las sábanas" una hora antes. Le estaba permitido leer en la cama, pero no podía ver la televisión o hablar por teléfono. Este método transfirió toda la presión de los hombros de Shirley a los hombros de nuestra hija, que era donde debía estar. Hubo ocasiones en las que mi esposa se levantó justamente a tiempo para preparar el desayuno, y se encontró con que Danae estaba sentada muy tranquila, ya vestida, y completamente lista.

Este sistema de disciplina puede ser útil como modelo para los padres que tienen problemas parecidos con el comportamiento de sus hijos. No era un sistema opresivo; en realidad, Danae parecía disfrutar al tener una meta que alcanzar. Los límites de una manera de obrar aceptable, se encontraban delineados fuera de toda duda. La responsabilidad estaba puesta evidentemente sobre ella. Y no había necesidad de que ningún adulto se enojara o se pusiera a patear lleno de ira.

Este concepto puede ser adaptado para resolver también otros conflictos muy difíciles, que existan en su hogar. El único límite se encuentra en la imaginación y creatividad que usted ejercite en medio de la situación.[6]

¿? **Mi hijo de ocho años pone su vaso de leche muy cerca del codo cuando está comiendo, y lo ha derramado sobre la mesa por lo menos seis veces. Continuamente le digo que tenga cuidado, pero no me presta atención. Cuando derramó la leche de nuevo ayer le di una sacudida, y también le di una nalgada con un cinto. Hoy no me siento muy bien acerca del incidente. ¿Tendría que haber sido más paciente con él?**

Sí, me parece que usted reaccionó de una manera exagerada. Se le debe dar una nalgada al niño sólo en circunstancias cuando la *intención* de él es desobedecer o desafiar la autoridad del padre o la madre. Un accidente como el que usted menciona, aunque suceda repetidamente, no entra en esa categoría de comportamiento rebelde. Por lo tanto, haberle dado una nalgada a su hijo fue impropio en el caso que usted ha descrito. Hubiera sido mejor crear un método para hacerle prestar atención y ayudarle a recordar poner su vaso en un lugar seguro. Por ejemplo, usted podría haber marcado con papel rojo una "zona de peligro" al lado de su plato. Si él llegara a colocar el vaso sobre el papel tendría que ayudar a lavar los platos después de la comida. Le aseguro que muy rara vez se "olvidaría" nuevamente. En realidad, este procedimiento serviría para que estuviera atento aun después de haber quitado el papel. Vuelvo a repetir, es importante recordar que el comportamiento irresponsable es muy diferente del desafío y la rebelión en cuanto a su motivación, y debería ser tratado con más originalidad.[7]

¿? **Tengo dos hijas adoptivas que son hermanas. Tenían seis y ocho años de edad cuando las adoptamos el mes pasado. Se han ajustado bastante bien y responden a nuestro amor. Sin embargo, son muy descuidadas: no se les había enseñado a usar el tenedor, por lo que agarran la comida con las manos. Dejan el agua correr, no cuelgan las toallas mojadas, y nunca se lavarían los dientes si yo no les insistiera. ¿Cómo puedo enseñarles a que acepten,**

como otros niños de su edad, las responsabilidades que les corresponden a ellas?

Una de las herramientas más útiles, que está a nuestra disposición para enseñarles a los niños a ser responsables, implica el uso de recompensas específicas por la conducta correcta. El sistema por medio del cual los niños son motivados se expresa en "la ley del estímulo", descrita por el primer sicólogo educacional: E. L. Thorndike. Dice así: "El comportamiento que produce consecuencias deseables será repetido". Esto quiere decir que si a una persona le gusta lo que ocurre como resultado de su comportamiento, esa persona estará inclinada a comportarse otra vez de la misma forma. Si Marta consigue la atención de los muchachos cuando se pone un vestido nuevo, ella volverá a ponerse ese vestido una y otra vez. Si Pancho gana los partidos de fútbol con cierto balón, y pierde con otro, preferirá el balón con el que ha encontrado el éxito. Este principio es muy simple, pero tiene profundas implicaciones en el aprendizaje.

Lo que quiero decir es que un uso correcto de recompensas (o estímulos) puede hacer que sus hijos o hijas *quieran* lavarse los dientes, comer con un tenedor y colgar las toallas mojadas. Lamentablemente, no es suficiente repartir regalos y premios sin haber hecho ningún plan. Existen principios específicos que hay que seguir si queremos que la ley del estímulo alcance su potencial máximo.

Uno de los factores más importantes que debemos recordar es la necesidad de que el estímulo sea *inmediato*. Muchas veces, los padres cometen el error de ofrecerles a sus hijos recompensas a largo plazo, con poco éxito. Por lo general, no se logra nada al ofrecerle al niño de nueve años un auto cuando cumpla 16 si se esfuerza en la escuela por los siguientes siete años. A los niños de primaria se les suele prometer un viaje a la casa de la abuela durante el verano si se comportan bien en el transcurso del año. Su obediencia típicamente no queda afectada con este aliciente. Tampoco es conveniente el ofrecerle a María una nueva muñeca para la Navidad si ella mantiene su habitación ordenada en el mes de julio. La mayoría de los niños no tienen ni la capacidad mental ni la madurez para cada día mantener en su mente una meta a largo plazo. El tiempo pasa lentamente para ellos; por lo tanto, el estímulo parece imposible de alcanzar y pierden el interés en esperarlo. Para los animales, las recompensas se deben ofrecer aproximadamente dos segundos después que el comportamiento deseado ha ocurrido. Un ratón saldrá de un laberinto con mucha más rapidez si el queso lo espera al final que si hay una demora de cinco segundos. Aunque los niños pueden esperar más tiempo que los animales, el poder de la recompensa se debilita con el tiempo.

Regresando a la pregunta, es importante que usted comprenda que el comportamiento irresponsable de sus hijas adoptivas ha sido aprendido. Los niños aprenden a reír, jugar, correr y saltar; también aprenden a lloriquear, a abusar de otros niños, a poner mala cara, a pelear y a hacer berrinches. El estímulo es el maestro universal. El niño repite un comportamiento que él considera que le trae el éxito. Un jovencito puede ser cooperativo y ayudador porque disfruta del efecto que su comportamiento produce en sus padres; otro pondrá cara larga y estará de mal humor por la misma razón. Cuando los padres identifican las características que no les gustan en sus hijos, deben comenzar a *enseñarles* otras que sean dignas de admiración, permitiendo que el buen comportamiento tenga éxito y que el malo fracase.[8]

¿ Usted se ha referido a los niños que manipulan a sus mamás y papás. Por otro lado, ¿no están manipulando los padres a su hijo cuando usan recompensas y castigos?

No es diferente del supervisor en una fábrica, que "manipula" a sus empleados al insistir que lleguen al trabajo a las nueve en punto. No es diferente del policía que "manipula" al conductor que va con exceso de velocidad, al entregarle una multa. No es diferente de la compañía de seguros que "manipula" al mismo conductor al aumentarle su cuota por no ser un conductor prudente. La palabra "manipular" insinúa que hay un motivo egoísta. Prefiero que se utilice el término "guiar" o "dirigir", porque es para el beneficio de todos, aunque haya consecuencias desagradables.[9]

> **¿** **Me incomoda usar recompensas para influir en mis hijos. Se parece mucho al soborno. Quisiera escuchar su opinión sobre este tema.**

Muchos padres se sienten como usted, y mi respuesta es que si por motivos filosóficos usted está opuesta a dicho concepto, no haga uso de las recompensas. Sin embargo, es una lástima que nuestro recurso de enseñanza, que es más práctico, sea rechazado a veces por causa de interpretar mal los términos. Toda nuestra sociedad se encuentra establecida en un sistema de estímulos, sin embargo, no queremos usarlos donde más falta hacen, con los niños. Como adultos, nosotros trabajamos cada día, y cada viernes recibimos un cheque, como recompensa por haber hecho nuestro trabajo. Se entregan medallas a los soldados valientes; reciben placas los profesionales que logran el éxito, y les regalan relojes a los empleados que se jubilan. Las recompensas hacen que el esfuerzo responsable valga la pena. El motivo principal del éxito extraordinario del capitalismo es que el esfuerzo y la disciplina personal producen recompensa material. La debilidad más grande del socialismo es la ausencia de estímulos; ¿por qué ha de luchar un hombre para sobresalir, si no hay nada especial para lograr? El aspecto menos agradable de mi corta experiencia militar fue la ausencia de los estímulos; no podía obtener un rango mayor hasta que cierta cantidad de tiempo transcurriera, sin importar mi esfuerzo. La cantidad de mi sueldo la fijaba el Congreso, no tenía que ver con lo que yo lograra. Ese sistema destruye la motivación. Sin embargo, algunos padres creen que no usar recompensas es el único método que deben utilizar con sus hijos. Esperan que el pequeño Juanito asuma responsabilidades simplemente porque es noble hacerlo. Quieren que trabaje, aprenda y se esfuerce, por el puro gozo de la disciplina personal. Y él ¡no se va a tragar el anzuelo!

Considere las otras opciones que usted tiene si no quiere usar este método de recompensas, al que algunas personas llaman "soborno". ¿Cómo va *usted* a lograr que su hijo de cinco años se comporte de una manera más responsable? Los sustitutos que se utilizan con más frecuencia son: regaños, quejas, ruegos, gritos, amenazas y castigos. La madre que se opone al uso de las recompensas es probable que cada noche se acostará con un tremendo dolor de cabeza, jurando que no va a tener más hijos. A ella no le gusta acentuar el materialismo, pero más tarde le dará dinero a su hijo. Y en vista de que el niño nunca se gana el dinero que se le da, no aprende a ahorrar, ni a gastarlo prudentemente o a darle a Dios el diezmo del mismo. Como ella le compra juguetes con su propio dinero, él los valora menos que si hubieran sido comprados con dinero que hubiera recibido como recompensa. Pero lo más importante es que él no está aprendiendo la autodisciplina y la responsabilidad personal, lo cual es posible por medio de estimular cuidadosamente esta clase de comportamiento.[10]

¿ **Si usted no considera que el uso justo de las recompensas con los niños es soborno, entonces, ¿qué es lo que constituye un soborno, o una recompensa inapropiada?**

Las recompensas se convertirían en soborno si las mismas sirvieran como "pago" de la conducta desobediente o irresponsable. Por ejemplo, no es aconsejable hacer uso de las recompensas cuando un niño está desafiando la autoridad de los padres. La mamá pudiera decir: "Ven aquí, Marta", y Marta grita: "¡No!" Es un error el que entonces la madre le ofrezca a Marta un caramelo para que la obedezca. En realidad, la estaría recompensando por su desafío. Tampoco se deben utilizar las recompensas como sustitutos de la autoridad; tanto las recompensas como los castigos tienen su lugar apropiado en la crianza de los niños, y cambiar los papeles trae resultados indeseables.[11]

> **¿** **Me preocupa el darle una importancia indebida al materialismo con mis hijos. ¿Acaso tienen que darse las recompensas en la forma de dinero o juguetes?**

De ninguna manera. Cuando mi hija tenía tres años, comencé a enseñarle el alfabeto y algunas otras cosas que pueden enseñársele a un niño de esa edad. Al planear las sesiones de instrucción cada noche después de cenar, darle a ella caramelos y bombones era la principal motivación. (En esa época me preocupaba menos en cuanto al efecto del exceso de azúcar que ahora.) Una noche nos encontrábamos sentados en el suelo, y yo estaba enseñándole algunas nuevas letras, cuando un tremendo choque sacudió el vecindario. Inmediatamente todos salimos afuera de la casa para ver qué había sucedido, y observamos que un adolescente había chocado con su auto en nuestra tranquila calle. El muchacho no se había herido seriamente pero su auto había quedado completamente destruido. Le echamos agua al auto que estaba ardiendo, y llamamos a la policía. No fue hasta que la excitación comenzó a disminuir que nos dimos cuenta de que nuestra hija no había salido de la casa con nosotros. Regresé a donde habíamos estado los dos juntos, y la encontré con el brazo entero metido en la bolsa de caramelos y bombones que yo había dejado allí. Se había comido como la mitad, y casi la otra mitad de chocolate la tenía por toda la cara. Cuando ella vio que yo me acercaba, se las arregló para llenarse otra vez la boca. Ese día aprendí una de las limitaciones de usar el estímulo material, o al menos, de usar el estímulo comestible.

Cualquier cosa que sea deseable para el individuo puede servir como estímulo de la conducta. Las que evidentemente son recompensas para los animales, son aquellas que satisfacen sus necesidades físicas, pero los seres humanos son más motivados por lo que les ayuda a resolver sus abrumadoras necesidades sicológicas. Por ejemplo, algunos niños preferirían recibir unas palabras sinceras de aprobación en vez de un billete de diez dólares, en particular si la aprobación del adulto es expresada delante de otros niños. Los niños y los adultos de todas las edades, buscan la satisfacción constante de sus necesidades emocionales, incluyendo el deseo de amor, aceptación social y dignidad. Además, esperan obtener emoción, estímulo intelectual, diversión y placer.

El estímulo verbal debe extenderse a toda la relación entre los padres y sus hijos. Con demasiada frecuencia la instrucción que les impartimos a nuestros hijos consiste de un millón de prohibiciones que les metemos por las narices. Debiéramos pasar más tiempo recompensándoles por su comportamiento que admiramos, aunque la "recompensa" no consista en nada más que un sincero elogio. Recordando la necesidad que el niño tiene de autoestima y aceptación, el padre prudente puede satisfacer esos importantes anhelos al mismo tiempo que los usa para enseñarle conceptos y conducta valiosos. Quizá sean de beneficio algunos ejemplos:

Una madre podría decirle a su hija: "Adriana, de verdad coloreaste muy bien esta pintura. Esta es la clase de trabajo bien hecho que me gusta ver. La voy a colgar en el pasillo".

La madre podría decirle al esposo, en presencia del hijo: "Jaime, ¿te has dado cuenta de que Daniel puso su bicicleta en el garaje esta noche? No la dejó fuera hasta que le dijéramos que la metiera, como hacía siempre; se está volviendo mucho más responsable, ¿no crees?"

Un padre le podría decir a su hijo: Te agradezco que hayas estado callado mientras estuve haciendo cuentas, hijo. Fuiste muy considerado. Ahora he terminado esa tarea, y tengo más tiempo libre. ¿Por qué no jugamos a la pelota?

Un maestro le podría decir a un alumno adolescente: Ese es un buen punto, Juan. No me había puesto a pensar en ese aspecto del asunto. Me gusta tu manera original de ver las cosas.

Una madre le podría decir a su pequeño hijo: Carlos, no te has chupado el dedo en toda la mañana. Estoy muy orgullosa de ti. Vamos a ver cuánto tiempo puedes pasar esta tarde sin chuparte el dedo.

Pero no es prudente que un padre o una madre elogie a su hijo por un comportamiento que no admira realmente. Si por todo lo que hace, el hijo recibe un abrazo y una palmadita en la espalda, poco a poco la aprobación de los padres pierde su importancia. La exageración puede destruir el valor de sus elogios. Si buscamos la conducta que merece elogios sinceros podemos encontrarla, hasta en el niño más pequeño.[12]

¿ Creo que usé correctamente una recompensa el sábado por la noche cuando mi esposo y yo salimos a cenar juntos. A la hora de salir, nuestros hijos de cuatro y cinco años armaron todo un escándalo. Gritaron e hicieron berrinches hasta que yo recordé que las recompensas son muy efectivas. Fui a la cocina y saqué unos caramelos para ellos. Dejaron de llorar, y pudimos salir en paz. ¿Es éste un ejemplo de la aplicación correcta de "la ley del estímulo"?

Lamentablemente, no lo es. En vez de estimular la madurez y la responsabilidad cuando usted estaba saliendo, involuntariamente ha recompensado la reacción contraria. Ha hecho que sea provechoso para el niño llorar la próxima vez que usted vaya a salir. Los caramelos sirvieron para estimular las lágrimas, en este caso.

Es de vital importancia que los padres comprendan este principio, para que no estimulen el comportamiento inaceptable. En realidad, es demasiado fácil y común propagar el comportamiento indeseable en los niños pequeños al permitir que el mismo tenga éxito. Supongamos, por ejemplo, que el señor Caradébil y su esposa tienen invitados para la cena hoy. Por este motivo, acuestan a Ricardo, de tres años, a las siete de la noche. Saben que, como de costumbre, Ricardo va a llorar, pero ¿qué más pueden hacer? Dicho y hecho, Ricardo llora. Empieza a llorar quedito (pero no logra nada), y gradualmente aumenta el volumen hasta que está gritando a viva voz. Finalmente, la señora de Caradébil se siente tan avergonzada por los gritos de Ricardo que lo saca de la cama. ¿Qué ha aprendido el niño? Que tiene que gritar con fuerza si de verdad quiere que lo levanten. El señor Caradébil y su esposa se deben preparar para la siguiente batalla de lágrimas mañana en la noche, porque este método tuvo éxito hoy.

Veamos otro ejemplo. Beatriz es una adolescente terca. Nunca acepta que sus padres le nieguen algo. Es muy malhumorada y su papá dice que sólo es feliz cuando anda en la calle. Cuando su mamá no está segura de darle o no permiso para ir a una fiesta o a un juego deportivo, primero le dice que *no puede ir*. Al decir primero que "no", la mamá de Beatriz no se ve comprometida a decir que "sí" antes de haberlo meditado bien. Siempre puede cambiar de opinión después de haber dicho que no, y decir que sí; pero es difícil hacerlo al revés. Sin embargo, ¿qué aprende Beatriz de este sistema? Ella se da cuenta de que "no" realmente significa "ya veremos" o "tal vez". Cuánto más insiste y se queja, mayor es la posibilidad que tiene de recibir el "sí" deseado. Muchos padres cometen el mismo error que la madre de Beatriz. Permiten que sus hijos discutan, se enojen, den portazos y hagan tratos para salirse con la suya. Los padres no deben tomar una posición definida en cuanto a un asunto hasta haberlo pensado bien. Después debe ser totalmente firme en su decisión. Si el adolescente aprende que "no" significa "de ninguna manera", es menos probable que se esfuerce por apelar el caso a los tribunales superiores.

Quizá sea de beneficio mirar otro ejemplo: Abel, de siete años, quiere que la familia le preste atención, y no conoce manera constructiva de lograrlo. Un día, en la mesa, su mamá dice: "Cómete tus verduras, Abel", a lo que replica con desafío: "¡No! ¡No comeré esas terribles verduras!" Ahora toda la familia le presta atención, lo que él quería en primer lugar. La mamá de Abel puede solidificar el éxito de su desafío (garantizando así que se repita), diciendo: "Si te comes todas tus verduras, te daré un caramelo".

Evidentemente, los padres deben tener cuidado en cuanto al comportamiento que permiten que resulte. Deben ejercer la autodisciplina y la paciencia para asegurar que el estímulo sea positivo, y no negativo en los resultados que produzca.[13]

¿ **Mi hija Susana, quien tiene cuatro años, es una** *llorona.* **Es muy raro que hable con una voz normal. ¿Cómo puedo quitarle esta costumbre?**

Es un hecho comprobado que la conducta que no es estimulada desaparecerá con el tiempo. Este proceso, llamado *extinción* por los sicólogos, puede ser muy útil para los padres y maestros que desean cambiar ciertas características en los niños. El mundo de los animales provee muchos ejemplos interesantes de este proceso. Considere la forma en que son entrenados los elefantes de circo, para que no halen con toda su enorme fuerza la cadena con que son detenidos cada noche. Cuando un elefante es pequeño, le encadenan una pata a un bloque de cemento, el cual es totalmente imposible de mover. El tira repetidas veces de la cadena, sin ningún éxito, y por eso su conducta de intentos por escaparse será extinguida. Más tarde, una pequeña soga y un débil poste serán suficientes para detener al poderoso elefante.

Para poder eliminar el comportamiento indeseable, uno primero tiene que identificar cuál es el estímulo, y luego evitar ese importante estímulo. Apliquemos este principio al problema del lloriqueo, que usted mencionó. ¿Por qué habla lloriqueando su hija, en vez de hacerlo con una voz normal? Porque usted, sin darse cuenta, le ha estimulado a hacerlo. Mientras que Susana habla con su voz de costumbre, usted está muy ocupada para escucharla. Estoy seguro de que

Susana se pasa todo el día hablando, por lo cual muchas veces usted no ha prestado atención a lo que ella le dice. Pero cuando habla con un tono rechinante, que le molesta, usted se da vuelta para ver qué es lo que pasa. Los lloriqueos de Susana producen resultados; su voz normal no; por lo que se convierte en una llorona. Para ponerle fin a esa manera de hablar de su hija, usted debe simplemente invertir el estímulo. Debiera comenzar por decirle: "No te puedo escuchar porque estás lloriqueando, Susana. Tengo oídos raros; realmente no pueden oír el lloriqueo". Después que haya expresado este mensaje por un día o dos, no debiera mostrar ninguna señal de haber escuchado ni uno de sus quejidos. Entonces usted debiera prestarle atención inmediata a cualquier petición que ella le haga con una voz normal. Si este control de los estímulos se aplica correctamente, le garantizo que se logrará el resultado deseado. Todo aprendizaje está basado en este principio, y las consecuencias son seguras y definidas. Por supuesto, los abuelos pudieran continuar estimulando la conducta que usted está tratando de extinguir, y pueden mantenerla viva.[14]

¿ **¿No es éste el mismo sistema de extinción que aplican las compañías que ayudan a las personas a vencer el hábito de fumar o la tendencia de comer demasiado?**

Así es. El objetivo es eliminar la sensación grata (el estímulo) que normalmente se produce al inhalar el humo del cigarrillo. Con este fin, se dirige un tubo hacia la cara del fumador, del cual sale humo de tabaco muy concentrado y viciado. Cuando la persona fuma su propio cigarrillo, el tubo le lanza ese humo hediondo a la cara. El fumador empieza a asociar los cigarrillos con el terrible olor que recibe en la cara, y en un alto porcentaje de casos ha llegado a sentir un gran asco al cigarrillo.[15]

¿ **Mi hijo tiene miedo a la oscuridad. ¿Se puede utilizar el principio de extinción para ayudarle a vencer este temor?**

La extinción es una de las herramientas más útiles para ayudar a los niños a vencer sus temores que no tienen fundamento. En una ocasión, aconsejé a una mamá que estaba preocupada por su hija de tres años que tenía miedo a la oscuridad. A pesar de que dejaban prendida una pequeña lámpara, y dejaban abierta la puerta, Marcela tenía miedo de quedarse sola en su habitación. Cada noche, insistía en que su madre permaneciera con ella hasta quedarse dormida, lo cual llegó a ser una inconveniencia que le quitaba mucho tiempo. Si Marcela se despertaba en la noche, pedía que la fueran a ayudar. Era aparente que la niña no estaba jugando; realmente tenía miedo. Tales temores no son características innatas del niño; los ha aprendido. Los padres tienen que tener mucho cuidado en expresar sus temores, porque sus hijos pequeños son sorprendentemente perceptivos y adoptan con mucha facilidad esos mismos temores. Además, las bromas pueden producir problemas para el niño. Si el jovencito entra en una habitación oscura, y alguien que está escondido detrás de la puerta lo asusta, él ha aprendido algo de esa broma: ¡la oscuridad no siempre está vacía! En el caso de Marcela, no era claro porque había aprendido a tener miedo a la oscuridad, pero creo que involuntariamente su mamá había agravado el problema. Al preocuparse por Marcela, mostraba ansiedad, y Marcela empezó a pensar que sus temores estaban justificados. "Hasta mamá se preocupa". El temor llegó a ser tan grande que Marcela no podía caminar por una habitación con poca luz sin que alguien la acompañara. Fue entonces que su mamá vino a consultarme.

Le sugerí a la madre que le dijera a su hija que ella la ayudaría a comprender que no había por qué tenerle miedo a la oscuridad. (Por lo general, no ayuda intentar *hablarle* a un niño de sus temores, pero es de beneficio mostrarle que uno está confiado y no siente temor.) La mamá compró un paquete de estrellitas, y preparó una hoja para mostrarle a la niña cómo se podía "ganar" un tocadiscos. Luego puso su silla afuera de la habitación. A Marcela se le daba una estrella si podía pasar un corto tiempo (diez segundos) en su habitación con la luz prendida y la puerta abierta. El primer paso no le hizo sentirse amenazada, y a Marcela le gustó el juego. Repitieron el juego varias veces, y luego se le pidió que entrara a la habitación oscura con la puerta abierta, mientras su mamá (a quien podía ver claramente) contaba hasta diez. Marcela logró hacer eso varias veces, y se le dio una estrella en cada ocasión. Después la puerta se cerró a la mitad, y por fin se cerró casi por completo. Finalmente, Marcela tenía valor de entrar a la habitación oscura, sentarse sobre la cama, y esperar a que su mamá contara hasta diez. Sabía que podía salir cuando ella quisiera. Su mamá hablaba con confianza y tranquilidad. El tiempo en la oscuridad se fue alargando poco a poco, y en lugar de producir temor, producía estrellas que finalmente produjeron un tocadiscos; una buena fuente de placer para un niño pequeño. Se estimuló el valor, y el temor se extinguió. Así se rompió el ciclo del temor, quedando reemplazado con una actitud más sana.

El uso de la extinción se limita sólo por la imaginación y creatividad de los padres o los maestros. El mejor método de cambiar el comportamiento es evitar el estímulo para el comportamiento indeseable, al mismo tiempo que se recompensa el comportamiento nuevo.[16]

La hiperactividad en los niños

¿ **¿Qué es la hiperactividad, y qué la causa?**

La hiperactividad (también llamada hipercinesia, disfunción cerebral mínima, trastorno de los impulsos, y por los menos otros 30 términos) es definida como movimiento excesivo e *incontrolable*, y casi siempre incluye distracción, inquietud y poca capacidad de concentración. He enfatizado la palabra "incontrolable", porque el niño que se encuentra severamente afectado es absolutamente incapaz de sentarse quieto en una silla, o de disminuir su nivel de actividad. Es impulsado por fuerzas internas, que no puede ni explicar ni mejorar.

Un jovencito de esta clase fue un niño de siete años llamado Manuel que estaba afligido con el síndrome de Down (una clase de retraso mental que originalmente se conocía como mongolismo). Este muchachito estaba frenéticamente activo, y literalmente "atacó" mis muebles cuando entró en mi oficina. Se trepó encima de mi escritorio, tirando cuadros, archivos y pisapapeles. Después, agarró el teléfono y lo sostuvo en dirección de mi oído. Para complacerlo fingí una conversación. Pero Manuel, con otras intenciones en mente, se bajó de un salto de mi escritorio, corrió a la oficina de otro sicólogo, al lado de la mía, insistiendo en que mi colega jugase el mismo juego. De casualidad nuestros teléfonos compartían la misma extensión, y este pequeño de siete años había sido más astuto que dos "expertos" en el desarrollo de los niños. Allí nos encontramos hablando el uno con el otro, sin tener algo para decir, que viniese al caso. Esa fue una experiencia humillante.

Un niño, verdaderamente hiperactivo, puede humillar a cualquier adulto, particularmente si los padres no entienden el trastorno que su hijo tiene. Muchas veces, la condición está relacionada con un daño del sistema nervioso central, aunque también puede ser causada por tensión emocional y fatiga. Algunas autoridades creen que casi todos los niños que nacen naturalmente (o sea, que no nacen por cesárea) probablemente sufran daño en los tejidos cerebrales durante el proceso del nacimiento. La diferencia entre pacientes que son severamente afectados (los que tienen parálisis cerebral) y los que no tienen síntomas obvios, puede reflejar tres factores variables: (1) El lugar donde se encuentra el daño; (2) Lo extenso que es el daño; y (3) La rapidez con la que ocurrió el daño. Es posible que algunos niños hiperactivos fueron afectados, desde muy temprano, por una interferencia cerebral, no identificada, la cual no causó otros síntomas o problemas. No obstante, debo enfatizar que esta explicación es solamente especulativa, y que el conocimiento médico de este trastorno es muy limitado.[1]

¿Cómo es que el daño sufrido por los tejidos del cerebro puede causar actividad frenética en un niño?

Se conoce relativamente poco en cuanto al cerebro humano y sus fallos. Por ejemplo, conocí a un niño impedido neurológicamente que podía leer las palabras: "Ve y cierra la puerta", sin comprender la orden escrita. Sin embargo, si se hacía una grabación mientras él leía: "Ve y cierra la puerta", el niño podía escuchar la grabación de su propia voz y comprender perfectamente bien las palabras. Otro paciente en un hospital mental podía desarmar y reparar aparatos complejos de televisión, sin embargo, carecía del sentido común necesario para llevar a cabo las responsabilidades rutinarias de vivir fuera del hospital. Otro hombre, herido en combate, tenía la triste característica de no poder guardarse nada. Murmuraba sus ideas más íntimas para vergüenza y escándalo de todos los que le oían.

Los trastornos cerebrales se expresan de muchas maneras extrañas, incluyendo la actividad frenética de la hiperactividad. Nadie puede explicar exactamente por qué sucede, aparte del hecho obvio de que los mecanismos electroquímicos que controlan el movimiento corporal se han alterado, resultando en un estímulo excesivo de los múscupos.[2]

¿Cómo pueden la ansiedad o los problemas emocionales causar hiperactividad?

Cuando los adultos están bajo tensión o ansiedad severas, la tensión interna es típicamente expresada en alguna forma de actividad física. Un padre, que está esperando a que su esposa termine de dar a luz, camina de un lado a otro en la sala de espera del hospital, o fuma un cigarrillo tras otro, o sus manos están, posiblemente, temblando. Un entrenador de baloncesto correrá a lo largo de las líneas laterales, mientras el resultado del juego es dudoso. Es posible que otra persona ansiosa se siente quieta en una silla, pero que muy pronto se haya comido las uñas o mueva su mandíbula de un lado a otro. Lo que quiero decir es que la tensión aumenta la cantidad de movimiento físico observado en los adultos.

Cuánto más cierto es esto en un niño inmaduro, el cual no solamente golpea la mesa con los dedos cuando está ansioso, sino que trata de treparse por las cortinas y caminar por el techo.[3]

¿Qué tan temprano puede ser identificado el problema?

El niño extremadamente hiperactivo, puede ser reconocido durante el tiempo en que comienza a andar. En realidad no puede pasar inadvertido. Para el tiempo cuando tiene 30 meses de edad es posible que haya agotado a la madre, irritado a los hermanos, y sea la causa de que los abuelos hayan dejado de cuidar a los nietos. Ningún miembro de la familia puede evitar su problema. En vez de superar él esa condición, como quizá haya prometido algún médico, continúa atacando a su mundo con el fin de desarmarlo (por lo menos hasta la edad de la pubertad).[4]

¿Hay una hiperactividad "normal"?

Por supuesto. No todo niño que muestra señales de intranquilidad, se altera y da brincos es técnicamente "hiperactivo". La mayoría de los niños pequeños están activos desde que amanece hasta que anochece (igual que sus madres).[5]

¿Cómo podemos saber si nuestro hijo es sólo normalmente activo, o si es verdaderamente hiperactivo? ¿Cómo podemos descifrar si su problema es resultado de un trastorno emocional, o de uno físico?

Estas preguntas son difíciles de contestar, y pocos padres tienen el entrenamiento necesario para resolverlas. El mejor recurso que ustedes tienen para evaluar el problema de su hijo es el pediatra o el médico de la familia. Y es posible que incluso él tenga que hacer suposiciones sobre el diagnóstico y la causa de su problema. Sin embargo, él puede hacer una evaluación médica completa, y luego enviarle a otros expertos para que le presten ayuda específica. Es posible que su hijo necesite la ayuda de un maestro que le coloque en el nivel de lectura en que debiera estar, o de un terapeuta del habla y de la audición, o de un sicólogo que puede evaluar las capacidades intelectuales y de percepción, y aconsejar lo que se debe hacer. Ustedes no deberían tratar de enfrentarse solos con un niño excesivamente activo, si tienen a su disposición esta ayuda y consulta adicional.[6]

¿ ¿Qué papel desempeña la nutrición, en el tratamiento de la hiperactividad?

El papel de la nutrición en la hiperactividad es un tema muy discutido, que no estoy capacitado para resolver; sólo puedo dar mi opinión sobre el mismo. Se le ha dicho al pueblo norteamericano que la hiperactividad es un resultado de los colorantes rojos artificiales, el consumo de demasiada azúcar, la falta de vitaminas, y muchas causas relacionadas unas con otras, como resultado de una mala nutrición. No dudo, ni por un momento, que las costumbres de alimentación, que son incorrectas, tienen la capacidad para destruirnos físicamente, y podrían estar relacionadas con el fenómeno de la hiperactividad. Sin embargo, tengo la opinión de que los autores de muchos libros sobre este tema, que están de moda, tratan de hacer parecer que sus opiniones son hechos comprobados. Todavía, no están a la disposición muchas de las respuestas, lo que explica por qué tantos "expertos", se encuentran en fuerte desacuerdo entre ellos mismos.

Los especialistas en problemas de nutrición, que yo respeto más, son los que miran estas preguntas complejas, de una manera prudente y científica. Tengo sospechas de los que se han nombrado a sí mismos como expertos, los cuales ponen a un lado sus propias publicaciones profesionales, y llegan directamente al público que carece de experiencia, con conclusiones que no tienen fundamento, y que son rechazadas incluso por sus colegas.

Es posible que lo que acabo de decir no les guste a algunos padres que están siguiendo el consejo de algún autor de libros sobre nutrición, que no cuenta con el respaldo de otros. Sólo puedo decir a esos padres: "Hagan lo que produzca resultados". Si su hijo está más tranquilo cuando no come ciertos alimentos, entonces haga uso de su discernimiento según continúa con el régimen alimenticio que ha tenido éxito. La opinión de usted es, probablemente, tan buena como la mía.[7]

¿ ¿Qué tan común es la hiperactividad?

Los expertos no están de acuerdo en cuanto a la inciden-
cia de la hiperactividad, pero parece ser que este trastorno
aflige entre seis y diez por ciento de todos los niños menores
de diez años de edad, y que hay cuatro veces más varones
hiperactivos que niñas.[8]

¿ Hay momentos en los cuales me enojo con mi hijo que es hiperactivo. ¿Comparten otras madres mi frustración?

Su reacción es típica. Cada madre que tiene un hijo que
es hiperactivo experimenta, de vez en cuando, una lucha
tremenda en su mente que le causa un enorme sufrimiento.
Por una parte, comprende el problema de su hijo, y siente una
compasión profunda y amor por él. No hay nada que no
estaría dispuesta a hacer para ayudarle. Pero, por otra parte,
se resiente por el caos que ha producido en su vida. Juanito
el superactivo derrama la leche y rompe los floreros, y está
balanceándose al borde del desastre durante todo el día.
Avergüenza a la madre en público, y muestra poco aprecio
por los sacrificios que ella hace por él. Cuando llega la hora
de acostarse, muchas veces su mamá se siente como si
hubiera pasado todo el día en un campo de batalla.

¿Qué sucede, entonces, cuando el amor verdadero y el
fuerte resentimiento chocan en la mente del padre o de la madre?
El resultado inevitable es un sentimiento de culpabilidad de
enormes proporciones, que es tremendamente destructivo para
la tranquilidad mental de la mujer e incluso para su salud.[9]

¿ ¿Con cuáles otros problemas se enfrenta el niño hiperactivo?

El niño que es exageradamente activo, normalmente experimenta tres dificultades específicas además de sus movimientos frenéticos. Primera, es probable que se le desarrollen
problemas sicológicos como resultado del rechazo de sus

compañeros. Su energía nerviosa no sólo irrita a los adultos sino que también contribuye a ahuyentar a sus amigos. Puede ser que sea visto en la escuela como un perturbador e irresponsable. Además, frecuentemente su reacción emocional es inestable, cambiando, de una manera imprevisible, de las carcajadas al llanto en cuestión de unos momentos, lo que hace que sus compañeros piensen que él es raro. En pocas palabras, fácilmente el niño hiperactivo puede ser víctima de los sentimientos de inferioridad y de los problemas emocionales que inevitablemente son generados por el rechazo y la baja autoestima.

Segunda, el niño activo a menudo tiene serios problemas para aprender durante los primeros años escolares. Le resulta difícil, si no imposible, permanecer en su asiento y concentrarse en las lecciones. Su capacidad de concentración es minúscula durante todo el tiempo de la escuela primaria, lo cual le hace portarse mal y estar distraído mientras sus maestros están hablando. Nunca parece saber de qué se trata el programa de educación, y sus maestros frustrados suelen decir que "anda en las nubes".

Pero hay otra dificultad educacional que también es muy común entre los niños hiperactivos: los problemas de percepción visual. El niño puede tener una visión perfecta, sin embargo no "percibe" de un modo correcto los símbolos y el material impreso. En otras palabras, sus ojos pueden encontrarse en perfectas condiciones, pero su cerebro no procesa la señal como es debido. Esta clase de niño "ve" las letras y los números invertidos o deformados. Es difícil para él, sobre todo, aprender a leer y a escribir.

Leer es una habilidad neurológica muy complicada. Requiere que los símbolos sean reconocidos y que la información sea transmitida al cerebro, en donde deben ser interpretados, recordados, y (quizá) hablados como lenguaje. Cualquier ruptura en esta cadena funcional impedirá el resultado final. Además, este procedimiento tiene que ocurrir con suficiente rapidez para permitir que las ideas fluyan continuamente desde el material escrito hasta el cerebro. Muchos niños hiperactivos simplemente carecen del sistema neurológico para desarrollar esas habilidades, y están destinados a experimentar el fracaso durante la primaria.[10]

¿ **¿Qué soluciones hay para los problemas con que se enfrenta el niño hiperactivo?**

Hay muchos medicamentos que han probado ser eficaces para calmar al niño hiperactivo. En vista de que la química del organismo de cada niño es distinta, puede ser necesario que el médico se ponga a buscar la sustancia y la dosis que son correctas. Permítame enfatizar que estoy opuesto a la administración de este tipo de medicinas a los niños que no las necesitan. En algunos casos estas sustancias han sido dadas a los niños, sin hacer distinción, simplemente porque los padres o los maestros prefieren tenerles tranquilos, lo cual es inexcusable. Todos los medicamentos tienen efectos secundarios que son indeseables (incluso la aspirina), y sólo debieran ser administrados después de un examen y un estudio cuidadosos. Sin embargo, si el niño muestra síntomas extremos de hiperactividad y ha sido examinado por un neurólogo u otro médico competente, usted no debiera tener temor de aceptar su receta del medicamento apropiado. Pueden ocurrir algunos cambios sorprendentes en el comportamiento cuando se identifica la sustancia apropiada para un niño en particular.[11]

¿ **¿No aumenta con el uso prolongado de medicamentos la posibilidad de que mi hijo se convierta en un adicto a las drogas durante la adolescencia?**[11]

La mayoría de los expertos creen que el uso de los medicamentos en la niñez no conduce necesariamente al abuso de las drogas más tarde en la vida. En realidad, en el año 1971 un comité fue nombrado por el gobierno norteamericano para considerar esa posibilidad. La conclusión de su investigación enfatizó que es apropiado el uso de medicamentos en el tratamiento de los niños hiperactivos. Algunos niños necesitan, y deben recibir, el tranquilizante que es adecuado para ellos.[12]

¿Resuelven los medicamentos todos los problemas causados por la hiperactividad?

Por lo general, no es así. Pero consideremos los tres síntomas principales, en relación con los medicamentos:

1. *Hiperactividad*. Cuando la medicina que se receta para la hiperactividad es la apropiada, puede ser muy eficaz en la "normalización" de la actividad motora del niño. El tratamiento tiene mucho éxito controlando este síntoma.

2. *Dificultades sicológicas*. Los medicamentos son menos eficaces para eliminar los problemas emocionales. Una vez que al niño se le ha "reducido la actividad", usted debe comenzar a ayudarle de veras, para que él recobre su autoestima y sea aceptado por la sociedad. El uso de las medicinas puede contribuir a hacer posible alcanzar esta meta, pero por sí solas no erradican el problema.

3. *Percepción visual*. El uso de los medicamentos no tiene ningún valor para resolver la disfunción neurológica que interfiere en la percepción visual. Se ha demostrado que algunos materiales de enseñanza son útiles, incluyendo los que provee el Centro para Terapia Educacional Marianne Frostig en los Estados Unidos. La doctora Frostig es una pionera en el campo de las dificultades de aprendizaje y ha provisto libros, películas y pruebas de evaluación que pueden utilizar los maestros y profesionales entrenados. Muchos distritos escolares en los Estados Unidos proveen clases especiales para los niños con desventajas de aprendizaje singulares, las cuales pueden ser de valor incalculable para el alumno impedido.

Es evidente que el tratamiento con medicamentos, no puede proveer el remedio completo. El método farmacéutico debe estar combinado con adaptaciones de los padres y alternativas educacionales, entre otras cosas.[13]

🛈 ¿Cómo se "disciplina" a un niño hiperactivo?

Muchas veces las personas se imaginan que a un niño excesivamente activo se le debe consentir o mimar, simplemente porque tiene un problema físico. Estoy en completo desacuerdo con esa idea. Todos los jovencitos necesitan la seguridad de límites que les sean indicados de manera precisa, y el niño hiperactivo no es una excepción. Debe ser considerado responsable de su conducta, del mismo modo que el resto de la familia. Por supuesto, el nivel de lo que se espera de él debe ajustarse a sus limitaciones. Por ejemplo, la mayoría de los niños pueden ser castigados haciéndolos sentar en una silla, y exigiéndoles que se estén quietos, mientras que el niño hiperactivo no podría permanecer allí. Algunas veces el castigo físico no produce ningún resultado con esta clase de niño que se excita con facilidad, que es como si fuera un pequeño generador eléctrico. Como sucede con cada uno de los aspectos del trabajo de los padres, las medidas disciplinarias que se apliquen al niño hiperactivo deben ser adaptadas a sus características y necesidades extraordinarias.

Entonces, ¿cómo se puede controlar al niño hiperactivo? ¿Qué consejo puede dárseles a los padres de un niño que tiene este problema? Quiero compartir 18 sugerencias muy útiles, que son dadas en un libro titulado: *The Hyperactive Child* [El niño hiperactivo], escrito por la doctora Domeena Renshaw:[14]

1. Es necesario que los padres se mantengan firmes en cuanto a las reglas y la disciplina.

2. Hablen lentamente y en voz baja. El enojo es normal. El enojo se puede controlar. El enojo no significa que ustedes no aman a su hijo.

3. Esfuércense por mantener tranquilas sus emociones al prepararse para la agitación que se espera. Reconozcan y respondan al comportamiento positivo del niño, por insignificante que sea. Si buscan cosas buenas, encontrarán unas cuantas.

4. Eviten estar continuamente usando expresiones negativas, sin haber pensado en lo que dicen, como: "¡Basta!" "¡No hagas eso!" "¡No!"

5. Es importante que se haga una separación entre el niño a quien ustedes quieren, y la conducta de él que quizás ustedes no quieren. Por ejemplo, pudieran decirle: "Te quiero a ti. Pero no quiero que dejes un rastro de lodo por toda la casa".

6. Organicen una rutina para el niño, claramente establecida. Hagan un horario en el que esté señalada la hora para levantarse, comer, jugar, estudiar, hacer tareas y acostarse a dormir. Síganlo de una manera flexible aunque él lo altere. Lentamente el sistema de ustedes le va a impartir confianza hasta que él desarrolle el suyo propio.

7. Demuéstrenle cómo hacer las tareas nuevas o difíciles, usando la acción acompañada de explicaciones breves, claras y hechas con tranquilidad. Repitan la demostración hasta que haya aprendido. Esto requerirá de las percepciones audiovisuales para reforzar el aprendizaje. Los rastros de memoria de un niño hiperactivo tardan más en formarse. Tengan paciencia y repitan.

8. Prueben con una habitación separada o una parte de una habitación para que sea su área especial. Eviten los colores brillantes o los patrones complejos de decoración. Lo simple, los colores sólidos, la falta de estorbos y una mesa de trabajo que se encuentre frente a una pared desnuda lejos de las distracciones,

le ayudarán a concentrarse. Un niño hiperactivo aun no puede evitar por sí mismo los estímulos excesivos.

9. Se debe hacer una cosa a la vez: denle solamente un juguete; quiten de la mesa todo lo demás cuando está usando los lápices de colores; apaguen la televisión y la radio cuando esté haciendo sus deberes escolares. Los estímulos múltiples impiden que él concentre su atención en lo que es su tarea principal.

10. Es bueno que al niño hiperactivo se le dé alguna responsabilidad, esto es esencial para su desarrollo. La tarea debiera estar de acuerdo con su capacidad, y es posible que sea necesaria mucha supervisión. Ustedes no deben olvidar el aceptar y reconocer los esfuerzos (aunque sean imperfectos) que él haga por realizarla.

11. Estén al tanto de las señales de alarma que él dé antes de explotar. Con calma, intervengan para evitar las explosiones distrayéndolo o hablando del conflicto sosegadamente. Es útil sacarle de la zona de conflicto y llevarle por unos minutos al refugio de su habitación.

12. Limiten los compañeros de juego a uno, o a lo sumo dos, al mismo tiempo. Es mejor que jueguen en su hogar para que ustedes puedan disponer la forma en que van a jugar y provean supervisión. Expliquen las reglas al compañero de juego y brevemente díganles a sus padres las razones que ustedes tienen para las mismas.

13. No le tengan lástima a este niño ni le hagan bromas, ni lo asusten, ni sean demasiado indulgentes con él, así como tampoco se sientan asustados por su causa. El tiene una condición especial del sistema nervioso que puede ser controlada.

14. Sepan el nombre y la dosis de su medicamento, y dénselo con regularidad. Vigilen cuáles son los resultados y díganselo a su médico.

15. Hablen abiertamente con su médico de sus temores en cuanto al uso de los medicamentos.

16. Cierren bajo llave todos los medicamentos, incluyendo éstos, para evitar el uso accidental.

17. Siempre supervisen cuando el niño tome su medicina, aunque esto sea rutinario por muchos años. ¡La responsabilidad sigue siendo de los padres! Más adelante, cuando el niño sea mayor y más responsable, puede ponérsele la dosis de un día en un lugar especial y revisarse regularmente.

18. Compartan con el maestro de su hijo cualquier cosa que esté produciendo resultados. Las formas para ayudar a su hijo hiperactivo, que han sido mencionadas, son tan importantes para él como la dieta y la insulina para el niño diabético.[15]

¿Qué hay en el futuro para el niño hiperactivo?

Quizás usted no sepa que pronto habrá solución. La maduración y los cambios glandulares relacionados con la pubertad, suelen calmar al jovencito hiperactivo cuando llega a las edades entre 12 y 18 años. Esto explica por qué es tan raro que veamos a adultos saltando del respaldo de las sillas y revolcándose en el suelo. Pero para los agobiados padres, que se pasan el día entero persiguiendo a un niño que no para de correr por toda la casa, puede que no sea de mucho consuelo el saber que la crisis sólo durará unos nueve años más.[16]

$$\boxed{13}$$

Enfrentándose a la adolescencia

¿ Sé que es mi responsabilidad enseñarle a Ricardo, mi hijo preadolescente, lo básico en cuanto a la reproducción y la educación sexual antes que llegue a la adolescencia. ¿Qué más le debo decir?

Entre otras cosas, le debe decir acerca de los cambios físicos tan asombrosos que van a ocurrir en su cuerpo. En mi experiencia he observado que los adolescentes que no han recibido la información adecuada se encuentran en una de dos amplias categorías: El primer grupo no sabe que estos cambios van a ocurrir, y se asustan cuando ven lo que sucede. El segundo grupo sabe que deben ocurrir cambios, y están preocupados porque los mismos están llegando tarde. Por eso las dudas y los temores son tan comunes durante los años de la adolescencia. Sin embargo, se pueden evitar por medio de la instrucción sana y confiada de los padres, antes que los temores se desarrollen.[1]

¿ Específicamente, ¿cuáles son los cambios físicos, que ocurren durante la adolescencia, de los que debo hablarle a Ricardo?

Hay cuatro temas que son imprescindibles en una conversación de esta naturaleza. Permítame presentárselos brevemente:

1. Tendrá lugar un rápido crecimiento, el cual habrá de dejarle agotado. En realidad, el adolescente necesitará dormir más y comer mejor que cuando era más joven.

2. Debe hablarle a su hijo de que su cuerpo cambiará rápidamente para hacerse como el de un adulto. Sus órganos sexuales madurarán más, y le saldrá vello púbico alrededor de ellos. (Para los niños varones enfatice este punto: el tamaño del pene no tiene importancia física. Muchos muchachos se preocupan acerca de tener un órgano más pequeño, pero eso no tiene *nada* que ver con ser padre de un bebé o con la satisfacción sexual como adulto. Para su hija el desarrollo de los senos se debe discutir de la misma manera.)

3. La niña debe conocer todos los detalles relacionados con el ciclo menstrual, antes que tenga su primer período. Es una cosa aterrorizadora para cualquier jovencita el experimentar este aspecto de la madurez sin estar prevenida. Hay muchos libros que pueden ayudarle a usted a explicarle este acontecimiento tan significativo. La responsabilidad más importante del padre y la madre, en cuanto a este punto, es impartirle confianza y optimismo acerca de la menstruación, en vez de decirle, con caras tristes: "Esta es la cruz que, como mujer, tendrás que llevar a cuestas".

4. Es muy importante que usted le hable a sus hijos acerca del momento en que habrá de comenzar la pubertad, porque la misma es causa de *mucha* tristeza y preocupación. Este período de acelerado desarrollo sexual puede ocurrir tan temprano como a los 12

años, o tan tarde como a los 19, en los muchachos; y de 10 a 17 años, en las muchachas. Por lo tanto, ¡para algunos muchachos puede llegar siete años antes que para otros! Y los jóvenes que se desarrollan muy temprano o muy tarde, pueden enfrentarse con algunos problemas sicológicos inquietantes. Hay cuatro extremos que se deben considerar:

El muchacho que tarda en madurar. El sabe perfectamente bien que todavía es un niño cuando sus amigos ya han crecido. Contesta el teléfono, y oye una voz que le llama "señorita", ¡qué insulto! Tiene mucho interés en los deportes, pero no puede competir con los muchachos de su edad porque son más grandes y fuertes que él. En la ducha del gimnasio los otros se burlan de su falta de madurez sexual, y su autoestima desciende enormemente. Y por si esto fuera poco, por unos dos años, ¡él es más bajo de estatura que la mayoría de las muchachas! (Ellas ya han tenido su crecimiento acelerado, y él no.) Teme que hay algo que anda extremadamente mal con él, pero no se atreve a decírselo a nadie. Eso es algo que lo hace sentir muy avergonzado. Muchas veces, este muchacho que tarda en madurar, puede ser el peor alborotador de la escuela, porque trata de probar de distintas maneras que él es un hombre.

La niña que tarda en madurar. La vida no es más fácil para esa niña. Ella mira su pecho, que es plano, y luego lanza una mirada a sus amigas que tienen sus senos bastante desarrollados. Durante dos o tres años, esas amigas han estado hablando de sus menstruaciones, pero ella no puede participar en sus conversaciones. Su apodo es "cara de niña", y en realidad parece tener sólo unos ocho años. Al recordar el papel que el atractivo físico representa en la autoestima, nos damos cuenta de que los sentimientos de inferioridad pueden agobiar al niño o niña que tarda en desarrollarse, aunque sea atractivo o atractiva. Y a menos que alguien les diga lo contrario a esos niños, es muy probable que lleguen a la conclusión de que nunca van a madurar.

La niña que madura temprano. Si es una desventaja madurar tarde, uno pensaría que lo contrario sería emocionalmente saludable, pero no es así. Puesto que las niñas tienen la tendencia a desarrollarse sexualmente uno o dos años antes que los niños, la niña que entra en la pubertad antes que otras, se encuentra kilómetros delante de todas las demás de su edad. La fuerza física que tiene no le ofrece ninguna verdadera ventaja en nuestra sociedad, y sencillamente, no es aceptable el que a la edad de diez años ella esté loca por los muchachos. Durante dos o tres años se sentirá incómoda y no irá al paso de todas sus compañeras de la misma edad.

El muchacho que madura temprano. En contraste, el muchacho que madura antes que los demás de su edad, tiene una gran ventaja social. Es fuerte en un momento en el que la fuerza física es admirada por sus compañeros; y su confianza sube muy alto a medida que sus triunfos en los deportes se dan a conocer. Su temprano desarrollo lo pone en el mismo nivel de sus compañeras, que también están despertando sexualmente. Por lo tanto, tiene el campo para sí mismo sin competencia por uno o dos años. Algunas investigaciones que se han realizado, confirman que el muchacho que madura más temprano es emocionalmente más estable, tiene mayor confianza en sí mismo, y es más aceptado socialmente que los otros. Además, esas investigaciones muestran que también es más probable que ese muchacho tenga más éxito cuando sea un adulto.

Al hablar de estos dos extremos con su hijo preadolescente, asegúrele que es "normal" que algunos jovencitos maduren más temprano o más tarde. Esto no significa que algo ande mal con su cuerpo. Si su hijo resultara ser de los que tardan en madurar, necesitará que usted lo tranquilice y le dé ánimo en esta conversación para abrir la puerta a la comunicación sobre los temores y ansiedades relacionados con el desarrollo y el crecimiento físicos.[2]

¿ Mi hijo de 13 años se ha vuelto cada vez más perezoso, en los últimos dos años. Se acuesta por todas
partes de la casa, y los sábados duerme la mitad del día.
Se queja mucho de que está cansado. ¿Es esto típico de los
primeros años de la adolescencia? ¿Cómo debo hacerle
frente a esta situación?

No es raro que los muchachos y las muchachas experi-
menten fatiga en los años de pubertad. Durante ese tiempo
sus recursos físicos están siendo utilizados en un proceso de
rápido desarrollo, dejando menos energía disponible para
otras actividades. Este período no dura mucho, y normalmente es seguido por el tiempo más enérgico de la vida.

En primer lugar, sugiero que usted lleve a su hijo al
médico para que le sea hecho un examen físico de rutina, con
el propósito de descartar la posibilidad de una razón más seria
de su fatiga. Si como sospecho, resulta ser una consecuencia
natural de la pubertad, usted debería adaptarse a las circunstancias. Procure que él descanse y duerma lo suficiente. Sin
embargo, a veces esta necesidad no es suplida porque los
adolescentes creen que no tienen que acostarse a dormir tan
temprano como cuando eran niños. Por lo tanto, permanecen
levantados hasta demasiado tarde, y después andan arrastrándose, en un estado de agotamiento, durante todo el día siguiente. De modo sorprendente, una persona a los 12 ó 13
años, en realidad necesita más descanso que cuando tenía 9
ó 10, simplemente por causa de la rapidez en su desarrollo
físico.

Lo que quiero decir es que si es posible, usted debe dejar
que su hijo duerma hasta tarde el sábado por la mañana.
Muchas veces es difícil que las mamás y los papás permitan
que su hijo o hija mayor se quede en la cama hasta las 9:30
a.m., cuando hace falta cortar el césped. Sin embargo, deben
saber que está en la cama porque le hace falta dormir, y sería
prudente permitirle descansar. *Después* que se levante, usted
puede pedirle que corte el césped.

En segundo lugar, los alimentos que su hijo come son
también muy importantes durante este tiempo. Su cuerpo

necesita la materia prima para la edificación de nuevas células musculares, huesos y fibras. Las papitas fritas, las golosinas y las sodas simplemente no logran esto. Es todavía más importante el tener una dieta *balanceada* durante este tiempo, que en ningún otro.

En resumen, de la noche a la mañana su hijo está transformándose de un muchacho a un hombre. Algunas de las características físicas que usted está observando, son parte de esa transformación. Haga todo lo posible porque sea realizada con facilidad.[3]

¿ **Mi hija de 13 años todavía tiene cuerpo de niña, pero insiste en que su mamá le compre un sostén. Créame, no le hace ninguna falta, y el único motivo de que quiera uno es que la mayoría de sus amigas ya usan sostén. ¿Debo ceder a sus ruegos?**

Su hija plana y sin forma necesita un sostén para ser como sus amigas, para competir, para no ser ridiculizada, y para sentirse como una mujer. Estos son motivos excelentes. Su esposa debe cumplir con la petición de su hija mañana a primera hora, si no antes.[4]

¿ **Nuestra hija adolescente se ha vuelto modesta en extremo en los últimos meses, exigiendo que incluso sus hermanas salgan de su habitación cuando ella se viste. Creo que esto es algo ridículo, ¿no lo cree usted?**

No. Sugeriría que ustedes respeten su deseo de privacidad. Su sensibilidad probablemente sea el resultado de que se da cuenta de que su cuerpo está cambiando, y se siente avergonzada de la manera en que se está desarrollando recientemente (o por el hecho de que no se está desarrollando). Esta probablemente sea una etapa temporal, y usted no debe oponerse a ella en cuanto a esto.[5]

¿ **Parece que hoy, los niños maduran a una edad más temprana que en el pasado. ¿Es esto verdad? Y si lo es, ¿cuál es la razón de ese desarrollo más rápido?**

Sí, es verdad. Las estadísticas indican que los niños son más altos hoy que en el pasado, es probable que esto sea resultado de una nutrición mejor, de las medicinas, el ejercicio, el descanso y el entretenimiento. Y parece ser que este ambiente físico más ideal ha hecho que la madurez sexual ocurra a una edad cada vez más temprana. Se cree que la pubertad, en cierto niño, comienza cuando él alcanza un nivel determinado de crecimiento; por lo tanto, cuando las circunstancias ambientales le impulsan hacia arriba a una velocidad más rápida, llega a la madurez sexual mucho antes. Por ejemplo, en 1850, en Noruega, la edad media de la primera menstruación era 17 años; y en 1950, era 13 años. La edad media de la pubertad descendió cuatro años en ese siglo. En Estados Unidos la edad media de la menstruación, descendió de 14.2 en el año 1900 a 12.9 en 1950. Cifras más recientes indican que el promedio ha descendido, ¡acercándose ahora a 12.6 años de edad! Así que, la tendencia a que los muchachos y las muchachas salgan juntos socialmente y tengan un despertamiento sexual, a una edad más temprana, es un resultado, por lo menos en parte, de este mecanismo fisiológico. Me imagino que podríamos retrasarlo, si cuidásemos menos a nuestros hijos... pero tengo dudas de que esa idea obtendría mucho apoyo.[6]

¿ **Me duele que mi hijo aparentemente se avergüenza de que lo vean conmigo. Toda mi vida la he dedicado a él y, sin embargo, ahora de repente le molesta que lo vean en mi compañía, especialmente cuando sus amigos están alrededor. ¿Es esto normal? ¿Debo aceptar o no, que esto suceda?**

Usted debiera comprender que los adolescentes se encuentran sumergidos en un deseo tremendo de ser adultos, y les molesta cualquier cosa que dé a entender que aún son

234 EL DOCTOR DOBSON CONTESTA SUS PREGUNTAS

niños. Por ejemplo, cuando alguien los ve el viernes por la noche con "papá y mamá", la humillación que sienten es casi insoportable. En realidad, no se sienten avergonzados de sus padres sino de los papeles de adulto y niño pequeño, que eran más apropiados durante los años anteriores. Aunque le resulte difícil, sería muy bueno que usted acepte este aspecto sano del crecimiento sin que se ponga a la defensiva. La relación de amor de usted con su hijo se volverá a establecer dentro de algunos años, aunque nunca volverá a ser una situación de padre y niño. Así diseñó Dios el proceso.[7]

¿ **¿Debo actuar como una adolescente en cuanto a la forma de vestirme y de hablar, así como mis gustos y mi manera de ser, con el propósito de mostrarle a mi hijo que lo entiendo?**

No. Es algo repugnante ver a un adulto de 35 años tratar de fingir ser adolescente. No fue necesario para usted el andar a gatas, o hacer berrinches, para poder comprender a su hijo cuando tenía dos años de edad; del mismo modo, puede manifestar su comprensión de un adolescente, y su aceptación de él, sin convertirse usted en uno de ellos. En realidad, la razón por la cual su hijo adolescente se comporta de una manera especial, es para mostrar una identidad separada de la suya. Usted lo hará sentirse repugnado rápidamente si invade su territorio, llevándolo a la conclusión: "Mamá se esfuerza mucho, pero quisiera que madurara". Además, todavía él necesitará, de vez en cuando, una figura de autoridad cerca de él, y ¡usted tiene esa tarea![8]

¿ **¿Cómo puedo enseñarle a mi hijo de 14 años de edad, el valor del dinero?**

Un buen sistema es darle suficiente dinero para cubrir una necesidad en particular, y dejarle que lo administre. Usted puede comenzar poniendo a su disposición, cada semana, una cantidad de dinero que él deberá usar para comer en la escuela. Si él lo malgasta todo con una amiga durante el fin de semana, entonces será su responsabilidad hacer algún trabajo en la casa para ganar un poco de dinero y así poder comer en la escuela o tendrá que pasar hambre. Esta es la fría realidad que él tendrá que enfrentar más tarde en la vida. Y no le hará daño aprender la lección por experiencia propia, cuando todavía es un adolescente.

Debo decir que se ha sabido que de vez en cuando este principio ha fallado. Un médico amigo mío, tiene cuatro hijas, y cuando cada una de ellas cumple los 12 años de edad le da una cantidad de dinero suficiente para comprar la ropa que necesite durante un año. Entonces, es la responsabilidad de la muchacha el hacer un presupuesto con el fin de que el dinero le alcance para el propósito con que le fue dado. Sin embargo, la última de ellas en cumplir los doce años no fue en realidad bastante madura como para encargarse de la tarea. Celebró su cumpleaños comprándose un abrigo muy caro, lo cual redujo enormemente sus fondos. Para la siguiente primavera se le había agotado totalmente su dinero, y los últimos tres meses del año tuvo que ponerse medias hechas trizas, pantaletas agujereadas, y vestidos deshilachados. Fue difícil para sus padres el no intervenir, pero tuvieron el valor de dejarla aprender esta valiosa lección sobre la administración del dinero.

Quizás el hijo de usted nunca ha aprendido el valor del dinero porque lo obtiene con demasiada facilidad. Todo lo que se suple en abundancia se convierte en algo sin valor. Yo le sugeriría que le ponga límites a la línea de abastecimiento, y lleve al máximo la responsabilidad requerida de él en todos los gastos.[9]

¿Cuál es el período de la adolescencia que es más difícil, y cuál es la causa del problema?

Comúnmente, las edades de los 13 y 14 años son los 24 meses más difíciles de la vida. Es durante este tiempo que la desconfianza en sí mismo y los sentimientos de inferioridad alcanzan su nivel máximo, en medio de las más grandes presiones sociales que ha experimentado hasta ese momento. El valor de un adolescente, como ser humano, depende de una manera insegura de la aceptación del grupo de sus compañeros, la cual puede ser difícil de lograr. Por eso, las menores evidencias de rechazo o de burla, son de extrema importancia para los que ya se ven a sí mismos como tontos y fracasados. Es difícil exagerar la magnitud del impacto producido por no tener con quién sentarse en un viaje en el autobús de la escuela, o no ser invitado a un evento importante, o ser objeto de las burlas de los muchachos que son más populares en la escuela, o despertarse en la mañana para encontrar que tiene siete nuevos granos que están brillándole en la frente, o ser abofeteado por la muchacha a la que creía que él le gustaba tanto a ella como ella le gustaba a él. Algunos muchachos y muchachas se enfrentan de manera persistente con esta clase de catástrofe social, durante todo el tiempo de la adolescencia. Estas son experiencias que no olvidarán jamás.

El doctor Urie Bronfenbrenner, quien es un eminente experto en el desarrollo de los niños, dijo que los años de edad escolar intermedia son probablemente los más críticos para el desarrollo de la salud mental del niño. Es durante este período de desconfianza en sí mismo que la personalidad es atacada con frecuencia y dañada de manera irreparable. Dijo Bronfenbrenner que, por lo tanto, no es extraño que niños saludables y felices entren a la escuela intermedia, y dos años más tarde salgan de ella como adolescentes desanimados.

Estoy totalmente de acuerdo con la opinión del doctor Bronfenbrenner en este punto. Los adolescentes típicamente son brutales unos con otros, atacando y lastimando a una víctima débil de manera parecida a los lobos que matan y devoran a un animal deforme. Pocos acontecimientos me indignan más que ver a un niño vulnerable, recién creado por la mano de Dios, en el comienzo de su vida, siendo enseñado a odiarse a sí mismo, despreciar su cuerpo físico, y desear nunca haber nacido.[10]

¿ No hay nada que me angustie más, que el ver a mi hijo sufriendo por causa de su baja autoestima. Tiene 13 años, y sé que está pasando por momentos muy difíciles. ¿Puede usted asegurarme que él va a salir de esta etapa difícil? ¿O acaso le arruinará su vida por muchos años?

A pesar de todo lo que he escrito en cuanto al sufrimiento producido por la baja autoestima, hay un aspecto positivo del asunto, que le animará. Recuerde que la personalidad se desarrolla por medio de las pequeñas adversidades, *siempre y cuando no sea aplastada en el proceso*. Contrario a lo que tal vez pudiéramos pensar, el ambiente ideal para nuestros hijos no es uno libre de pruebas y problemas. Aun si pudiera hacerlo, yo no removería todos los obstáculos que se atravesaran en el camino de mis hijos, para que felizmente caminaran por él. Ellos tienen derecho a enfrentarse con los problemas y a sacar provecho de la confrontación.

He podido comprobar, por experiencia propia, el valor que tienen las pequeñas tensiones en nuestras vidas. Yo tuve una niñez extremadamente feliz y sin preocupaciones. Sin lugar a dudas, me amaron, y mi rendimiento en la escuela siempre fue satisfactorio. En realidad, hasta el momento he disfrutado de felicidad y satisfacción durante toda mi vida, a excepción de dos años que fueron bastante dolorosos. Viví esos días difíciles, a los 13 y 14 años.

Durante ese período de mi vida, experimenté algo así como que la sociedad me atacaba por todos lados, situación que provocó la misma clase de sentimientos intensos de inferioridad y de falta de confianza en mí mismo que he descrito anteriormente. Por raro que parezca, esos dos años contribuyeron más a la formación de los rasgos positivos de mi personalidad, que cualquier otro período de mi vida. Mi compenetración con los demás, mi deseo de triunfar en la vida, mi motivación cuando cursaba mis estudios superiores, mi entendimiento de los sentimientos de inferioridad, y mi destreza para comunicarme con los adolescentes son principalmente el producto de una adolescencia agitada. ¿Quién hubiera pensado que algo útil podía surgir de esos 24 meses? Sin embargo, en ese caso en particular, el dolor fue un valioso maestro.

Aunque es difícil de aceptar, su hijo necesita los pequeños contratiempos que encontrará en su camino. ¿Cómo podrá aprender a salir adelante, a pesar de los problemas y las frustraciones, si en sus primeros años no experimenta aflicciones? Un árbol en una selva tropical, no se ve obligado a echar raíces profundas en busca de agua; por consiguiente, no está bien afianzado, y una pequeña tormenta puede derribarlo. Pero un árbol mezquite que se encuentra en el desierto, está amenazado por un ambiente hostil, y sólo puede sobrevivir al echar sus raíces a más de diez metros de profundidad, en busca de agua. Por medio de su adaptación a la tierra árida, este árbol está bien arraigado, y se ha vuelto resistente a todos sus agresores

Este ejemplo se aplica también a nuestros hijos: los que han aprendido a superar sus problemas están más firmes que los que nunca han tenido que enfrentarlos. Por lo tanto, nuestra tarea como padres, no consiste en eliminar todos los obstáculos que nuestros hijos encuentren en su camino, sino actuar como aliados suyos, estimulándolos cuando estén deprimidos, interviniendo cuando las amenazas sean abrumadoras y, sobre todo, proporcionándoles los instrumentos que les permitan superar las dificultades.[11]

i **Nuestro hijo de 15 años de edad hierve de hostilidad contra su madre y contra mí, contra sus hermanas y contra el mundo. Créame, nosotros no hemos hecho nada para provocar esta ira, y no comprendo qué la ha causado. Pero los padres de otros adolescentes dicen que tienen el mismo problema. ¿Por qué tantos adolescentes están enojados con sus padres y su familia? ¡A veces parece que odian a las personas que más les aman!**

Al menos parte de la respuesta a esa pregunta puede ser explicada por el estado "intermedio" en que se encuentran los adolescentes. Viven en una época cuando no disfrutan ni de los privilegios de la edad adulta ni de las ventajas de la niñez. Tenga en cuenta la situación difícil en que se encuentra el joven común de 15 años. Todos los privilegios y los vicios de los adultos, que son muy anunciados, le están prohibidos porque es "demasiado joven". No puede manejar, o casarse, o beber, o fumar, o trabajar, o irse de la casa. Y sus deseos sexuales no pueden ser satisfechos en un momento cuando lo están pidiendo a gritos. Al parecer, lo único que se le permite hacer es permanecer en la escuela y leer libros de texto aburridos. Por supuesto, esto que he dicho es una exageración, pero expresa el punto de vista del muchacho o la muchacha que se siente sin derechos e insultado por la sociedad. Gran parte de la ira de la juventud de hoy en día se produce como resultado de la percepción de esta injusticia.

Hay otro lado de este asunto de la volatilidad del adolescente. Estoy convencido de que los cambios hormonales, que ocurren en un cuerpo que se está desarrollando, pueden tener más importancia en relación con las emociones, de lo que se creía anteriormente. De la misma forma en que las emociones son alteradas por la tensión premenstrual, la menopausia y la fatiga extrema, es muy posible que también la experiencia del adolescente es mayormente hormonal. ¿De qué otra manera podemos explicar la *universalidad* de la inestabilidad emocional que se produce durante estos años? He observado a miles de niños pasar de la niñez al principio de la adolescencia, y me sigue asombrando cuando observo en ellos características que aparecen de pronto, como si estuvieran respondiendo a una computadora que hubiese sido programada con anterioridad. En realidad, probablemente lo están haciendo. No puedo comprobar que esta hipótesis sea válida, pero cada vez me parece más sensata.

Aunque mi hijo adolescente considera que no se le respeta, y es hostil, tengo que imponerle algunos límites y disciplinarlo, ¿verdad?

Seguramente que sí; pero es posible guiar a los adolescentes sin insultarles y provocarles sin necesidad. Aprendí esta lección cuando era maestro. Desde muy temprano me di cuenta de que podía imponer toda clase de disciplina y requisitos estrictos de conducta a mis alumnos, *siempre y cuando* tratara a cada uno de ellos con dignidad y respeto auténticos. Me gané su amistad antes y después de las clases, durante el tiempo del almuerzo, y por medio de mi contacto con ellos en el aula. Yo era duro con ellos, especialmente cuando me desafiaban, pero nunca fui descortés, cruel u ofensivo. Defendí al más débil, y con tenacidad traté de ayudar a desarrollar la confianza y el buen concepto de sí mismo de cada niño. Sin embargo, nunca transigí en cuanto a mis normas de conducta. Cada día, los alumnos entraban en mi clase sin hablar. No mascaban chicle, no se comportaban irrespetuosamente, no decían palabrotas, no se herían unos a otros con los bolígrafos. Evidentemente, yo era el capitán del barco y lo dirigía con el esmero de un militar.

El resultado de esta combinación de bondad y disciplina firme es uno de los recuerdos más agradables de mi vida profesional. *Amaba* a mis alumnos, y tenía toda clase de razones para creer que ellos también me amaban a mí. En realidad, los echaba de menos los fines de semana (algo que mi esposa nunca comprendió plenamente). Al final de mi último año, cuando estaba empaquetando mis libros y despidiéndome, había varios muchachos con lágrimas en los ojos que permanecieron en mi triste clase por algunas horas, y finalmente se quedaron sollozando en el estacionamiento cuando me fui en mi auto. Y sí, también yo derramé algunas lágrimas ese día. (¡Oh!, a propósito, les pido que, por favor, me perdonen el tono de felicitación de mí mismo que ha habido en este último párrafo. No me he preocupado por hablarles de mis fracasos, los cuales son mucho menos interesantes.)[12]

Mi hijo adolescente raramente se junta con sus compañeros, y participa en muy pocas actividades. Sólo quiere estar en su habitación la mayor parte del tiempo. ¿Cuál piensa usted que sea la causa de que él se aísle de esta forma?

Es posible que él haya adoptado una de las formas más comunes de enfrentarse con los sentimientos profundos de insuficiencia e inferioridad, que consiste en rendirse y retraerse. El individuo que escoge este modo de actuar ha llegado a la conclusión, en su propia mente, de que *es* inferior. Mide su importancia por la reacción de sus compañeros, lo cual puede ser desastroso durante los años de competencia de la adolescencia. Así que, llega a la conclusión: "¡Sí, es verdad! Soy un fracasado, tal como temía. Ahora mismo hay personas que se ríen de mí. ¿Dónde puedo esconderme?"

Al haber aceptado su indignidad, lo cual fue su primer error, se ve forzado a proteger de un daño mayor a su ego herido. La "precaución" llega a ser su lema. Se refugia en una coraza de silencio y soledad, prefiriendo no ponerse en peligro ni correr riesgos emocionales innecesarios.

Especialmente durante los años de la escuela primaria, creo que tenemos mucho mayor motivo para preocuparnos de la salud mental del niño retraído que de la del más agresivo y buscapleitos. Los niños en ambos extremos necesitan con frecuencia de la intervención de los adultos, pero es menos probable que el que se rinda la reciba. No molesta a nadie. Coopera con el maestro y procura evitar conflictos con sus compañeros. Pero su manera de ser callado es peligrosamente engañosa. Puede ser que los adultos que lo rodean no perciban que la imagen destructiva que se ha hecho de sí mismo se está solidificando rápidamente y nunca volverá a ser flexible. Al considerar todas las opciones para hacerles frente a los sentimientos de inferioridad, retraerse es probablemente la menos efectiva y más dolorosa.

Al conocer los sentimientos de su hijo, usted debería tener una mayor comprensión de la clase de amor y apoyo que él necesita de usted.[13]

¿ Mi hijo, José, de 14 años ha entrado en un período de rebeldía y desafío, como nunca había visto antes. Está quebrantando todas las reglas, y parece odiar a toda la familia. Por supuesto, se enoja cuando su mamá y yo lo disciplinamos, pero aun durante los momentos tranquilos parece sentirse molesto sólo con nuestra presencia. El viernes pasado por la noche llegó a la casa una hora después de cuando debía haberlo hecho, pero se negó a dar explicación de su tardanza o a ofrecer alguna clase de disculpa por ella. *Nunca* había esperado una pesadilla similar cuando él era más joven.

Quisiera que usted me dijera exactamente cómo debo enfrentarme a esta situación; incluso, quisiera que se pusiera en mi lugar y me dijera cómo confrontaría a mi hijo. Necesito saber qué decirle cuando llegue el momento indicado.

Con gusto. Yo le aconsejaría que invitara a José a desayunar fuera, un sábado, dejando al resto de la familia en casa. Sería mejor que lo invitara en un tiempo de relativa calma, y no cuando se encuentren en medio de una contienda o batalla entre padre e hijo. Dígale que quiere hablar algunas cosas importantes con él, y que no puede hacerlo de una manera adecuada en la casa, pero no le deje saber antes de tiempo de qué se trata. Luego, en el momento apropiado durante el desayuno, comuníquele los siguientes mensajes (o una adaptación de los mismos):

A. José, he querido hablar contigo esta mañana por motivo de los cambios que te están sucediendo y que están sucediendo en nuestro hogar. Los dos sabemos que las semanas pasadas no han sido muy agradables. Tú has estado enojado la mayor parte del tiempo, y te has vuelto desobediente y descortés. Y tu madre y yo tampoco nos hemos comportado muy bien. Nos hemos vuelto irritables, y hemos dicho cosas que luego lamentamos el haberlas expresado. Esto no es lo que Dios desea para nosotros como padres ni para ti como hijo. Tiene que haber una manera mejor de solucionar nuestros problemas. Por eso estamos aquí los dos.

B. Para comenzar, José, quiero que comprendas lo que está sucediendo. Has entrado en un nuevo período de la vida que se llama adolescencia. Esta es la etapa final de la niñez, y a menudo incluye años muy difíciles y tormentosos. Casi todo el mundo pasa por esa clase de años duros al comienzo de su vida como adolescente, y eso es lo que está empezando a sucederte en este momento. Muchos de los problemas con que te estás enfrentando hoy, eran fáciles de predecir desde el día en que naciste, simplemente porque el proceso del crecimiento es muy difícil. Las presiones a que son sometidos los niños hoy en día, son mayores a las que fuimos sometidos nosotros cuando éramos jóvenes. Quiero decirte que te entendemos, y te amamos tanto como siempre lo hemos hecho, aun cuando estos últimos meses han sido difíciles en nuestro hogar.

C. Lo que en realidad está sucediendo es que has tenido una experiencia de lo que es la libertad. Estás cansado de ser un niñito al que se le dice qué ropa debe ponerse, y cuándo tiene que acostarse a dormir, y qué es lo que debe comer. Esa es una actitud buena que te ayudará a crecer. Sin embargo, ahora quieres ser tu propio amo, y tomar tus propias decisiones sin que nadie interfiera en ellas. *José, dentro de muy poco tiempo vas a tener lo que deseas.* Ahora tienes 14 años, y pronto tendrás 15, 17 y 19. Habrás crecido en un abrir y cerrar de ojos, y ya no tendremos ninguna responsabilidad por ti. Llegará el día cuando te casarás con quien quieras, irás a la escuela que escojas, y elegirás la profesión o el trabajo que te agrade. Tu madre y yo no trataremos de tomar esas decisiones por ti. Respetaremos que eres un adulto. Además, José, mientras más te vayas acercando a ese momento, más libertad te iremos dando. Ahora disfrutas de más privilegios que el año pasado, y cada vez disfrutarás de muchos más. Muy pronto te dejaremos en libertad, y tendrás que rendir cuentas sólo a Dios y a ti mismo.

D. Pero, José, debes comprender que *todavía no eres un adulto*. Durante estas últimas semanas has querido que tu madre y yo te dejemos en paz; que te dejemos estar fuera la mitad de la noche si así quieres hacerlo; que te dejemos no hacer tus tareas escolares; que te dejemos no tener ninguna responsabilidad en la casa. Incluso has "reventado de ira" cada vez que te hemos negado tus exigencias más extremas. La verdad del asunto es que has querido que te concedamos la libertad de una persona de 20 años cuando solamente tienes 14, y aunque todavía estás esperando que se te planchen las camisas, se te prepare la comida y se te paguen tus gastos. Has querido disfrutar de lo mejor de los dos mundos sin asumir las responsabilidades de ninguno de ellos. Entonces, ¿qué podemos hacer? Lo más fácil sería dejar que te salieras con la tuya. No habría más contiendas ni frustraciones. Eso es lo que han hecho muchos padres de muchachos y muchachas de 14 años de edad. Pero nosotros *no debemos* ceder a esta tentación. Tú no estás preparado para ser totalmente independiente, y estaríamos mostrando odio hacia ti (en vez de amor) si cediéramos en este momento. Lamentaríamos nuestro error por el resto de nuestras vidas, y también pronto tú nos echarías la culpa. Y, como sabes, tienes dos hermanas menores que te están observando con mucha atención y debemos protegerlas de las cosas que les estás enseñando.

E. Además, José, Dios nos ha dado la responsabilidad, como padres, de hacer lo que es bueno para ti, y El habrá de pedirnos cuentas de la forma en que hayamos realizado esa labor. Quiero leerte un importante pasaje de la Biblia que habla de un padre llamado Elí, que no disciplinó ni corrigió a sus dos hijos cuando eran jóvenes. (Lea la dramática historia de 1 Samuel 2:12-17, 22-25, 27-34; 3:11-14; 4:1-3 y 10-22.) Queda bien claro que Dios se enojó con Elí por permitir que sus hijos fueran irrespetuosos y desobedientes. No sólo Dios permitió que mataran a los muchachos en una batalla, sino que también castigó a su padre por no haber cumplido con sus responsabilidades. La tarea de que los padres y las madres instruyan a sus hijos, y los disciplinen cuando sea necesario, es una obligación que podemos encontrar a través de toda la Biblia. Lo que quiero decirte es que Dios no va a considerarnos libres de culpa si te permitimos que te comportes en una forma que es perjudicial para ti mismo y para otros.

F. Esto que te he dicho nos lleva a la siguiente pregunta: "¿Qué vamos a hacer de ahora en adelante?" Quiero hacerte una promesa, aquí y ahora: Tu madre y yo tenemos la intención de ser más sensibles a tus necesidades y sentimientos de lo que hemos sido en el pasado. No somos perfectos, como bien lo sabes, y es posible que en una u otra ocasión pensarás que hemos sido injustos contigo. Si eso llegara a suceder, podrás expresar tus opiniones, y nosotros te escucharemos. Queremos mantener ampliamente abierta la puerta de la comunicación entre nosotros. Cuando pidas que se te permita tener un nuevo privilegio, me haré a mí mismo esta pregunta: "¿Puedo concederle a José lo que me ha pedido sin que sea perjudicial para él o para otras personas?" Si puedo permitirte lo que quieres y tener la conciencia tranquila, así lo haré. Llegaré a un arreglo contigo y accederé a tus deseos hasta donde mi buen juicio me lo permita.

G. Pero escúchame, José. Habrá algunos asuntos acerca de los cuales *no* podré ceder para llegar a un acuerdo. Habrá ocasiones cuando tendré que decirte: "No". Y cuando esos momentos lleguen, puedes estar seguro de que me mantendré tan firme como el Peñón de Gibraltar. Ninguna cantidad de violencia, ni de berrinches, ni de portazos hará que las cosas cambien. En realidad, si eliges luchar conmigo acerca de las otras reglas, te prometo que sufrirás una derrota dramática. Es verdad que ya estás demasiado grande para darte nalgadas, pero todavía puedo utilizar otros medios para hacer que te sientas incómodo. Y esa será mi meta. Créeme, José, me pasaré noches despierto pensando cómo hacerte difícil la vida. Tengo el valor y la firmeza para realizar mi labor como padre durante los últimos años que vas a estar en casa, y es mi intención utilizar todos los recursos que están a mi disposición, si fuera necesario. Así que, eres tú quien tiene que decidir. Podemos disfrutar de un tiempo tranquilo de cooperación en el hogar, o podemos pasar esta última parte de tu niñez en desavenencias y conflictos. De cualquiera de las dos formas, *vas* a llegar a casa a la hora indicada, *vas* a cumplir con tus responsabilidades en el hogar, y *vas* a continuar respetándonos a tu madre y a mí.

H. Finalmente, José, quiero enfatizar lo que te dije al comienzo. Te amamos más de lo que puedes imaginarte, y vamos a seguir siendo tus amigos durante estos tiempos difíciles. Hay mucho sufrimiento en el mundo hoy en día. La vida trae consigo desilusiones, pérdidas, rechazos, envejecimiento, enfermedad y por último la muerte. Todavía no has experimentado muchas de esas dificultades, pero muy pronto estarás conociendo algunas de ellas. Así que, con todo el dolor que está esperándonos fuera del hogar, no traigamos más de él a nuestras vidas. Nos necesitamos mutuamente. Nosotros te necesitamos, y aunque no lo creas, todavía tú nos necesitas de vez en cuando. Y creo que esto es lo que deseábamos comunicarte en esta mañana. Hagamos las cosas lo mejor que podamos de ahora en adelante.

I. ¿Tienes algo que necesitas decirme?

El contenido de este mensaje debiera ser modificado para adaptarlo a las circunstancias individuales y a las necesidades de cada adolescente en particular. Además, las reacciones de los jóvenes pueden variar tremendamente de uno a otro. Un muchacho o una muchacha de carácter abierto puede revelar sus sentimientos más profundos en un momento de comunicación como éste, permitiendo un tiempo, que no tiene precio, de sanidad y ventilación de los problemas. Por otra parte, un muchacho testarudo, desafiante y orgulloso puede escucharlo todo y quedarse sentado inmóvil con la cabeza baja. Pero, aunque su hijo adolescente permanezca hostil o indiferente, al menos las cartas han sido puestas sobre la mesa y las intenciones de los padres han sido explicadas.[14]

¿ **Usted ha dicho en distintas ocasiones que no aprueba darle nalgadas a un adolescente. ¿Qué haría usted para estimular la cooperación de mi hijo adolescente, que deliberadamente se pone pesado? Deja su ropa tirada por todas partes, se niega a ayudar con ninguno de los quehaceres de la casa, y molesta continuamente a su hermanito.**

Yo buscaría una manera de relacionar su conducta con algo que él piense que es importante, como privilegios o incluso dinero. Tomemos el dinero como ejemplo, supongamos que cada semana se le da una pequeña cantidad de dinero. Regularmente, se puede disminuir dicha cantidad si él quebranta reglas que han sido establecidas de antemano. Cada prenda de vestir que deje tirada en el suelo podría costarle unos pocos centavos. Una provocación intencional, que le hiciera a su hermano, serviría para que se descontara una cantidad mayor de dinero. Todos los sábados, él recibiría el dinero que quedara después de los descuentos de la semana anterior. Este sistema está de acuerdo con el principio que se encuentra detrás de toda la disciplina impartida al adolescente: provea al adolescente de una razón para obedecer, a parte del simple hecho de que le fue dicho lo que tenía que hacer.[15]

¿ **Tengo una hija de 14 años, Margarita, que quiere salir con un muchacho de 17 años. No me gusta la idea de permitir eso, pero no estoy segura de cómo debo responder. ¿Qué le debo decir?**

En vez de dar patadas en el piso y gritar: "¡No! ¡Y no creo que voy a cambiar de opinión!" Yo formularía un plan razonable para los años venideros, y un fundamento razonable para apoyarlo. Usted le podría decir: "Margarita, tienes 14 años, y comprendo tu nuevo interés en los muchachos. Así debe ser. Sin embargo, no estás lista para enfrentarte a las presiones que un muchacho mayor puede imponerle a una muchacha de tu edad". (Si ella le hace preguntas, explíquele lo que quiere decir.)

"Tu papá y yo queremos ayudarte a estar preparada para tener un novio en el futuro, pero hay algunos pasos intermedios que necesitas dar. Necesitas aprender a ser amiga de los muchachos antes de ser novia de uno de ellos. Para lograr esto, debes conocerlos en grupos de muchachos y muchachas de tu edad. Los vamos a invitar a nuestro hogar, y tú podrás ir a casa de otros. Luego, cuando tengas entre 15 y 17 años, podrás empezar a salir con un muchacho y con otra pareja, en grupos de cuatro, yendo a lugares donde haya la supervisión de algún adulto. Y finalmente, un poco antes de los 17 años, podrás salir sola con tu pareja.

"Tu papá y yo queremos que salgas con muchachos y que te diviertas con ellos, y pensamos ser razonables en cuanto a esto. Pero no estás preparada para empezar a salir sola con un muchacho mayor que tú, y simplemente vamos a tener que buscar otras maneras de satisfacer tus necesidades sociales".[16]

¿? **Mi hija que es adolescente, y no está casada, me dijo recientemente que tiene tres meses de embarazo. ¿Cuál debería ser mi actitud hacia ella en este momento?**

Usted no puede cambiar las circunstancias actuando con dureza y con falta de cariño. Su hija necesita ahora más comprensión que nunca, y si es posible, usted debe dársela. Ayúdela a pasar este trago amargo, y evite decirle: "Yo te lo advertí". Ella se enfrentará con muchas decisiones importantes en los próximos meses, y tendrá necesidad de un padre y una madre que con sensatez y tranquilidad la ayuden a decidir cuál es el mejor camino que debe tomar. Recuerde que muchas veces, el amor duradero se desarrolla entre las personas que juntas han sobrevivido una crisis.[17]

¿? **Mi hijo de 15 años es un amante de la naturaleza. Su habitación está llena de serpientes enjauladas, panales de avispas, plantas e insectos. Incluso el garaje está lleno de distintos animales que él ha atrapado y domesticado. Detesto toda esa asquerosidad y quisiera que él se interesara en otras cosas. ¿Qué debo hacer?**

Si mantiene su zoológico limpio y bien ordenado, debe permitirle hacer lo que le interesa. Recuerde que a los 15 años de edad es mucho mejor tener como pasatiempo a los insectos que a las drogas.[18]

¿? **La mayoría de los adolescentes saben que el uso de drogas es dañino para sus cuerpos, y que incluso puede matarlos. ¿Por qué entonces las consumen? ¿Son generalmente víctimas de vendedores de drogas sin escrúpulos, que los hacen adictos a los narcóticos?**

Generalmente no. La forma más común de comenzar a usar drogas es en un ambiente social cuando un amigo comparte drogas con otro amigo. Frecuentemente la marihuana y las píldoras se distribuyen en las fiestas donde el que no las usa se ve imposibilitado a negarse a participar sin parecer ser anticuado. Muchos adolescentes literalmente arriesgarían sus vidas si pensaran que sus compañeros exigían eso, y esta necesidad de la aprobación social contribuye a la iniciación de la mayoría de los hábitos de uso de drogas.[19]

i ¿Cuáles son síntomas de drogadicción a los que debieran estar atentos los padres?

Permítame darle una lista de ocho síntomas físicos y emocionales que podrían indicar que su hijo está abusando de sustancias químicas:

1. El más común, es la inflamación de los párpados y de la nariz. Las pupilas se dilatan o se contraen, dependiendo del tipo de droga que se está utilizando.

2. Posiblemente se presenten extremos en el nivel de energía. Su hijo podría ser perezoso, melancólico y retraído; o podría ser escandaloso, histérico e inquieto.

3. Su apetito va a los extremos: tiene mucho o muy poco, y podría perder peso.

4. La personalidad cambia repentinamente; el individuo se puede poner irritable, distraído y confundido; o agresivo, sospechoso y explosivo.

5. El olor de su cuerpo y aliento es desagradable, y generalmente descuida el aseo personal.

6. Podría haber trastornos en su sistema digestivo: puede tener diarrea, náusea o vómito. También son comunes los dolores de cabeza y la visión doble. Otras señas de deterioro físico podrían incluir un cambio en el tono de la piel y en la postura corporal.

7. Podrían aparecer marcas de pinchazos en el cuerpo, generalmente en los brazos, las cuales son un

síntoma importante. Algunas veces estos pinchazos se infectan y parecen ser abscesos o llagas.

8. Los valores morales del hijo se derrumban, y quedan reemplazados por ideas y valores muy modernos y raros.[20]

🛈 ¿Cree usted que una mejor educación es la respuesta para evitar el consumo de drogas entre los adolescentes?

Lamentablemente, el problema del uso de los narcóticos entre los adolescentes, no será resuelto por medio de programas educacionales que expliquen sus peligros. Los muchachos ya conocen las consecuencias del uso de las drogas, probablemente mejor que los padres. Ellos no están sordos, y la mayoría de las veces abusan de las drogas *a pesar* del precio que saben que tendrán que pagar. Aunque debemos apoyar los esfuerzos para educar a los jóvenes (lo cual es nuestra única esperanza para un cambio), el problema de las drogas continuará hasta que ya no esté de moda el tener la experiencia de encontrarse bajo la influencia de ellas. Cuando consumir drogas se convierta en algo vergonzoso, la epidemia habrá terminado, pero no un minuto antes.[21]

🛈 ¿Cómo puedo ayudar a mi hijo, para que resista la presión ejercida sobre los adolescentes para que sean conformistas en asuntos tan importantes como el consumo de drogas y la inmoralidad sexual?

Es importante para su hijo que se encuentra en la preadolescencia, el saber acerca de la presión de grupo, antes que la misma llegue a su punto culminante. Un día puede ser que él esté sentado en un auto con cuatro amigos que decidan tomar unas pildoritas rojas, y su hijo necesita saber *de antemano*, cómo va a enfrentarse a ese momento. Represente con él los papeles de esa situación, enseñándole lo que debe decir y hacer. La preparación que usted haga, no es garantía de que él tendrá el valor necesario para mantenerse firme en esa ocasión decisiva, pero el conocimiento que su hijo tenga de la influencia de sus compañeros pudiera proveer la independencia para hacer lo que es correcto. Por lo tanto, le recomendaría que esta cuestión de la conformidad sea discutida de manera completa, y sea repasada por usted con su hijo de 10 u 11 años.[22]

¿ **Usted ha descrito en gran detalle la manera en que los adolescentes se rinden a la influencia de sus compañeros, y reconocemos esto en nuestra hija adolescente. Pero ¿qué me dice de los adultos en nuestra cultura occidental? ¿No somos vulnerables a las presiones de grupo también?**

Uno de los grandes mitos de hoy es que somos unos fuertes individualistas. Realmente nos hemos engañado a nosotros mismos en cuanto a esto. Nos gusta pensar que somos héroes que nos mantenemos firmes y valientes ante el rechazo de los demás. Pero esa imagen obviamente no es característica de la mayoría de las personas. La verdad es que somos unos cobardes sociales. Me parece que gran parte de nuestra energía la gastamos tratando de ser como los demás, temblando de miedo ante la verdadera individualidad.

Por supuesto, hay muchas excepciones a esta generalización, pero la independencia social y la confianza no parecen ser características que predominen en nuestra sociedad.

¿ **¿Qué opina usted acerca de los peligros del uso de la marihuana hoy en día? He escuchado que no produce adicción y que por lo tanto no es dañina; también he escuchado que es sumamente peligrosa. ¿Cuál es la realidad?**

Voy a permitir que el doctor Harold Voth conteste su pregunta. El doctor Voth ha servido como principal siquiatra y sicoanalista ejecutivo de la Fundación Menninger en Tope-ka, Kansas, Estados Unidos, y también es jefe de siquiatría de educación en el Centro Médico de la Administración de Veteranos en Topeka, Kansas. El dijo lo siguiente:

> Mi propia familia ha provisto el principal estímulo para que yo me involucrara en el problema de la drogadicción. Observar a nuestros tres hijos crecer y convertirse en hombres sanos, provee un contraste claro a los muchachos que he observado a través de los años cuyas vidas han sido dañadas o destruidas por la marihuana.
>
> Observar cómo un joven se hace daño es trágico; me parte el corazón. Me pongo a pensar en lo que hubiera podido ser su vida, los sueños de sus padres que se han esfumando y la tristeza que pesa sobre las vidas de sus familias.
>
> Por lo tanto, para evitar que otros pasen por ese mismo camino de engaño que se le ofrece al que podría empezar a consumir drogas, voy a expresar los siguientes hechos:

Todos están de acuerdo, incluso los que quieren legalizar la marihuana y la libre distribución de la misma, en que los niños, los adolescentes y los adultos jóvenes cuyas mentes y cuerpos no han madurado, además de las mujeres embaraza-das nunca deben fumar marihuana.

Noventa por ciento de los que utilizan drogas más fuertes como la heroína empezaron con marihuana.

Cinco cigarrillos de marihuana tienen la misma capacidad de producir cáncer que 112 cigarrillos convencionales.

La marihuana permanece en el cuerpo, dentro de las células de grasa, entre tres y cinco semanas. La capacidad mental y física es afectada de manera negativa durante todo ese tiempo.

Una persona que fuma marihuana de manera regular sufre de una acumulación de THC, que es una sustancia química tóxica, en las células de grasa del cuerpo, particularmente en el cerebro. Se requieren de tres a cinco meses para desintoxicar efectivamente a la persona que la usa habitualmente.

La parte del cerebro que permite que la persona se enfoque, se concentre, sea creativa, pueda aprender y tener conceptos en un nivel avanzado sigue creciendo durante los años de la adolescencia. El uso continuo de la marihuana por cierto tiempo, retrasará el crecimiento normal de estas células en el cerebro.

Un estudio realizado por la Universidad de Columbia, en Carolina del Sur, Estados Unidos, reveló que la mujer que utiliza marihuana sufre un aumento alto de células con ADN dañado (el ADN es la sustancia química que contiene el código genético). También se descubrió que los óvulos reproductores de la mujer son especialmente vulnerables a daño causado por la marihuana.

Otro estudio, llevado a cabo también por la Universidad de Columbia, halló que un grupo controlado de personas que durante un año fumaron sólo un cigarrillo de marihuana cada tercer día, tenían una falta de 39 por ciento de las células blancas en la sangre, lo cual dañó su sistema inmunológico, dejando a esas personas mucho más susceptibles a infecciones y enfermedades.

Un cigarrillo de marihuana causa una disminución de 41 por ciento de la habilidad para manejar un auto. Dos cigarrillos causan una reducción de 63 por ciento.

¿Cómo puedo reconocer los síntomas del uso de marihuana en mi hijo de 16 años?

Según el Centro de Drogadicción en San Antonio, Texas, hay varios síntomas del uso de la marihuana. Permítame enumerarlos:

1. Se reduce la energía y la ambición.

2. Se presenta una disminución notable en la calidad del trabajo escolar.

3. Se reduce la capacidad de concentración.

4. Se deterioran las habilidades de comunicación.

5. Se nota de manera clara que disminuye su cordialidad social, y se interesará menos en los sentimientos de los demás.

6. Rostro pálido, movimientos de los ojos que no son precisos y los ojos enrojecidos.

7. Se descuida en su apariencia personal.

8. Reacciona de manera inapropiada y exagerada a las críticas insignificantes.

9. Se produce un cambio en el interés del joven en la competencia activa, convirtiéndose su personalidad en más pasiva y retraída.

10. Se asocia con amigos que se niegan a dar sus nombres o simplemente cuelgan el teléfono cuando contesta el padre o la madre.

11. Aumenta su tendencia a callar u ocultar lo que hace con el dinero, o desaparecen objetos de valor de la casa.

¿ Usted ha expresado opiniones fuertes en cuanto a la necesidad de que las madres se queden en casa cuando sus hijos son pequeños. ¿Qué opina usted sobre las madres de niños escolares que trabajan fuera del hogar?

Si usted me hubiera hecho esa pregunta hace cinco años, le hubiera dicho que las madres hacen falta en el hogar principalmente durante los años preescolares. Después del kindergarten, el factor más importante es estar en casa cuando los niños lleguen de la escuela. Así hubiera contestado yo cuando mis hijos tenían cinco años menos que ahora. Pero hoy en día, que Danae tiene 16 años y Ryan tiene 11, creo muy firmemente en la necesidad de que las madres estén en casa durante los años de la adolescencia. Este no es un punto de vista muy popular, pero no puedo más que contestarle diciéndole sinceramente lo que creo y he observado.

Las actividades frenéticas de los adolescentes pueden causar gran estrés en las familias que requieren la atención de los adultos. ¿Quién podrá llevar y traer a los jovencitos, prepararlos para sus salidas, confeccionar el vestido nuevo para la hija, asistir al primer juego de fútbol, y estar al tanto de todos los "tengo que hacerlo" de esos años? No sólo es necesario que mamá esté en casa para mantener en orden el hogar durante esos días de presión, sino que ella misma necesita prepararse para el conflicto de esos años que es tan típico. No es buen tiempo para que ella llegue a casa agotada cada noche después de haber trabajado con todas sus energías y dedicación. Eso prepara el escenario para explosiones emocionales entre madre e hijos.

14

Preguntas de los adolescentes

¿ Yo soy un adolescente, y quiero parecerme por completo a mis amigos, y vestirme como ellos. Mis padres me dicen que yo debería mantener mi individualidad y estar dispuesto a ser diferente, pero simplemente no puedo hacerlo. ¿Me entiende usted?

Seguro que te entiendo. Permíteme que te explique por qué sientes tal presión para ser igual a tus amigos. La respuesta implica sentimientos de inferioridad, los cuales, generalmente, son muy fuertes durante la adolescencia. Es que cuando te sientes inútil y tonto, cuando no te gustas a ti mismo, entonces tienes más miedo de la amenaza de hacer el ridículo o ser rechazado por tus amigos. Te vuelves más sensible a que se rían de ti. Te falta la confianza para ser diferente. Tus problemas parecen bastante malos, sin hacerlos peores al desafiar los deseos de la mayoría. Así que te vistes de la forma en que ellos te dicen que te vistas, y hablas de la manera en que ellos te dicen que hables, y todas tus ideas son las ideas del grupo. Tu deseo más grande es comportarte de la manera más "segura". Todas estas formas de comportarse tienen algo en común: son resultado de una falta de confianza en ti mismo.

Poco a poco, tu respeto de ti mismo regresará, a medida que te vayas volviendo más maduro, y te sientas mejor con la persona que Dios te hizo ser.[1]

¿ **Tengo 14 años de edad, y tengo la cara llena de unos granos muy desagradables. ¿Qué es lo que los causa, y qué puedo hacer para mantener mi cutis libre de ellos?**

Prácticamente cada parte de tu cuerpo está siendo afectada, de una u otra manera, por el período de cambios que estás experimentando ahora. Incluso tu piel sufre cambios muy importantes, tanto si eres un muchacho como una muchacha. En realidad, es probable que éste sea el aspecto que más molestia causa, de todos los acontecimientos físicos que tienen lugar durante el principio de la adolescencia. En una investigación llevada a cabo entre dos mil adolescentes, se hizo la siguiente pregunta: "¿Qué es lo que te desagrada más de ti mismo?" Los problemas de la piel sobrepasaron, por un amplio margen, a cualquier otra respuesta.

Las erupciones de la piel ocurren, principalmente, como resultado de una sustancia grasosa que es segregada durante la adolescencia. Los poros de la piel tienen tendencia a llenarse con este aceite y obstruirse. Ya que el aceite no puede salir, se endurece y produce granos o espinillas. Puedes esperar tener estas imperfecciones en tu piel por varios años, aunque algunos casos son más leves que otros.

Cuando, con regularidad, te salen muchos granos y espinillas la condición se llama acné. Si esto sucede, es muy importante que mantengas limpia tu piel, reduciendo al mínimo el aceite y la suciedad en tu cara. Antes se creía que ciertos alimentos grasosos y el chocolate contribuían a esta dificultad, pero ahora los doctores dudan esa relación. Si el problema es severo, como es evidente que piensas que lo es, deberías pedirles a tus padres que te lleven a un dermatólogo, quien es un doctor que se especializa en problemas de la piel.

El acné puede ser tratado ahora, de una manera eficaz, en la mayoría de los casos.[2]

¿ **Tengo 13 años de edad y me siento muy mal acerca de mí mismo. ¿Qué puedo hacer?**

Lo primero que tienes que hacer es comprender que no estás solo. Empieza a observar a las personas que te rodean, y ve si puedes detectar sentimientos escondidos de inferioridad. Cuando mañana vayas a la escuela, discretamente observa a los alumnos que caminan de un lado a otro. Te aseguro que muchos de ellos tienen las mismas preocupaciones que te están molestando a ti. Revelan estas dudas al ser muy tímidos y callados, al enojarse extremadamente y actuar con maldad, al comportarse de una manera tonta, al tener miedo de participar en un juego o una competencia, al ruborizarse con frecuencia, o al actuar en una forma orgullosa. Pronto aprenderás a reconocer los síntomas de la inferioridad, ¡y entonces sabrás que es un trastorno *muy* común! Una vez que comprendas por completo que otros se sienten como tú, entonces *nunca debieras volver* a sentirte solo. Tendrás más confianza al saber que todos tienen miedo de quedar avergonzados o sentirse ridículos, te darás cuenta de que todos nos encontramos en la misma barca que hace agua, tratando de tapar las grietas o los agujeros. Y ¿puedes creer que yo casi me ahogué en esa misma barca cuando tenía 14 años?

Segundo, te aconsejo que mires de frente a las preocupaciones que continúan molestándote desde tu mente subconsciente o desde lo profundo de tu corazón, haciendo que una negra nube flote sobre tu cabeza día y noche. Sería una buena idea que te vayas a un lugar donde puedas estar solo, donde nadie pueda interferir con tus pensamientos. Entonces puedes hacer una *lista* de todas las cosas que menos te gustan acerca de ti mismo. Nadie va a ver este papel, excepto las personas a quienes tú decidas enseñárselo, así que puedes ser totalmente sincero. Escribe todo lo que te ha estado molestando. Incluso confesando las características tuyas que no te gustan, como la tendencia a encolerizarte y explotar (si eso se aplica a ti).

Identifica tus problemas más serios, lo mejor que puedas. ¿Te frustras y te enojas con las personas, y luego te sientes mal? ¿O se trata de tu timidez, que hace que tengas temor cuando estás con otras personas? ¿Es tu pereza, tu falta de amabilidad hacia otros, o tu aspecto personal? Cualquier cosa que te preocupe, anótala de la mejor manera que puedas. Después que hayas terminado, repasa la lista, y pon una marca al lado de las cosas que te preocupan más, los problemas en que piensas la mayor parte del tiempo.

Tercero, medita en cada cosa en tu lista. Usa tus facultades creadoras para que veas qué es lo que se pudiera hacer para cambiar las cosas que no te gustan. Si quieres, podrías compartir la lista con tu pastor, consejero, padre o madre, o alguien en quien tengas confianza, esa persona puede ayudarte entonces a hacer planes para mejorar. Te sentirás mejor al haberte enfrentado a tus problemas, y quizás incluso encuentres verdaderas soluciones a algunos de los asuntos que te turban.

Ahora bien, llegamos a algo muy importante. La clave de la salud mental es poder aceptar lo que uno no puede cambiar. Después que hayas hecho lo que te sea posible para resolver tus problemas, creo que deberías tomar el papel en que se encuentran escritas las cosas más desagradables, y quemarlo delante de Dios en una ceremonia privada. Encomiéndale a El de nuevo tu vida, con todos sus puntos fuertes y débiles, buenos y malos, pidiéndole que El tome lo que tienes y lo bendiga. Después de todo, no olvides que Dios creó el universo entero de la nada, y El puede hacer algo hermoso con tu vida.[3]

¿ **Soy un adolescente y me resulta muy difícil el ganar amigos. ¿Puede usted ayudarme a aprender cómo influir en las personas, para poder agradarles?**

"La mejor manera para *tener* un amigo es *ser* un buen amigo de los demás". Ese es un proverbio muy antiguo, pero sigue siendo cierto. Ahora, permíteme que te dé una idea, que te ayudará a tratar con personas de *todas* las edades. La mayoría de las personas experimentan sentimientos de inferioridad y desconfianza en sí mismas, tal como he descrito. Y si tú comprendes y recuerdas esa verdad, te ayudará a conocer el secreto del éxito social. *Nunca* te burles de otros o les pongas en ridículo. Hazles saber que les respetas y les aceptas, y que son importantes para ti. Haz un esfuerzo consciente por ser sensible a sus sentimientos, y para proteger sus reputaciones. Creo que muy pronto vas a descubrir que muchos harán lo mismo por ti.[4]

¿ **Tengo 12 años y mi padre me ha dicho que pronto mi cuerpo va a cambiar mucho. Ya esto les ha sucedido a otros muchachos que conozco. Pero no entiendo qué es lo que está a punto de sucederme o por qué. ¿Me lo podría explicar usted?**

Lo haré con mucho gusto. El proceso de crecimiento es un acontecimiento maravilloso e interesante. Está totalmente controlado por un órgano muy pequeño que se encuentra cerca del centro del cerebro que se llama *glándula pituitaria*. Este órgano pequeñito es la glándula principal porque le dice al resto de las glándulas lo que tienen que hacer. Es la "jefa" de todas las demás, y cuando "grita" todo tu sistema glandular empieza a saltar. En algún lugar dentro de tu glándula pituitaria está el plan para tu cuerpo. En el momento correcto, la glándula pituitaria envía mensajeros químicos, que se llaman hormonas, los cuales le dicen al resto de las glándulas de tu cuerpo: "Comiencen a moverse; es hora de crecer". Incluso, esas hormonas tendrán muchas implicaciones para tu cuerpo durante los siguientes años de tu vida.

Me alegro de que tu padre te haya dicho que hay cambios que pronto van a suceder en tu cuerpo. Hay varios motivos por los que debes comprender este aspecto del desarrollo físico. En primer lugar, si no sabes lo que está a punto de sucederle a tu cuerpo, puede ser una experiencia que te asuste bastante cuando todo "se vuelva loco" a la misma vez. Muchos adolescentes se preguntan: "¿Tendré una enfermedad?" "¿Será cáncer?" "¿Estará algo mal en mi cuerpo?" "¿Me atreveré a hablar con alguien de lo que me está pasando?" Estos son temores innecesarios, que son resultado de la ignorancia o de una información equivocada acerca del cuerpo. Cuando los jóvenes comprenden el proceso de crecimiento, saben que estos cambios representan sucesos normales y naturales que deberían estar esperando. Así que te diré, con exactitud, lo que puedes esperar en el período del comienzo de la adolescencia. Simplemente no hay motivo para preocuparte por estos cambios físicos que suceden con tanta rapidez.

El cambio más importante que vas a notar es que tu cuerpo comenzará a prepararse para la reproducción. Ahora bien, no he dicho que estás a punto de ser un padre (eso no debe suceder por muchos años), sino que tu cuerpo está por *equiparse* con la capacidad para reproducir un hijo. Ese es uno de los cambios principales que ocurren durante este período. El nombre correcto de este período de despertamiento sexual es: *pubertad*.

Durante la pubertad comenzarás a crecer con mucha rapidez, más que en cualquier otra etapa de tu vida. Tus músculos llegarán a ser más parecidos a los de un hombre, te harás mucho más fuerte, y tendrás mejor coordinación. Por eso, generalmente, un muchacho de escuela intermedia es mucho mejor atleta que uno de quinto o sexto grado de primaria; y un muchacho de secundaria es aun mejor atleta que uno de escuela intermedia. Durante ese período tiene lugar un aumento notable en el tamaño de todo el cuerpo, en la fuerza y en la coordinación.

Segundo, tu pelo comenzará a parecerse más al de un hombre. Notarás que está empezando a salirte barba, y tendrás que afeitarte de vez en cuando. Comenzará a crecerte pelo en las axilas, y también en lo que se llama el pubis (o que puede ser que tú llames el área privada) que es el área alrededor de tus órganos sexuales. Y los órganos sexuales se volverán más grandes, y más parecidos a los de un adulto. Estas son evidencias de que el niño pequeño está desapareciendo para siempre, y en su lugar está apareciendo un hombre, capaz de llegar a ser padre y de cuidar a su esposa e hijos. Esta transformación fantástica me recuerda en algunas maneras a una oruga que se encierra en un capullo, y después de un tiempo sale como una criatura totalmente distinta: una mariposa. Claro, los cambios en un muchacho no son tan completos, pero nunca estarás como antes, después de pasar por el proceso de *maduración* (el término médico para el crecimiento).

Estos cambios que suceden con mucha rapidez, probablemente llegarán muy pronto para ti. Lo que asusta a algunos niños es que estos cambios suceden muy de repente, casi de la noche a la mañana. La glándula pituitaria empieza rápidamente a poner todo en marcha. Da órdenes a diestra y siniestra, y todo el cuerpo parece estar de carrera por dentro, intentando cumplir con las órdenes.

Los efectos son generales, hasta tu voz será diferente. Estoy seguro de que has notado que la voz de tu papá es mucho más grave que la tuya. ¿Te has preguntado alguna vez cómo llegó a ser así? ¿Habrá sido así siempre? ¿Te puedes imaginar a tu papá en su cuna diciendo: "Agugu" en una voz tan grave? Claro que no. No nació así. Su voz cambió durante la pubertad, y eso le sucederá a tu voz también. Sin embargo, la voz de un adolescente, a veces le causa vergüenza, hasta que el proceso de hacerse más grave ha terminado, porque no suena muy firme. Por unos meses, tu voz va a sonar aguda, temblorosa y enronquecida. Pero de nuevo digo que esto es algo de lo que no debes preocuparte, porque muy pronto tu voz será grave y se mantendrá firme. Se necesita un poco de tiempo para que se complete el desarrollo de las cuerdas vocales.

Otro cambio físico que les ocurre tanto a los niños como a las niñas durante el tiempo de pubertad es el problema con la fatiga o falta de energía. Tu cuerpo estará invirtiendo tantos recursos en el proceso de crecimiento que aparentemente le faltará la energía para realizar otras actividades por un tiempo. Normalmente, esta etapa no dura mucho. Sin embargo, esta sensación de cansancio es algo que debes esperar. En realidad, debería influir de dos formas en tu conducta.

En primer lugar, debes dormir bastante y descansar durante el período de rápido crecimiento. Sin embargo, esa necesidad muchas veces no es suplida, porque los adolescentes creen que no deberían tener que acostarse a dormir tan temprano como cuando eran niños. Por lo tanto, es probable que permanezcan despiertos hasta que es demasiado tarde, y luego, el día siguiente, andan arrastrándose en un estado de agotamiento. Aunque no lo creas, una persona de 12 ó 13 años realmente necesita descansar más que cuando tenía nueve o diez años, simplemente porque está en la etapa de crecimiento acelerado.

En segundo lugar, los alimentos que comes también son muy importantes durante la adolescencia. Tu cuerpo tiene necesidad de los elementos verdaderamente nutritivos con que serán edificadas las nuevas células musculares, los huesos y las fibras, que están en los planos. Será necesario que tengas una dieta *balanceada* durante este tiempo; esto es todavía mucho más importante que cuando tenías seis u ocho años. Si no comes de la manera correcta durante este período de crecimiento, tendrás que pagar el precio por medio de enfermedades y distintos problemas físicos. Tu cuerpo *debe* recibir las vitaminas, los minerales y la proteína que necesita para desarrollarse.

Estos son algunos de los cambios básicos que puedes esperar dentro de unos años. Y cuando hayan ocurrido, estarás en tu camino a la edad adulta.[5]

¿ **Mi nombre es Marta, y tengo 11 años de edad. ¿Qué cambios puedo esperar que ocurran en mi cuerpo? Me interesa en especial saber acerca de la menstruación y de cómo se hacen los bebés.**

El cuerpo de la niña experimenta cambios más complejos que los experimentados por el del niño, porque tiene que prepararse para la tarea muy complicada de la maternidad. La forma en que funciona el cuerpo de la mujer, para producir la vida humana, es parte de uno de los mecanismos más maravillosos del universo creado por Dios. Veamos, por un momento, este proceso:

La vida del ser humano comienza como una pequeña célula; tan pequeña que no se podría ver sin un microscopio. Esta primera célula, que se llama cigoto, empieza a dividirse y a crecer dentro del útero de la madre.

El útero es un órgano muy especial, que se encuentra dentro de la parte inferior del abdomen de la madre. Tiene la forma de una pequeña bolsa, en la cual existe el ambiente perfecto para que se desarrolle el embrión. (Se le llama: *embrión* al bebé cuando éste se encuentra en las primeras etapas de su desarrollo.)

Toda necesidad de calor, oxígeno y alimento, que el bebé tenga, es suplida constantemente por el cuerpo de la madre durante los nueve meses antes de nacer. Cualquier pequeño error que tuviera lugar durante el comienzo de su desarrollo (especialmente durante los primeros tres meses) causaría su muerte. El embrión es muy delicado, y el cuerpo de la madre debe encontrarse en buenas condiciones físicas para que pueda suplir de todo lo que necesita al niño que se está desarrollando.

Para que el cuerpo de una niña esté en condiciones de satisfacer todos los requisitos de un embarazo, es necesario que pase por muchos cambios durante el tiempo de la pubertad. Uno de esos importantes cambios es el que se llama menstruación, acerca del cual me alegro de que hayas preguntado. Este es un tema que las muchachas necesitan entender bien. La mayoría de las escuelas proveen a las niñas con esta información en el quinto o sexto grado, así que lo que voy a decirte ahora, pudiera ser sólo un repaso de lo que ya has visto y oído en alguna otra ocasión. Sin embargo, creo que es importante que los muchachos también comprendan este proceso, aunque pocas veces se les informa de manera apropiada.

Cuando una mujer queda embarazada (o sea, cuando la célula llamada cigoto es implantada en su útero, después de haber tenido relaciones sexuales con un hombre) su cuerpo comienza a proteger a este embrión, y a ayudarle a crecer. El mismo tiene necesidad de oxígeno y de alimento, así como de muchos elementos químicos que son imprescindibles para la vida. Estas sustancias son transportadas automáticamente hasta el útero por medio de la sangre de la madre. Pero, en vista de que el útero no puede saber cuándo una nueva vida va a ser implantada en él, debe prepararse cada mes para recibir a un embrión, por si acaso esto sucediera. Por lo tanto, la sangre se acumula en las paredes del útero para poder nutrir al embrión, si la mujer quedara embarazada ese mes. Pero si *no* fuera así, entonces esa sangre ya no es necesaria en el útero, por lo que se desprende de las paredes del mismo y es expulsada a través de la vagina, que es esa abertura especial por la cual también nacen los niños.

Cada 28 días (aunque este número puede variar un poco de una persona a otra) el cuerpo de la mujer expulsa la sangre que se había acumulado en las paredes del útero, y que habría sido usada para nutrir al bebé si ella hubiera quedado embarazada, pero al no haber sido así, ya no es necesaria. Por lo general, el flujo dura de tres a cinco días, y durante ese tiempo ella necesita llevar puesta una toalla higiénica que absorba la sangre. Este proceso se llama menstruación.

Hay algunas actitudes muy importantes que deseo que comprendas. En primer lugar, la menstruación no es algo a lo que las niñas debieran tenerle miedo. Como el tema de la sangre nos asusta, algunas niñas se ponen muy nerviosas al pensar que este proceso les va a suceder a ellas, por lo que empiezan a preocuparse y a tener temor a su llegada, y algunas quisieran que no ocurriera jamás. Pero en realidad la menstruación hace posible el acontecimiento más fantástico y emocionante que pudiera ocurrir: la creación de un nuevo ser humano. ¡Qué milagro es el que esta primera célula, que se llama cigoto, se divida en 2, luego en 4, 8 y 16 células, y continúe dividiéndose hasta que trillones de nuevas células se han formado! Un corazoncito surge lentamente dentro del grupo de esas células, y comienza a latir con el ritmo de vida. Después aparecen los dedos de los pies y los de las manos, así como los ojos, los oídos y todos los órganos internos. Un líquido especial (que se llama fluido amniótico) rodea el cuerpo del bebé para protegerlo de cualquier golpe que la madre pudiera recibir. Y ahí dentro permanece por nueve meses, hasta que puede sobrevivir en el mundo exterior. Entonces, en el momento preciso, el cuerpo de la madre comienza a empujar al bebé hacia abajo por la vagina, para ser recibido por las manos del médico o de la comadrona que lo están esperando.

El aspecto más hermoso de este sistema increíblemente complicado, es que todo lo relacionado con el mismo funciona *automáticamente* en el cuerpo de la mujer. Es como si el Gran Arquitecto, Dios mismo, estuviera a su lado, diciéndole a ella lo que su cuerpo tiene que hacer. En realidad, ¿sabías que esto es precisamente lo que ocurre? El rey David nos dice, en el libro de los Salmos, que Dios está presente durante la creación de una nueva vida. Voy a leer la descripción que él hace de este acontecimiento:

> *Tú hiciste todas las delicadas partes internas de mi cuerpo y las uniste en el vientre de mi madre. ¡Gracias por haberme hecho tan admirablemente complicado! Es admirable pensar en ello. Maravillosa es la obra de tus manos, ¡y qué bien la conozco! Tú estabas presente cuando yo estaba siendo formado en el más completo secreto.*

Salmo 139:13-15, La Biblia al Día

¡Dios no sólo supervisó el desarrollo de David en el vientre (otra palabra para útero) de su madre, sino que hizo lo mismo contigo y conmigo! Y también, El ha fijado cada día de nuestras vidas, y ha anotado cada uno de ellos en su libro. ¡Este es el pensamiento más alentador que jamás he conocido!

Así que tú puedes ver que la menstruación no es un acontecimiento terrible, al que debes tenerle miedo. Es una señal de que el cuerpo se está preparando para cooperar con Dios en la creación de una nueva vida, si es que esa es la voluntad de El para una mujer en particular. La menstruación es la forma que el cuerpo tiene para decirle a una jovencita que está creciendo... que ya no es una niña... y que algo maravilloso está sucediendo dentro de ella.

Por favor, Marta, no te preocupes acerca de este aspecto de tu salud. No vas a morir desangrada, te lo aseguro. La menstruación es tan natural como comer, o dormir, o cualquier otro proceso físico. Si crees que de alguna forma hay algo anormal en ti, si estás preocupada por algún aspecto de la menstruación, si piensas que eres diferente de las demás muchachas, o que algo no está bien, o si experimentas algún dolor relacionado con tu menstruación, o tienes cualquier pregunta, entonces debes llenarte de valor y hablar con tu mamá, o con tu médico, o con alguien en quien tengas confianza. En 98 por ciento de los casos se comprobará que los temores eran injustificados. Te darás cuenta de que estás completamente normal, y que lo que creías que era un problema, sólo fue resultado de la falta de comprensión que tenías de lo que te estaba sucediendo.

Ahora bien, es evidente que otras cosas comenzarán a sucederle a tu cuerpo, aproximadamente al mismo tiempo de la menstruación. Es probable que crezcas muy rápidamente, justo antes de tu primera menstruación. (A propósito, en estos momentos el promedio de edad de la primera menstruación de la mayoría de las niñas es cerca de doce años y medio, pero puede ocurrir tan temprano como a los nueve o diez, o tan tarde como a los 16 ó 17. La edad varía de una niña a otra.)

Durante ese tiempo tu cuerpo se volverá más redondeado y curvado, como el de tu mamá. Tus senos se agrandarán, y puede ser que de vez en cuando te duelan (también a veces los muchachos experimentan esta clase de dolor). Esto no quiere decir que tengas cáncer o alguna otra enfermedad, sino simplemente que tus senos están cambiando, como lo está haciendo el resto de tu cuerpo. También va a crecerte pelo en las axilas, en las piernas y en el área púbica, de la misma manera en que les sucede a los muchachos. Estos son los cambios físicos más evidentes que tendrán lugar, y cuando veas que los mismos están comenzando a ocurrir, puedes decirle "adiós" a la infancia; estás yendo a toda velocidad en la dirección en la que muy pronto habrás llegado a ser una mujer.[6]

¿ **Tengo trece años y medio, y todavía no he comenzado a cambiar. Soy más bajo de estatura que la mayoría de mis amigos, y menos fuerte que ellos. Y el tono de sus voces es más grave que el de la mía. ¡Es vergonzoso! ¡Ni siquiera me ha salido pelo en la parte inferior como a los demás muchachos! ¿Qué es lo que me está pasando?**

No te está pasando nada. Estás progresando de acuerdo con tu propio itinerario. Es igualmente saludable el desarrollarse más tarde o más temprano, y no hay ninguna razón para que tengas temor de que no vas a madurar nunca. Aguanta por un año o dos, y luego todo empezará para ti así como para todos los demás. Te puedo prometer que esto te va a suceder. Si no me crees, echa un vistazo a todos los adultos que están alrededor tuyo. ¿Ves que algunos de ellos parezcan niños? Desde luego que no. *Todo el mundo* crece más tarde o más temprano.

Por supuesto, que no es agradable que los amigos se burlen de uno, pero si sabes que sólo serás diferente de ellos por un poco de tiempo, quizá puedas aguantar que lo hagan. Y lo más importante es que tú no seas culpable de hacer que otra persona se sienta mal en cuanto a sí misma si resulta que tú maduras antes que ella.[7]

¿? **Quiero saber más acerca de cómo se hacen los bebés y de todas esas cosas de las que habla mi hermano mayor.**

Esa es una pregunta muy importante, y me alegro de que me la hayas hecho. A medida que tu cuerpo empiece a cambiar, te darás cuenta de que estás comenzando a interesarte más en las personas del sexo opuesto. De repente las muchachas se ven fantásticas en los ojos de los muchachos, y los muchachos empiezan a ser atractivos para las muchachas. ¿Cómo sé que esto sucederá? ¿Cómo puedo predecirlo de manera tan acertada? Porque el sexo pronto se convertirá en un "apetito" dentro de ti. Si no desayunaste esta mañana, puedo asegurarte que tendrás bastante hambre para las dos de la tarde. Tu cuerpo pedirá alimento. Así fue diseñado. Hay sustancias químicas en tu cuerpo que hacen que sientas hambre cuando no has comido.

De la misma manera, cuando tengas alrededor de 12 ó 15 años, tu cuerpo va a producir unas nuevas sustancias químicas que empezarán a desarrollar en ti un nuevo tipo de apetito, que estará relacionado con el sexo, o sea, con los aspectos masculinos o femeninos de tu naturaleza. Cada año, al ir madurando, este apetito se irá convirtiendo más en una parte de ti. Querrás pasar más tiempo en compañía de alguien del sexo opuesto, lo cual puede llegar a conducirte al matrimonio. El matrimonio es una unión maravillosa para los que encuentran a la persona indicada. Sin embargo, permíteme que te advierta algo sobre este tema.

Uno de los errores más grandes que puedes cometer en tu vida es casarte *demasiado* joven. Esto puede ser trágico. Quiero enfatizar este punto para que te lo grabes bien en la memoria. Pues si dos personas se casan antes de estar preparadas, puede resultar desastroso. Lamentablemente, esto sucede con demasiada frecuencia. Hablaré más sobre este tema más adelante en el libro, pero te aconsejo que no te cases hasta que tengas por lo menos 20 años de edad. *La mitad de todos los matrimonios entre adolescentes* terminan en divorcio a los cinco años, produciendo muchas lágrimas y problemas. No quiero que el tuyo sea uno de esos hogares que han sido destruidos.

Ahora, permíteme explicarte la sensación que el sexo traerá en los próximos años. Los muchachos se interesarán mucho en los cuerpos de las muchachas: en su forma, en las curvas y la suavidad de su piel, en su pelo y sus ojos bonitos. Hasta sus delicados pies femeninos podrían atraer a los muchachos durante esta etapa. Si tú eres un muchacho, es muy probable que pensarás frecuentemente en estas fascinantes criaturas que se llaman muchachas, ¡y a quienes anteriormente detestabas tanto! En realidad, el apetito sexual de los hombres es más fuerte entre las edades de 16 a 18 años que en cualquier otra etapa de la vida.

Por otra parte, las muchachas no se excitarán tanto por la forma y el aspecto del cuerpo de un muchacho (aunque les parezca interesante). Quedarán más fascinadas por el propio muchacho: la manera en que habla, cómo camina, y de qué manera razona. Si eres una muchacha, probablemente te apasiones por un muchacho tras otro. (Esto de apasionarse sucede cuando empiezas a pensar que una persona en particular es absolutamente fantástica, y empiezas a soñar con la posibilidad de casarte con esa persona. No es raro el apasionarse por un maestro, o un pastor, o algún otro hombre mayor. Generalmente los apasionamientos cambian constantemente, durando sólo unas semanas o meses antes que venga otro.)

Ahora, tenemos que hablar de manera clara y franca acerca de las relaciones sexuales. Este es el nombre que se le da al acto que toma lugar cuando un hombre y una mujer se quitan toda la ropa (generalmente en la cama) y el órgano sexual del hombre (su *pene*) se pone muy duro y recto. El introduce su pene en la vagina de la mujer mientras se acuesta entre las piernas de ella. Los dos se mueven, y con ese movimiento el pene entra y sale hasta que ambos tienen una sensación muy placentera que dura por uno o dos minutos. Es una experiencia muy satisfactoria que los esposos buscan tener con regularidad. Probablemente tú ya sabías cómo eran las relaciones sexuales que acabo de describir. Pero quizá no sabías que los hombres y las mujeres no solamente tienen relaciones sexuales para hacer bebés. Lo hacen para expresarse el amor el uno al otro, y porque les gusta hacerlo. De esta manera se satisfacen el uno al otro. Quizá tengan relaciones sexuales dos o tres veces a la semana, o quizá sólo una vez al mes; cada pareja es diferente. Pero es un aspecto divertido del matrimonio, y es algo que une de manera especial al esposo y a la esposa. Esto es algo que hacen sólo el uno con el otro.

El apetito sexual es algo que Dios creó dentro de ti. El sexo no es sucio ni malo. Ninguna cosa creada por Dios puede ser sucia. El apetito sexual fue idea de Dios, no nuestra. El puso esta parte de nuestra naturaleza en nosotros; El creó esas sustancias químicas (las hormonas) que son las que hacen que sintamos atracción por el sexo opuesto, e hizo esto para que deseáramos tener una familia propia. Sin este deseo no habría matrimonio, ni hijos, ni nada de amor entre un hombre y una mujer. Así que el sexo no es una cosa sucia en lo más mínimo; es un proceso maravilloso y hermoso, no importa lo que hayas escuchado acerca de este tema.

Sin embargo, tengo que decirte que Dios tiene la intención de que controlemos el deseo de tener relaciones sexuales. El ha dicho muchas veces en la Biblia que debemos conservar nuestro cuerpo para la persona con la que finalmente nos casaremos, y que es malo satisfacer nuestro apetito sexual con un muchacho o una muchacha antes de casarnos. Simplemente no hay otra manera de interpretar el mensaje bíblico. En los días que están por delante, quizás algunos de tus amigos te digan algo distinto. Tal vez escuches cuando Jaime, Sandra, Pablo o Ana hablen de cómo exploraron los cuerpos el uno del otro. Te dirán lo excitante que era, y tratarán de convencerte para que hagas lo mismo.

Permíteme expresarme más personalmente. Es muy probable que *tú* tengas la oportunidad de tener relaciones sexuales antes de cumplir 20 años de edad. Tarde o temprano se presentará la oportunidad. Estarás con una persona del sexo opuesto que te hará saber que él o ella te permitirá tener esta experiencia. Tendrás que decidir de antemano lo que harás cuando llegue ese momento. Probablemente no tengas tiempo de pensar cuando suceda repentinamente. Mi consejo es que decidas *ahora mismo* conservar tu cuerpo para la persona que llegará a ser tu compañero o compañera matrimonial. Si no controlas este deseo, más tarde desearás haberlo hecho.

El mandamiento de Dios que prohíbe las relaciones sexuales antes del matrimonio no fue dado para evitar que tengamos placer. No fue su deseo quitar la diversión de la vida. Al contrario, en realidad fue su *amor* el que lo impulsó a prohibir las relaciones sexuales antes del matrimonio, porque pueden surgir muchas consecuencias dañinas cuando rehusamos obedecerle.

Probablemente has oído hablar de las enfermedades venéreas, que son causadas al tener relaciones sexuales con alguien que las ha adquirido de otra persona. La sífilis, la gonorrea y otras enfermedades similares están muy extendidas hoy en día. Muchos países sufren epidemias de estas enfermedades, las cuales tienen un efecto dañino en el cuerpo si no se tratan debidamente. Pero hay otras consecuencias para los que tienen relaciones sexuales antes del matrimonio. Corren el riesgo de traer al mundo un bebé no deseado por medio de este acto. Cuando esto ocurre, se enfrentan con la responsabilidad de criar a un ser humano, una pequeña vida con todas las necesidades de amor y disciplina y la estabilidad de un hogar, pero no tienen manera de cuidarlo o de satisfacer sus necesidades. Eso es trágico.

Son igualmente serios los cambios que se producen en la *mente* de la persona cuando tiene relaciones sexuales fuera del lazo matrimonial. Lo primero y más importante es que la persona sacrifica su relación con Dios. Las relaciones sexuales antes del matrimonio son pecado, y la persona simplemente no puede ser amiga de Dios si continúa pecando intencionalmente. Primera de Juan 1:6 dice: "Si decimos que tenemos comunión con él, y andamos en tinieblas, mentimos, y no practicamos la verdad". Más sencillo no podría ser.

Además, como bien sabes, nada se puede ocultar de Dios, porque El lo ve todo.

El pecado siempre tiene un efecto destructivo para una persona joven. Pero creo que el pecado de tener relaciones sexuales antes del matrimonio es especialmente dañino para el joven que lo practica. El o ella pierde la inocencia de la juventud, y algunas veces se vuelve cruel e insensible. También es probable que esto afecte su vida matrimonial futura, porque esa experiencia especial que se debía haber compartido con una sola persona, ya no es tan especial. Más de una persona ha tenido una muestra de ella.

Así que, puedes ver que hay muchos motivos obvios por los cuales Dios nos ha dicho que controlemos nuestros deseos sexuales. Lo que estoy diciendo es que Dios nos ha prohibido tener relaciones sexuales antes del matrimonio para protegernos de estas muchas consecuencias de este pecado. En realidad, la *peor* consecuencia es una que aún no he mencionado, y tiene que ver con el juicio de Dios en la vida venidera. La Biblia nos dice claramente que nuestras vidas serán puestas al descubierto delante de El, y El sabrá todos nuestros secretos. Realmente, nuestro destino eterno depende de nuestra fe en Dios y de nuestra obediencia a El.

Espero que esto haya contestado tu pregunta. Hay mucho más que podría decir si el tiempo me lo permitiera. ¿Por qué no haces una lista con más preguntas para discutir con tu papá o con el líder juvenil de tu iglesia?[8]

¿ ¿En qué consisten los sueños húmedos de que hablan otros muchachos?

Muchos jóvenes tienen "sueños húmedos", o lo que los doctores llaman: *emisiones o poluciones nocturnas*. Esto se refiere al fluido que, de vez en cuando, sale del pene del muchacho durante la noche. Este fluido es llamado semen, y contiene millones de células tan pequeñas que ni siquiera puedes verlas. Una de estas células podría llegar a ser un bebé si fuera inyectada a una mujer y combinada con su célula llamada óvulo. (Eso formaría el cigoto de que hablamos antes.) Este semen es derramado a veces mientras un muchacho está soñando; luego, a la mañana siguiente cuando encuentra que tiene el pijama húmedo o manchado, comienza a preocuparse de lo que le ha pasado. Sin embargo, esto es perfectamente normal. Les sucede a casi todos los muchachos, y no hay razón para preocuparse por ello. Una emisión nocturna es simplemente la forma en que su cuerpo se libra del fluido extra que se ha acumulado.[9]

¿ **¿Hay alguna otra cosa que necesito saber acerca del crecimiento, que no he preguntado?**

Sólo que muchos jóvenes se preocupan por sus cuerpos sin necesidad alguna durante este tiempo. La siguiente clase de preguntas los turban:

1. ¿Deben suceder todos estos cambios?

2. ¿Hay algo malo en mí?

3. ¿Tengo una enfermedad o soy anormal?

4. ¿Voy a ser diferente de la demás gente?

5. ¿Significa este dolor en mis senos que tengo cáncer? (Recuerda que mencioné que los senos algunas veces duelen durante la adolescencia.)

6. ¿Podré tener relaciones sexuales, o tendré algún problema?

7. ¿Se reirán los muchachos de mí? ¿Me rechazarán las muchachas? (Es muy común que las personas crean que no van a ser atractivas para el sexo opuesto y que nadie las querrá porque no son tan bonitas o tan apuestos como deberían ser.)

8. ¿Me castigará Dios por los pensamientos sexuales que tengo? (Ya te expliqué que es probable que pienses en el sexo opuesto frecuentemente durante

estos años. Cuando esto suceda quizá te sientas culpable por los pensamientos que tengas.)

9. ¿No sería terrible si yo resultara ser homosexual? (Un homosexual es una persona que no se siente atraída por el sexo opuesto, sino que se siente atraída al *mismo* sexo. Es cuando un muchacho se interesa en los muchachos, o una muchacha en las muchachas. La homosexualidad es un deseo anormal que refleja problemas muy profundos, pero no sucede a menudo, y no es probable que te suceda a ti.)

10. ¿Podría quedar embarazada sin tener relaciones sexuales? (Algunas muchachas jóvenes tienen miedo de esta posibilidad de que se encuentren embarazadas sin haber tenido relaciones sexuales. Quiero que sepas que esto *nunca* sucede; es imposible. Sucedió sólo una vez en toda la historia, y fue cuando la virgen María, madre de Jesús, quedó embarazada aunque nunca había tenido relaciones sexuales. Jesús fue concebido, o puesto en el útero de ella, por Dios mismo. Esa ha sido la única ocasión en la historia del mundo en que un ser humano ha nacido sin que el papá hiciera lo que le corresponde al proveer la mitad de la célula que llega a ser el cigoto.)

11. ¿Hay algunas personas que no maduran sexualmente? (Cualquier sistema del cuerpo puede fallar, pero *raramente* falla éste.)

12. ¿Se tendrá que sacrificar mi modestia? (Es común que durante los primeros años de la adolescencia seas modesto o modesta en extremo en cuanto a tu cuerpo. Te das cuenta de que está cambiando y no quieres que nadie te vea. Por lo tanto, quizá te preocupes por estar en la consulta del doctor y tener que desvestirte delante de otras personas.)

Permíteme repetir lo mismo, una vez más: estos temores son casi universales durante los primeros años de la adolescencia. Casi todos los que crecen en nuestra cultura se preocupan por el tema del sexo. Quiero ayudarte a evitar estas ansiedades. Tu desarrollo sexual es un acontecimiento normal que se está controlando dentro de tu cuerpo. Todo saldrá bien, así que te puedes calmar y dejar que pasen las cosas. De todas maneras, tendrás que controlar tus deseos sexuales en los años venideros, y eso requerirá grande decisión de tu parte. Pero si aprendes a canalizar tus impulsos sexuales de la manera que Dios quiere, esta parte de tu naturaleza podrá ser uno de los aspectos más fascinantes y maravillosos de tu vida, quizá contribuyendo a un matrimonio feliz y próspero en los años venideros.[10]

15

La televisión y la violencia

¿Qué opina usted de la televisión en general? ¿Deberían los padres tratar de controlar lo que ven sus hijos?

¡La mayoría de los programas de televisión son muy malos! Y la actividad en que el promedio de los niños norteamericanos emplea más tiempo no es ni la escuela ni la interacción en la familia, es la televisión, ¡que absorbe 14 mil horas valiosas, durante el tiempo de la niñez! ¡Eso equivale a sentarse frente al televisor por ocho horas diarias, durante casi cinco años!

Hay otros aspectos de la televisión que exigen su regulación y control. En primer lugar, es enemiga de la comunicación entre los miembros de la familia. ¿Cómo vamos a conversar unos con otros cuando una producción a todo color siempre está invitándonos a prestarle atención? También me preocupa la tendencia actual de los directores de televisión a sentirse obligados a incluir todas las ideas modernas, a ir un poco más lejos, a utilizar cada vez un lenguaje más obsceno, a hablar de situaciones que ni siquiera deberían mencionarse en la televisión, y a ofender el buen gusto y la decencia del público. Al hacer esto, destrozan los fundamentos de la familia y todo lo que representa la ética cristiana. A diario, son presentados en la televisión episodios que incluyen abortos, divorcios, relaciones sexuales fuera del matrimonio, violaciones y el tema siempre popular de: "Papá es un idiota". Si todo esto "está a tono con la realidad de nuestra sociedad", entonces siento náuseas de los mensajes que me han suministrado.

Sin embargo, la televisión posee una capacidad incomparable para enseñar y edificar, y en ocasiones ha demostrado el potencial que tiene. Por muchos años, la serie de televisión: "Los pioneros" fue el mejor programa disponible para niños. Por lo tanto, yo no recomendaría hacer pedazos el televisor en un acto de desesperación. Más bien, debemos aprender a controlarlo en vez de convertirnos en sus esclavos. Cuando nuestros hijos eran pequeños, les permitíamos ver una hora de dibujos animados los sábados por la mañana, y un programa de media hora todas las tardes, escogidos de una lista de programas aprobados por nosotros. Esto me sigue pareciendo un horario razonable para los niños que ya están yendo a la escuela primaria.[1]

En vista de que existen tantos problemas relacionados con el uso de la televisión en el hogar, ¿no sería mejor que nos deshiciéramos del televisor hasta que nuestros hijos hayan crecido?

Algunas familias han hecho eso, y admiro el valor que han tenido para hacerlo. Pero creo que podemos tener nuestros televisores sin ser dominados por ellos. Le sugiero que toda la familia se reúna para hablar específicamente sobre la televisión: lo que hay de malo en ella, cómo puede ser controlada, y cómo los niños pueden aprender a discernir y ser capaces de seleccionar bien lo que van a ver en el televisor.

Además, es importante que los padres vean la televisión *con* sus hijos, no sólo para ayudarles a entender lo que están viendo, sino como una agradable actividad familiar. Ver televisión juntos puede ser un excelente inicio para varias conversaciones y explicaciones si se aborda la situación correctamente.

¿ **Estoy preocupado acerca del impacto de la televisión en nuestro hogar. ¿Cómo podemos controlarla sin recurrir a reglas y reglamentos dictatoriales?**

Parece que como padres tenemos tres metas. En primer lugar, queremos mantenernos al tanto de la *calidad* de los programas que nuestros hijos miran. En segundo lugar, queremos regular la *cantidad* de horas de televisión que ellos ven. Hasta los programas buenos pueden tener una influencia indeseable en el resto de las actividades de los niños si pasan mucho tiempo frente al televisor. En tercer lugar, deberíamos incluir a toda la familia, si fuese posible, al establecer normas para ver la televisión.

Leí recientemente acerca de un sistema que es muy eficaz para lograr estos tres propósitos. Primero, se sugirió que los padres se sienten con los hijos y seleccionen una lista de programas aprobados, que son apropiados para cada edad. Después, que escriban a máquina la lista (o por lo menos la escriban con claridad) y la metan en un plástico transparente para que puedan recurrir a ella durante la semana.

Segundo, que compren o hagan un rollo de boletos y le den diez cada semana, a cada hijo, permitiéndole que los use para "comprar" el privilegio de ver los programas que están aprobados en la lista. Cuando sus boletos se hayan agotado, entonces su tiempo de ver televisión ha terminado por esa semana. Esto le enseña a cada uno a escoger con cuidado en qué quiere pasar más su tiempo. Diez horas a la semana es quizás una buena meta. Se dice que el promedio de los niños de edad preescolar miran televisión hasta 54 horas por semana. Eso es demasiado, aun para un niño que ya está yendo a la escuela primaria.

Este sistema también puede ser modificado para las situaciones individuales en los hogares. Si hay un programa especial que todos los niños quieren ver, como un programa de Navidad, usted puede darles más boletos. También pudiera dar boletos adicionales como recompensas por completar alguna tarea, o por algún otro comportamiento digno de aprobación.

La prueba real ocurrirá cuando los padres revelen si tienen el valor de incluirse también en el mismo sistema limitado. ¡Muchas veces, nosotros necesitamos las mismas limitaciones en nuestras costumbres de ver televisión![2]

¿ **¿Qué podemos hacer acerca de la violencia y la corrupción de la televisión?**

Tenemos mucho más poder para influir en la televisión, de lo que pensamos. Tengo entendido que se calcula que cada carta que reciben los productores representa a 40,000 televidentes que tienen la misma opinión pero no tomaron el tiempo necesario para escribir. Ahora bien, es importante saber a quién dirigir nuestras cartas. A veces, les he escrito a los directores, productores y gerentes de las compañías de televisión, pero parece que mis cartas no produjeron mucho resultado. Me he dado cuenta de que es mejor el escribir a los patrocinadores, es decir, los que pagan por anunciarse en los programas de televisión. Ellos son muy sensibles a nuestras opiniones porque la razón por la cual están sosteniendo esos programas es porque están tratando de hacer que compremos sus productos. Nosotros podemos ejercer presión sobre ellos al hacerles saber que no estamos de acuerdo con lo que está sucediendo. Y en verdad, ¡debemos hacerlo![3]

¿ **Tiene que haber un factor sicológico importante en la cultura occidental que se presta a la violencia, además de la influencia de la televisión, la literatura, etcétera. ¿Cómo explica usted nuestra predisposición a matar y a los actos de violencia?**

Usted ha hecho una pregunta que muestra mucha percepción. Además de la influencia de la industria de entretenimiento, hay otro factor que explica algo de la violencia que nos rodea. Me estoy refiriendo a la hostilidad con que hoy en día las personas comúnmente reaccionan a sus sentimientos de inferioridad. La gente supone que los que perciben que no son tratados como debe ser por la sociedad, o que no reciben el debido respeto, estarán enojados, ya sea que formen parte del movimiento de liberación femenina, o el de la liberación de los homosexuales, o la liga de defensa judía o el movimiento de derechos civiles para los negros, o de las personas con deficiencias físicas o mentales. (¿Queda alguien que no forme parte de *algún* grupo de minoría oprimido?) Los sentimientos de inferioridad incluso explican las guerras y el odio internacional. ¿Qué les dijo Hitler a los alemanes en 1939? Les aseguró que habían perdido la Primera Guerra Mundial por culpa de sus líderes incompetentes; que ellos en realidad eran seres humanos superiores. Estaba aprovechándose de sus sentimientos de inferioridad como pueblo derrotado y humillado. Me imagino que estaban más dispuestos a pelear por este nuevo orgullo que por cualquier otro factor. Más recientemente, en el año de 1973, los árabes atacaron a Israel principalmente para vengarse de su derrota vergonzosa en la Guerra de los Seis Días en 1967. El mundo entero se burló de la impotencia árabe, lo cual fue más intolerable que la pérdida de tierras o que la muerte y la destrucción que sufrieron. La revista *Time*, en su edición del 22 de octubre de 1973, citó a un periodista árabe poco después de haber empezado la guerra de 1973, el cual dijo: "No importa si los israelitas terminan contraatacándonos y obligándonos a retroceder. Lo que importa es que el mundo ahora ya no se reirá más de nosotros".

Además, la evidencia reciente sugiere que los sentimientos de inferioridad son la fuerza mayor detrás de la enorme cantidad de violaciones sexuales de hoy en día. Si el acto sexual fuera el único objetivo del violador, éste podría encontrar satisfacción con una prostituta. Pero algo más está involucrado. La mayoría de los violadores aparentemente quieren humillar a sus víctimas. Habiendo fracasado con las muchachas durante la adolescencia y el comienzo de su vida de adulto, buscan la superioridad sexual deshonrando a mujeres indefensas y aprovechándose de ellas.

¿Y qué se puede decir de la violencia agresiva en las escuelas de los Estados Unidos, que ha estado aumentando continuamente en los últimos años? ¿Puede atribuírsele a la frustración de los sentimientos de inferioridad? Me inclino a creer que sí. ¿Y qué mejor explicación puede haber del vandalismo que destruye millones de dólares de propiedad escolar cada año? Los alumnos se sienten ridículos y no respetados durante el día, y buscan la represalia bajo las sombras de la noche.

Hay infinidad de ejemplos. Por eso he afirmado que el caos social, en todas sus formas, aumenta cuando los ciudadanos se sienten insuficientes e inferiores. Claro que existen muchas otras causas, pero ninguna es tan poderosa.[4]

¿ **¿Podría comentar usted sobre la violencia en la sociedad en general, y las fuerzas que la impulsan? ¿Qué cree usted que se podría y se debería hacer acerca de ella?**

Hay pocos temas que me preocupen más que el de la publicidad que se le da al crimen y a la violencia hoy en día en los Estados Unidos. Hace algún tiempo, un escuadrón de la policía de Los Angeles acorraló a un pistolero muy peligroso en un área residencial de esa ciudad. El fugitivo se había encerrado en una pequeña casa, y tenía dentro a tres jóvenes como rehenes. Los equipos de televisión estaban muy cerca, y tomaron escenas de uno de los muchachos, un adolescente, mientras era empujado fuera de la casa, y luego su secuestrador le daba un tiro en la cabeza, y se suicidaba. El pobre muchacho murió allí mismo en la acera, en un charco de su propia sangre. Me quedé aturdido, literalmente sintiendo náuseas, mientras el drama era transmitido a todo color.

Un torrente de emociones corrió por mi mente mientras miraba fijamente los ojos inmóviles del joven moribundo. Mezclada con un sentimiento profundo de compasión se había producido una súbita y fuerte manifestación de indignación, una repugnancia que se había estado acumulando por años. Me sentía enojado con los que tratan de obtener ganancias por cualquier medio, los cuales han fomentado la violencia en la sociedad, y con los millones que parecen deleitarse con ella; me sentía enojado con los productores de películas, quienes han manchado con sangre toda la pantalla; me sentía enojado con los que van a los teatros, por exigir una docena de destripamientos por hora, para su entretenimiento visual; me sentía enojado con las cadenas de televisión por transmitir continuamente historias policíacas, con sus tiroteos y tontas persecuciones en auto, y sus golpes de karate. Me sentía enojado con el Tribunal Supremo por legalizar más de un millón y medio de abortos al año en los Estados Unidos; me sentía enojado con el Ejército de Liberación de Palestina por haber matado, años atrás, a ocho inocentes atletas en los juegos olímpicos de Munich; me sentía sumamente enojado con el patético sistema de justicia norteamericano que hace que el crimen sea tan provechoso y el castigo tan improbable.

Pero, lamentablemente, mi indignación no producirá ningún cambio y la ola de violencia y de criminalidad continuará sin disminución. Nos hemos vuelto tan insensibles a los sufrimientos y a la explotación que experimentan otros seres humanos, que hasta los acontecimientos más horribles, presentados en la televisión, son aceptados por nosotros, como parte regular de nuestro "entretenimiento" nocturno.

Yo creo que ya es hora de que millones de ciudadanos decentes, y respetuosos de las leyes, se levanten uniendo sus voces de protesta, para oponerse a las industrias que están sacando provecho de la violencia. En 1977, una valiente campaña de esta clase fue emprendida, aquí en los Estados Unidos, por la Asociación Nacional de Padres y Maestros.

Sus esfuerzos fueron dirigidos en contra de las cadenas de
televisión y de las compañías que patrocinan los programas
más perjudiciales. Por supuesto, la presión que fue ejercida
provocó el grito angustiado de individuos que avariciosa-
mente quieren obtener ganancias por cualquier medio, cuyos
bolsillos estaban forrados con dinero manchado de sangre.
Sin embargo, varias compañías importantes prometieron no
patrocinar más programas violentos en televisión. Esta forma
de sanciones económicas es el arma más poderosa, que está
disponible para influir en el sistema de libre empresa, y
deberíamos usarla de modo tajante contra los que quieren
destruirnos desde adentro. ¡Ya hemos estado sin hacer nada
por bastante tiempo![5]

COMENTARIO FINAL

Mi propósito al preparar este libro ha sido expresar con palabras la tradición y la filosofía judeocristianas acerca de la vida familiar en sus muchas manifestaciones. Y ¿cuál es ese fundamento filosófico? Consiste del control por los padres de los niños pequeños, con amor y cuidado, una introducción razonable a la autodisciplina y a la responsabilidad, *liderazgo* de los padres teniendo en mente lo que es mejor para el niño, respeto a la dignidad y el valor de cada miembro de la familia, conformidad con las leyes morales de Dios, y un esfuerzo para llevar al máximo el potencial físico y mental de cada individuo desde la infancia en adelante. Esas son las reglas del juego. Este es el hilo común que une los asuntos que se tratan en este libro.

Si pudiéramos reducir por ebullición los objetivos antes mencionados hasta que solamente quedaran los ingredientes esenciales, los siguientes valores irrefutables permanecerían intactos:

1. La creencia en que la vida humana tiene un valor y una importancia incalculables en todas sus dimensiones, incluyendo a las personas que todavía no han nacido, los ancianos, los viudos, los retrasados mentales,

los que tienen deficiencias físicas, y todos los que se encuentren en cualquier otra condición en la que se manifiesta la humanidad desde la concepción hasta la tumba.

2. Una dedicación inquebrantable a la institución del matrimonio como una relación permanente, es decir, que debe durar toda la vida, a pesar de las pruebas, las enfermedades, los problemas económicos o las tensiones emocionales que pudieran sobrevenir.

3. Una dedicación a la tarea de tener y criar hijos, incluso en un mundo patas arriba que menosprecia este privilegio procreador.

4. Una dedicación al principal propósito en la vida: llegar a tener vida eterna por medio de Jesucristo nuestro Señor, comenzando con nuestras familias y luego alcanzando a una humanidad que sufre y que no conoce Su amor y Su sacrificio. Comparado con este objetivo supremo, no hay ningún otro esfuerzo humano que tenga verdadera importancia.

Estos cuatro aspectos de la perspectiva cristiana han sido atacados fuertemente en los últimos años, pero esta filosofía seguirá produciendo resultados mientras que haya padres e hijos viviendo juntos sobre la faz de la tierra. Por seguro, durará más que el humanismo y que los débiles esfuerzos de la humanidad para encontrar un método diferente.

INDICE DE PREGUNTAS

1. La vida familiar

12. ¿Cómo podemos empezar a lograr sentirnos unidos en esta casa tan agitada? 22

13. Cuando trato de separar tiempo para mi familia me siento culpable por no darle más tiempo a mi iglesia. ¿Qué debo hacer para resolver este problema? 24

14. No podemos gastar mucho dinero en vacaciones y pasatiempos. ¿Podría usted sugerir algunas tradiciones simples que sean de interés para los niños pequeños? 26

15. ¿Pueden ser útiles las tradiciones para enseñar los valores espirituales? 28

16. ¿Qué haría usted si su hijo de 18 años, decidiera rebelarse contra la sociedad y huir de casa? 28

17. ¿Transcurre tranquilamente la vida en su hogar de continuo? ¿Se siente algunas veces como un padre fracasado? 30

18. Cada día nuestros problemas económicos nos hacen sentir más frustrados. ¿Podría usted darnos algunas sugerencias? 32

19. Considerando que es muy difícil ser buenos padres, ¿vale la pena tener hijos? 35

2. La educación espiritual de los niños

1. ¿Debería permitírsele a un niño "decidir por sí mismo" en asuntos relacionados con su concepto de Dios? ¿No estamos obligándolo a que acepte nuestra religión, cuando le decimos lo que debe creer? 37

2. Mi esposa y yo no creemos que orar cada noche con nuestro hijo, y llevarlo a la escuela dominical es suficiente para asegurar su desarrollo religioso. ¿Qué más puedo hacer para fomentar su crecimiento espiritual? 38

3. Nosotros creemos que un tiempo devocional, como familia, es importante, pero nuestros pequeños hijos se sienten muy aburridos y se mueven de un lado a otro mientras estamos leyendo la Biblia. ¿Qué nos sugiere usted? 39

4. ¿Cómo se establece el concepto de Dios en la mente del niño? 40

5. ¿Cuál es el período más importante en la educación espiritual de los niños pequeños? 40

6. Muchas personas creen que los niños son básicamente "buenos". ¿Está usted de acuerdo? 41

7. ¿Qué significan las palabras: "Instruye al niño en su camino"? ¿Qué instrucción se le debiera impartir a él durante los primeros siete años de su vida, que son el tiempo primordial para la enseñanza religiosa? 42

8. Las compañeras de mi hija, que tiene cuatro años de edad, abusan de ella constantemente. Como madre cristiana, ¿qué debiera decirle con respecto a defenderse a sí misma? 45

9. ¿Cree usted que a los niños entre cinco y diez años de edad se les debe permitir escuchar música rock? 46

3. La educación de los niños

4. Problemas de aprendizaje durante la niñez

5. La educación sexual en el hogar y la escuela

6. La disciplina de los bebés y de los niños pequeños

7. Tenemos un hijo que es extremadamente desafiante, al cual hemos
    sometido a disciplina lo mejor posible. Pero aún me siento culpable y
    derrotada cuando nos desafía y desobedece. ¿Por qué? 110

8. Mi suegra cree que mi hijo de dos años debería saber ir al baño solo.
    ¿Debo darle nalgadas porque se hace sus necesidades en los pantalo-
    nes? 111

9. Mi hijo de dos años de edad no se queda sentado tranquilo en la iglesia,
    aunque él sabe que debería hacerlo. ¿Debo darle unas nalgadas? 111

10. ¿A qué edad se debe esperar que un niño se esté quieto en la iglesia? 112

11. ¿Cómo puedo lograr que mi hija pequeña no toque los objetos de porce-
    lana y los adornos de valor? 112

12. ¿Cuándo se debiera castigar, aunque de manera poco severa, a un niño
    pequeño? 113

13. Mi hija de tres años, arma berrinches en el supermercado cuando no la
    dejo hacer lo que quiere. No quiero castigarla delante de tanta gente, y
    ella lo sabe. ¿Qué debo hacer? 114

14. Aparte de las nalgadas, que deben ser relativamente infrecuentes, ¿cuál
    otra técnica de disciplina se puede utilizar cuando un niño pequeño ha
    sido desobediente? 116

15. Mi hijo de tres años se baja de la cama mientras estoy allí parada
    diciéndole que no lo haga. ¿Qué puedo hacer? 117

16. Nosotros pensamos que no tenemos derecho a disciplinar a nuestro hijo
    adoptivo porque no somos sus verdaderos padres. ¿Está bien lo que
    estamos haciendo? 117

7. Comprendiendo el papel de la disciplina

1. ¿Por qué hay tanta confusión sobre el tema de la disciplina hoy en día?
    ¿Es tan difícil, en realidad, el criar a nuestros hijos como es debido? 119

2. La "permisividad" es un término relativo. Por favor explique lo que
    significa para usted. 121

3. ¿Piensa usted que los padres están empezando a valorar más la disciplina?
    ¿Se ha acabado la era de la permisividad? 121

4. ¿Continuará un niño de edad preescolar, indisciplinado, desafiando a los
    padres hasta los últimos años de la niñez? 121

5. Mi primer año como maestra fue un desastre. Desde entonces, he apren-
    dido que los niños no pueden aceptar el amor de sus maestros hasta que
    han probado la fuerza y el valor de ellos. ¿Por qué cree usted que sucede
    esto? 122

6. Algunos padres se sienten culpables de exigir el respeto de sus hijos,
    porque hacerlo pudiera ser una manera disimulada de sentirse poderosos
    e importantes. ¿Cuál es su opinión? 123

8. Cómo disciplinar

9. Cuándo, cómo y por qué se dan nalgadas

10. La rivalidad entre hermanos

11. Enseñándoles a los niños a ser responsables

12. La hiperactividad en los niños

13. Enfrentándose a la adolescencia

14. Preguntas de los adolescentes

15. La televisión y la violencia